부시맨과 레비스트로스

최협 교수의 인류학 산책

{ 문명과 야만의
진정한 의미 찾기 }

풀빛

부시맨과 레비스트로스
– 문명과 야만의 진정한 의미 찾기

《부시맨과 레비스트로스》를 처음 펴낸 뒤 그동안 13쇄가 나왔으니 많은 독자들에게 사랑을 받은 셈이다. 책을 읽어 주신 독자들께 감사의 말씀을 드린다.

가끔 독자들이 책의 제목을 왜 '부시맨과 레비스트로스'로 했는지 물을 때가 있었다. 아프리카의 칼라하리 사막에서 살고 있는 가장 원시적인 부족 부시맨과 20세기 최고의 지성 레비스트로스는 닮은 점이 하나도 없다. 그들은 어찌 보면 다양한 인간군상의 양 극단을 대표하는 것처럼 보인다. 바로 그 점, 즉 그러한 극단적인 대비가 필자에게는 그들이야말로 인류가 간직한 엄청난 다양성을 웅변해 주는 상징적 존재로서 다가왔다. 인류학은 인간의 다양성을 연구한다. 부시맨과 레비스트로스는 그러한 인류학이 다루는 대상의 폭과 깊이를 예리하게 드러내 준다. 또 하나의 생각이 뇌리를 스쳤다. 인류학은 인간의 보편성을 다룬다. 우리가 인류학적 상상력을 발휘하면, 미개인인 부시맨에게서도 레비스트로스의 저술에서 가르침을 받는 것 못지않은 깨우침을 얻는다. 그런 점에서 부시맨과 레비스트로스는 같다.

이 책은 우리나라에서는 아직도 생소한 학문 분야로 남아 있는 인류학을 일반 독자들에게 소개하는 일종의 교양서로 기획되었기에 될 수 있는 한 재미있는 주제를 골라 쉽게 쓰려고 했다. 그러므로 여기 실린 글들은 학술적인 논문이 아니고 누구나 가벼운 마음으로 부담 없이 읽을 수 있는 평범한 이야기들이다. 다만 그것이 인류학 이야기이기에 독자들이 기존의 틀에 박힌 고정관념에서 벗어나 세상을 보다 넓고 깊은 시각으로 보았으면 하는 희망을 담았다. 이제 시간이 흘러 책의 내용을 바꿔 보자는 의견도 있었으나 기존의 글들이 전하고자 하는 메시지는 글의 형식이 달라져도 변치 않을 것이라는 생각이다. 그래서 이왕의 글들은 구성의 큰 틀은 유지하되 내용을 상당 부분 수정·보완하였고, 네 편의 글을 새롭게 썼다.

부디 이 책에서 전달하고자 한 인류학적 상상력이 읽는 이들의 삶에 연결되어 상호 이해와 긍정의 기운이 널리 펼쳐지기를 기원한다.

2014년 가을
무등산자락의 易安齋에서
友山

 머리말

다른 문화는
우리 문화를 비추어 보는 거울

인류학은 큰 바다와 같다. 인류학처럼 그 연구 대상의 범위가 시간적으로 깊고 공간적으로 넓은 분야는 없기 때문이다. 인류학은 사회과학이나 인문학 분야 가운데 유일하게 인류의 시작부터 지금까지, 그리고 야만과 문명을 가리지 않고 지구상의 모든 인간 집단을 연구 대상으로 삼는다.

300만 년이 넘는 긴 세월 동안 전 세계의 인류가 겪으며 일궈 온 다양한 경험과 유산에 깃든 소중한 의미를 우리는 인류학을 통해서 만날 수 있다. 그래서 인류학적 상상력은 우리 생활을 훨씬 풍요롭게 만들고 인간 사회의 본질을 꿰뚫어 보도록 해 준다.

이러한 취지에서 주위에서 흔히 접하게 되는 일상적인 일들을 인류학적 상상력으로 조명해 보았다. 특히 이 책에서는 문제를 비교문화적 관점에서 접근하려고 했다. 자기 스스로를 비춰 볼 수 없기에 거울이 필요하듯 다른 문화들을 접할 때 우리 문화를 더욱 잘 알 수 있다. 다른 문화는 바로 우리 문화를 견주어 보고 비추어 보는 거울인 셈이다. 비교문화적 접근은 우물 안 개구리식의 편협한 사고 틀을 극복하는 데 매우 효과적이다. 세계가 하나의 지구촌이 되어 가고 있는 이때, 개방적이고 진취적인 자세로 마음의 문을 연다는 것은 매우 바람직한 일이라고 믿는다.

때마침 우리나라도 사회 각 부문에서 세계화를 추진하고 있다. 인류학은 인류의 풍요로운 유산에 가까이 다가갈 수 있도록 해 주고, 비교문화적 접근으로 우리 문화를 돌아볼 수 있게 해 주므로 우리 사회가 세계 속의 한국으로 자리 잡는 데 큰 기여를 할 것으로 기대된다.

책을 펴내는 데는 항상 두려움이 앞선다. 그런데도 부족함이 많은 필자가 이 글을 쓰기로 결정한 것은 주위 여러분들의 권유와 격려 덕분이었다. 글을 쓰도록 맨 먼저, 그리고 강력하게 권유하신 분은 금호문화재단의 이강재 선생이다. 그래서 〈금호문화〉에 몇 차례 글을 실었는데, 의외로 많은 분들이 격려를 해 주었다. 평범한 글들이 인류학에 대한 일반인들의 관심을 불러일으킬 수 있다는 사실을 이때 실감하였다.

일반인을 위한 인류학 책을 써 보라는 권유를 받은 것도 바로 이 시점이었다. 그러나 지난 수년간은 다른 일들에 쫓기어 많은 글을 새롭게 쓸 여력이 없었다. 그래서 전에 발표한 열두 편의 글에 새롭게 쓴 여

덟 편의 글을 보태 이 책을 꾸미게 되었다. 특히 〈인류학자가 내다보는 21세기〉는 정부의 미래 정책 방향을 논한 것이어서 보다 많은 사람들이 읽었으면 하는 바람 때문에 다시 싣는다.

 끝으로 이 책의 원고를 가지고 꼼꼼하게 교정 작업을 해 준 김종성 조교와 책의 출판을 위해 성의를 다한 풀빛출판사의 나병식 대표 및 편집부 여러분께 감사의 말씀을 드린다.

무등산이 보이는 연구실에서

최 협

3장   일상생활의 인류학

1장

인류학적
상상력

1 인류학, 인간 그리고 문화

인류학이라는 열쇠

인류학은 아직도 우리나라에서는 잘 알려져 있지 않은 학문 분야 중의 하나다. 요즘 들어 대학에 인류학과가 하나둘 생기면서 인류학에 대한 인식이 그전보다는 나아졌지만, 몇몇 대학에서는 학과 이름이 '고고인류학과'로 되어 있어 우선 학문의 명칭부터 혼란을 빚기 십상이다. 그래서 꽤 교육을 받은 분들도 필자의 전공을 잘 알고 있다는 뜻에서 "고고인류학을 하고 계시지요?"라는 인사말을 건네곤 한다.

고고학과 인류학은 밀접한 관계가 있지만, 고고학은 인류학의 한 분야이므로 고고인류학이라는 명칭은 아주 우스꽝스러운 조어(造語)이다. 동물학과 식물학이 생물학의 하위 분야인데도 생물학과를 식물생물학과로 부르는 것과 다를 바 없다.

인류학이라는 학문을 둘러싼 혼동은 아마도 인류학이 본질적으로 다양한 하위 분야를 포괄하고 있기 때문일 것이다. 인류학은 인간 생물학과 인간 진화에 대한 전문적 연구로부터 농촌과 도시에서 살아가

☞ 영화 〈인디애나 존스〉에서는 탐험가인 주인공이 고고학자로 묘사되고 있다. 이 때문에 일반인들은 고고학자를 탐험가로 오해할지도 모른다.

는 여러 민족의 사회생활에 이르기까지 인간을 아주 폭넓게 연구하는 학문이다.

따라서 일반인들이 접하게 되는 인류학자의 모습은 아프리카에서 수백만 년 전에 살았던 고대 인류의 화석 뼈를 연구하는 체질인류학자, 남미의 잉카 유적을 발굴하는 고고학자, 뉴기니 산간 부족의 친족 체계를 연구하는 문화인류학자, 미국의 슬럼가에서 마약중독자에 대한 사례 연구를 하는 도시인류학자 등등 별의별 작업을 하는 사람들로 비치고 있다.

그렇다면 이렇듯 갖가지 일을 하는 인류학자들이 갖는 공통점은 과연 무엇일까? 이에 대한 답을 우리는 '문화'라는 개념에서 찾을 수 있다.

인류학자들은 어떤 작업을 하든지 그것을 문화와 연관시켜 문제에 접근한다는 공통점이 있다. 인류학에서 문화의 개념이 왜 그다지도 중요시되는가는 앞으로 인류학적 관점에 관한 이야기를 전개해 나가는 과정에서 차차 밝혀질 것이다. 여기서는 우선 인류학이라는 학문이 포함하는 하위 분야들의 관계를 살펴보고자 한다.

인류학의 분류는 영국, 미국, 독일 등 나라에 따라 조금씩 차이가 난다. 이 가운데 미국은 유럽에 비해 인류학이 특히 발달한 탓에 300개가 넘는 대학에 인류학과가 설치되어 있으므로, 우선 미국의 분류법을 살펴볼 필요가 있다.

미국에서는 인류학을 크게 체질인류학과 문화인류학으로 나눈다. 체질인류학은 인간의 생물학적 진화와 종족 간의 다양성을 다루는 분야이고, 문화인류학은 문화의 기원에서부터 현재 발견되고 있는 다양한 사회의 문화에 이르기까지 체계적으로 비교·연구하는 분야이다.

문화인류학 분야 중 과거, 특히 역사시대 이전의 문화를 연구하는 분야를 고고학이라고 부른다. 따라서 고고학은 문화인류학의 한 분야에 지나지 않는다. 영국에서는 현재 존재하는 문화들에 대한 연구를 사회인류학,

☞ 호모 하빌리스 화석을 발견한 인류학자 리처드 리키.

그리고 독일이나 오스트리아에서는 민족학이라는 명칭으로 고고학
과 구분한다.

그러므로 우리나라에서 고고인류학이라는 명칭을 사용하는 것은 그
어느 나라에서도 선례를 찾아볼 수 없는 어색한 관행이 아닐 수 없다.
특히 300개가 넘는 미국 대학에서는 예외 없이 인류학과라는 명칭을
쓰고 있으며, 체질인류학자나 고고학자, 그리고 문화인류학자 들 모두
인류학과에서 강의를 하고 있다.

☞ 탄자니아의 올두바이 계곡에서 중요한 화석 인류의 자료를 발굴하고 있는 인류학자 부부 루이스 리키
박사와 메리 리키 박사.

인류학은 분명 사회과학의 한 분야이지만 인류학이 여타의 사회과학 분야들과 다른 점이 있다면 그것은 인류학의 연구 대상이 시간적, 공간적 차원에서 그 폭과 범위가 비교할 수 없을 만큼 깊고도 넓다는 점일 것이다. 모든 사회과학이 본질적으로 인간을 탐구하고 있지만 대부분은 현재의 사회현상과 다양한 사회 유형 중 일부에만 관심을 집중시키고 있다.

인류가 지구상에 등장한 시기는 수백만 년 전까지 거슬러 올라가는데, 인류학을 제외한 다른 사회과학 분야에서 다루는 시기는 고작 5000여 년에 불과한 역사시대 이후로 한정되어 있고, 사회의 유형도 주로 산업사회 시기에 초점을 맞추고 있다. 그러나 우리가 인간을 본질적으로 이해하고자 한다면 다른 분야들에서 방치하고 있는 수백만 년에 이르는 인류의 생활사와 산업사회에 이르지 못한 수많은 단순 사회까지 연구하지 않으면 안 된다.

바로 이와 같은 이유 때문에 인류학은 자연과학에서 수학이나 물리학이 차지하는 것과 같은 비중을 사회과학에서 차지하고 있다. 다시 말해 인류학은 다양한 인간 사회 집단들의 모든 유형을 연구하므로 인간과 인간 생활의 보편성과 특수성을 근본적인 차원에서부터 접근하고 있는 학문인 셈이다.

그러므로 인류학자가 되고 인류학을 공부한다는 것은 태초에서 현재에 이르기까지 모든 민족이나 종족에 대한 긴 안목을 배운다는 것을 의미한다. 그러한 견해를 배운다는 것은 인간의 행동과 관습의 다양성을 이해하는 데 도움이 될 뿐만 아니라 오랜 진화와 변화 그리고 발전

과정의 결과로서 자신을 스스로 인식하도록 해 준다.

결국 인류학을 공부하다 보면 사람들은 모두 자신이 지구상에 있는 4000여 개가 넘는 부족이나 국가 중에서 어느 한 집단의 성원일 뿐 특별한 존재는 아니라는 사실을 인식하게 될 것이다. 이 책을 쓰게 된 목적도 바로 여기에 있다. 독자가 이 책을 통해 소개될 인류학적 관점들에 접하게 됨으로써 스스로 자신을 돌아보고 생각해 볼 시간을 갖게 되기를 바라는 것이다.

인간에게만 있는 문화

인류학은 문자 그대로 인간을 탐구하는 학문이다. 인간은 과연 무엇이며 인간은 다른 동물과 어떻게 다른가?

생물학적으로 분류할 때 인간은 분명 동물이며, 좀 더 구체적으로는 영장류에 속하는 동물이다. 그래서 데스먼드 모리스(Desmond Morris) 같은 영국의 동물학자는 인간을 "털 없는 원숭이"라고 부르기도 한다. 오늘날 지구상에는 193종의 원숭이와 유인원이 살고 있는데, 이 가운데 192종은 온몸에 털이 나 있는 반면, 오직 한 종류의 영장류만이 다른 특징을 가지고 있다. 이른바 '호모 사피엔스'라고 자처하는 털 없는 원숭이가 바로 그 별종인 것이다.

모리스는 그의 저서에서 인간의 다양한 문화적 행위들이 어떻게 동물적 속성과 관련이 있는가를 보여 준다. 예컨대 사람이 몸을 굽혀 인사를 하고 손을 내밀어 악수를 하며 남학생이 엉덩이를 내미는 자세로 매를 맞는 행위 등은 영장류가 싸움에 졌을 때나 비공격적인 신호로 상대방에게 취하는 자세에 뿌리를 둔 것이라고 주장한다. 영장류의 웅크리는 몸짓은 눈의 높이를 상대방보다 낮춤으로써 복종을 표시하며, 침팬지는 손을 약간 내밀어 우세한 침팬지를 달랜다. 그리고 공격적인 상황에서 열세에 놓인 침팬지는 암컷의 자세를 취함으로써 패배를 인정한다.

이상과 같은 모리스의 지적은 분명 우리의 흥미를 불러일으키는 한편 우리가 나름대로 생각해 보아야 하는 문제점을 제시해 준다. 하지만 인간은 다른 동물과는 본질적으로 다른 측면이 있다. 물론 구체적으로 무엇이 다른가 하는 것은 그리 쉽게 말할 수 있는 것이 아니다.

최근까지 연구에서 밝혀진 사실들을 살펴보면, 인간과 기타 유인원 사이에는 우리가 흔히 생각했던 것보다 훨씬 많은 유사점이 있다. 인간이 본능보다는 학습에 의존한다는 사실이 인간을 다른 유인원들과 구분 짓는 특징으로 주장되었지만, 유인원과 원숭이류들 역시 학습된 행동에 상당히 의존한다는 사실이 밝혀졌다. 이에 따라 그들과의 차이는 질적인 것이 아닌 양적인 차이에 불과하다는 생각이 자리 잡게 되었다.

한때 인류학자들은 도구의 제작과 사용을 인간과 동물을 구분 짓는 특징의 하나로 생각했다. 그러나 타조 알을 먹는 새가 적당한 크기의 돌을 부리로 집어 든 다음 위에서 떨어뜨려 단단한 알을 깨는 예에서 볼 수 있듯이 도구를 사용하는 동물이 상당수 있음이 알려졌다. 그에 따라 다시 연구의 초점을 도구의 제작에 맞추게 되었다. 도구의 사용

☞ 미국의 인류학자 다이앤 포시(Dian Fossey, 1932~1985). 아프리카 르완다에서 평생을 살다시피 하며 고릴라 보호와 연구에 기여했으나 1985년에 고릴라 밀렵꾼에게 살해당하는 비극을 맞았다. 그녀의 저서 《안개 속의 고릴라》는 동명의 영화로 만들어졌고, 1987년 그의 이름을 딴 '다이앤 포시 재단'이 만들어져 고릴라 보호와 연구에 기여하고 있다.

☞ 침팬지 연구로 유명한 제인 구달. 그는 인류학자 루이스 리키 박사의 지도를 받아 침팬지 연구를 시작했다.

은 그렇다 하더라도 도구의 제작은 그것이 특수한 목적을 염두에 두고 사려 깊게 미래를 내다보면서 의도적으로 만들어 간다는 점에서 인간만이 그렇게 할 수 있을 것이라는 생각을 한 것이다.

이와 같은 견해 역시 1960년 이후 제인 구달(Jane Goodall)이라는 인류학자가 침팬지를 집중적으로 관찰한 연구보고서를 내놓으면서 바뀔 수밖에 없었다. 구달은 목이 마른 침팬지가 입구가 좁아 입이 닿지 않는 웅덩이 속의 물을 마시기 위해 나뭇잎을 따내 씹은 다음 웅덩이 속에 담가 물을 적신 후 빨아먹는다는 사실을 확인했다. 이는 침팬지들이 확실한 목적을 갖고 원시적이지만 물을 저장하는 도구인 침팬지 스펀지를 제작했다고 말할 수 있다.

이보다 더욱 인상적인 일은 침팬지들이 개미를 잡아먹기 위해 나뭇가지를 이용한다는 점이다. 침팬지는 적당한 나뭇가지를 꺾어 껍질을 벗겨 내고 개미구멍에 깊숙이 집어넣었다 일정 시간이 지난 뒤 꺼내면서 나뭇가지의 끈적끈적한 표면에 붙어 나오는 개미들을 잡아먹는다.

침팬지의 이러한 행동은 사소하게 보일지도 모르지만 그렇게 단순한 일이 아니다. 아무 나뭇가지나 사용할 수는 없으므로 무엇보다도 먼저 적당한 나뭇가지를 선택할 수 있는 지식이 있어야 한다. 그리고 일단 나뭇가지를 개미집에 넣은 후에는 개미가 달라붙는 시간을 가늠해 뽑아낼 순간을 정확하게 판단해야 한다.

그리고 개미구멍이 좁으므로 나뭇가지를 뽑아낼 때 아래쪽에 있는 개미들은 벽에 닿아 떨어져 나갈 가능성이 높다. 따라서 개미가 땅 표면에 가까운 나뭇가지 위쪽에 붙거나 올라오도록 나뭇가지를 민첩하

☞ 흰개미를 잡아먹기 위해 나뭇가지를 사용하는 피그미침팬지.

게 놀리는 기술을 터득해야 한다. 구달에 의하면 이런 기술은 사람도 빨리 터득하기가 힘들다고 한다.

이상과 같은 예에서 살펴볼 수 있듯이 인간과 다른 동물 사이의 차이는 대부분 본질적으로 질적인 차이가 아니라 양적인 차이라는 견해가 대두되었다. 그렇지만 인간과 동물은 질적으로 다른 면이 있다. 과연 무엇이 인간을 다른 동물과 구분 짓는 특징일까?

그것에 대한 답을 우리는 '문화'에서 찾을 수 있다. 인간에게는 동물과는 달리 문화가 있다. 인간에게만 문화가 있는 것은 오직 인간만이 상징을 만들고 사용할 수 있기 때문이다. 상징체계로서의 언어를 사용하는 동물은 인간밖에 없다. 바로 언어가 있었기에 인간은 그가 갖고 있는 고도의 학습능력을 최대한으로 활용할 수 있었고, 그 결과 다른 동물 세계에서는 찾아볼 수 없는 질적으로 다른 생활양식을 발전시킬 수 있었다. 즉 인간에게는 역사가 가능했다는 말이다.

따라서 우리는 인간을 이해하기 위해서는 상징체계에 기초한 문화를 연구해야 한다는 결론에 도달하게 된다. 앞에서 언급했듯이 인류학의 다양한 하위 분야들을 연결시켜 주는 핵심적인 개념이 문화로 귀결되는 것은 매우 당연한 일이다. 이제 인류학의 문화적 접근에서 나타나는 인류학적 관점을 다양한 주제를 섭렵하면서 살펴보기로 한다.

2 문화가
사람 되게 한다

아이가 무인도에 버려진다면

우리말에서 "사람이면 다 사람이냐? 사람다워야 사람이지."라는 표현은 인류학적 관점에서 퍽 흥미롭다. 이는 생김새가 분명 사람일지라도 행동이 사람답지 못하면 짐승과 다를 바 없다는 뜻일 것이다. 사실 갓 태어난 아기는 아주 무기력한 유기체에 불과하기 때문에 우리는 그것을 사람이라는 말 대신에 '핏덩이'라 부른다. 이런 핏덩이가 문화를 학습하고 내면화하면서 자아가 형성되고 인성(人性)이 발달되어 간다. 따라서 사람다운 행동을 한다는 것은 바로 문화의 학습과 직접 관련이 있는 것이다.

문화를 학습할 기회를 박탈당하면 인간은 어떻게 될까? 1940년대에 학계에 보고된 두 '고립아(孤立兒)'의 사례는 그 같은 박탈의 결과가 무엇인가를 잘 말해 준다.

'안나'라는 아이는 사생아로 태어났다. 그녀의 어머니는 사회적 지탄이 두려워 그녀가 여섯 살이 될 때까지 할아버지 집 다락방에 숨겨 길

렀다. 안나는 어머니밖에 만날 수 없었고, 그나마 그 접촉도 음식물 제공 등에 그친 극히 제한적인 것이었기에 문화를 학습할 기회를 얻지 못했다. 안나가 외부인에게 발견되었을 때는 말을 할 줄 몰랐고 걷지도 못했다. 또한 감정을 표현하지 못했고 주위에 대해 무관심했으며 인간의 지능을 보여 줄 만한 일은 아무것도 할 줄 몰랐다.

안나와 마찬가지로 떳떳하지 못한 사생아로 태어난 '이사벨'이라는 아이 역시 지하의 어두운 방에 고립된 채 길러졌다. 이사벨도 안나처럼 여섯 살 때에야 발견되었는데, 그 당시의 이사벨은 마치 야생동물처럼 행동하고 이상한 소리밖에 낼 줄 몰랐다. 안나와 이사벨이 처음 발견되었을 때는 사람의 모습만 갖추었을 뿐 사람다운 구석을 찾아볼 수 없는 생물유기체에 불과했다는 공통점을 보여 준다.

☞ 모스크에서 기도를 하는 어른들을 따라 절을 하는 아이. 아이는 이렇게 일상에서 관찰과 모방을 통해 그가 속한 사회의 문화를 터득해 간다.

두 아이 중 안나는 그 뒤 혼자서 몸도 씻을 수 있게 되었고 몇 마디 말도 할 수 있게 되었지만, 발견된 지 4년 후 죽을 때까지 끝내 정상적인 아이로 발전하지 못했다. 이사벨의 경우는 보다 성공적이었다. 그는 다행스럽게 오하이오 주립대학의 전문의사, 언어교정학자, 심리학자들과 같은 전문가 집단에 의해 조직적인 교육을 받았고, 훈련 과정에 들어가고 2년 반 뒤에는 제 나이에 걸맞은 행동을 보이기 시작했다. 이사벨이 안나의 경우와 다른 또 하나의 측면은 이사벨의 어머니가 비록 벙어리였으나 안나의 어머니와는 달리 아이를 숨겨 기르면서도 아이와 함께 지낸 시간이 많았다는 점일 것이다.

이런 사례에서 우리는 다음과 같은 사실을 확인할 수 있다. 즉 사람이 사람다워지는 데는 생물학적인 요인보다는 사회문화적 환경이 더욱 중요하다는 점이다. 만일 인간의 성장이 전적으로 유전된 생물학적 요인에 의해 결정되는 것이라면 고립아들이라고 다른 아이들처럼 정상적인 발육과 성장을 못할 까닭이 없는 것이다.

인간은 그 어느 동물보다도 무기력한 상태로 태어난다. 그래서 갓난아이는 다른 사람의 도움이 없다면 아마 며칠 이상을 살기 어려울 것이다. 이와 같이 무기력한 생명체가 살아남기 위해서는 다른 사람의 도움을 받아야 하고, 그와 동시에 사회의 생활양식을 학습하고 제 것으로 만들어 나가지 않으면 안 된다. 이 과정은 다른 사람들과의 상호작용을 통해 이루어지고 그 과정에서 언어, 행동양식, 가치 등을 학습하고 내면화하면서 자아의식을 갖는 인성이 형성되는 것이다.

물론 인성 형성에 작용하는 요인은 사회문화적인 것만이 아니다. 유전적 요인과 자연환경적 요인도 인성 형성에 영향을 준다. 그러나 앞서 언급한 '사람이 사람다워지는' 과정과 관련해서는 사회문화적 요인이 상대적으로 가장 중요하다.

타고나는 것보다 환경이 중요하다

인간 연구에서 계속되는 쟁점 가운데 하나는 생물학적인 '유전'과 사회문화적 '환경'의 역할이 무엇인가 하는 문제이다. 이를 흔히 '본성(nature)과 양육(nurture)'의 논쟁이라 하는데, 인성 형성에 작용하는 요인을 논할 때에도 어김없이 쟁점이 된다.

개개인들은 선천적으로 타인과 다른 체질적인 그리고 정신적인 특성이나 능력을 갖고 태어난다. 이것들은 우리가 '유전적인' 특성들이라 부르는 것으로서 인성 형성에 영향을 주는 요인임에 틀림없다. 예컨대 키가 크다는 신체적 특성이나 지능은 부분적으로 유전에 의해서 결정된다고 알려져 있다. 키가 크고 머리가 좋은 사람의 성격은 키가 작고 머리가 나쁜 사람의 성격과 같을 수 없을 것이다.

그러나 여기서 몇 가지 점에 유의해 볼 필요가 있다. 장신(長身)의 유전인자를 갖고 태어났다고 해서 모두 키가 크게 되는 것은 아니다. 성장 과정에서 영양 섭취를 충분히 못 하게 되면 키를 크게 하는 생물학적 잠재력은 제약을 받게 된다. 또한 아무리 높은 지능의 유전인자를 갖고 있더라도 적절히 교육을 받지 못하면 지적 수준이 높을 수 없을 것이다. 실제로 입양아들의 지능지수를 연구한 한 결과에 의하면, 입양아와 양부모의 지능지수는 매우 높은 상관관계를 보여 준다고 한다. 이는 유전적 요인들이란 잠재력에 불과하고, 잠재력이 어떻게 표현되는가는 사회문화적 환경에 따라 크게 달라진다는 것을 말해 준다.

신체적 특징과 특정한 인성 유형과의 관계를 주장하는 견해도 있다. 그러나 체질적인 특성에 대한 사회적인 의미는 문화적으로 결정된다는 사실에 유의할 필요가 있다. "키 큰 사람은 속이 없다."라는 말이 있다. 이는 생물학적인 특성과 성격을 연관시켜 보는 고정관념 중의 하나다. 흥미롭게도 이와 같은 고정관념이 다른 사회에서는 다르게 나타난다. 서구에서는 키 큰 사람이 지배적인 성격을 갖는 것으로 여겨지고 있다. 문제가 더욱 복잡해지는 것은 각 사회마다 큰 키의 기준이 다르다는 점이다. 170센티미터의 키도 아프리카의 피그미 사회에서는 거인 취급을 받지만, 180센티미터의 키도 스웨덴에서는 중간 키다.

또 다른 예를 들어 보면, 달덩이 같은 미인이라는 표현이 있듯이 우리 조상들은 달처럼 둥글고 통통한 얼굴의 여인을 전형적인 미인으로 꼽았고, 며느릿감을 고를 때 야윈 여인들은 기피했다. 그러나 오늘의 젊은 세대는 얼굴이 갸름하고 좀 마른 듯이 날씬한 여성을 미인으로 생각하고 배우자감으로 선호한다. 옛날 같으면 박복한 운명을 타고난 것으로 비관하면서 부정적인 자아상(自我像)을 가졌을 여자가 오늘날에는 미인이라는 자부심과 긍지로 긍정적인 자아상을 가질 수 있게 된 것이다.

이 같은 간단한 예에서 살펴볼 수 있듯이, 인성 형성에 있어 사회문화적 환경의 중요성은 아무리 강조해도 지나침이 없다.

인성 형성에서 유전적인 요인 이외에도 자연환경의 중요성을 지적하는 견해도 있다. 이는 19세기 이래 '지리결정론'에 뿌리를 둔 견해로서 지리적 환경에 따라 사회집단의 성격이 다르다는 이론이다. 산악지방에 사는 사람은 거칠고 개인주의적이며, 열대지방에 사는 사람은 게으르고 성적(性的)으로 조숙하다는 등의 주장이 그것이다. 이와 같은 주장이 한때는 아프리카와 아시아의 적도지방에 있는 국가들의 경제적 후진성을 설명하는 데 이용되기까지 했다.

그러나 똑같은 동남아 지역에서도 우리는 싱가포르 같은 예외를 발견할 수 있다. 한국의 국민소득을 훨씬 앞지르는 싱가포르는 주변의 인도네시아나 말레이시아와 마찬가지로 열대지방에 있지만 국민이 부지런히 노력해 높은 생활수준을 향유하고 있다. 주민의 90퍼센트 이상이 중국계로서 바로 중국 문화의 전통을 갖고 있다는 사실이 싱가포르가 그 주변 국가와 다른 점이다. 환경은 같으나 문화가 다르며, 따라서 자연환경적 요인보다는 문화적 요인이 그들의 (경제)행위를 보다 적절히 설명해 주고 있는 것이다.

결국 인성 형성에 있어서 유전적 요인이나 자연환경의 요인은 기초적인 잠재력이나 제약조건의 의미를 갖는다. 그러나 중요한 것은 이러한 잠재력이 제약조건을 극복하고 얼마만큼 실현되느냐 하는 문제이고, 그 실현 정도를 결정해 주는 것은 개개인들이 살아가는 문화적 환경이라고 할 수 있다.

배설하는 법도 배워야 하는 인간

사람이 다른 사람들과의 상호작용을 통해 문화를 학습함으로써 사람이 되어 간다는 점에는 이제 이론(異論)이 있을 수 없으나, 과연 구체적으로 어떤 과정을 통해서 그것이 이루어지는가에 대해서는 학문 분야에 따라 서로 다른 이론적(理論的) 전망을 제시하고 있다. 우선 사용하는 용어에도 차이가 있어 사회학에서는 그 과정을 '사회화(socialization)'라고 하고 인류학에서는 '문화화(enculturation)'라고 한다.

사회화나 문화화의 과정은 태어나면서 시작되어 일생을 통해 계속되지만, 사회학에서는 사회적 역할의 습득에 초점을 맞추고 유년기 이후의 '후기사회화' 과정을 더욱 중시하는 경향을 보인다. 인류학에서

☞ 인도네시아의 발리 무용은 세계적으로 널리 알려져 있다. 이러한 문화적 전통을 유지하기 위해 인도네시아 발리 섬에서는 발리 무용을 어릴 적부터 가르치기 시작한다.

는 상징체계로서의 언어 학습 및 인성의 형성을 중요시하여 유년기의 '초기사회화' 과정에 더욱 초점을 맞추고 있다.

인류학에서 초기사회화 과정을 중요시하는 이유는 그것이 인성 형성에 결정적인 시기이기 때문이다. 인간이 태어난 후 처음 4~5년은 다른 시기에 비해 특수한 면이 있는 기간이다. 이 점은 우리가 언어를 습득하는 과정을 생각해 보면 납득이 간다. 어렸을 때 우리는 자연스럽게 모국어를 습득했다. 대체로 어린아이가 4~5세에 이르면 새로운 문장을 만들어 낼 수 있을 만큼 언어능력을 터득하게 된다. 이 시기를 한참 지나고서 중·고등학교에서 외국어를 배운다면 비록 좋은 교사와 교재 그리고 시청각 시설이 있다 하더라도 습득하기가 무척 힘들게 된다. 언어의 습득 과정이 드러내는 초기사회화 과정의 특수성을 강조하는 이론이나 사례는 상당히 많이 발견되고 있다.

생후 4~5년 동안이 인성 형성에 결정적으로 중요한 시기라는 이론을 제시한 사람으로 프로이트를 들 수 있다. 우리 속담에 "세 살 버릇 여든까지 간다."는 말이 있듯이 프로이트 역시 인성의 기본 구조는 초기의 4~5년 동안에 결정된다고 보았다. 프로이트는 인간 행동의 원동력은 성적 에너지이고 이는 사람이 태어나서 처음 5년여 동안에 신체의 몇몇 대상 부분에 주어진 자극을 통해 충족의 과·부족 현상이 나타나며, 바로 이것이 인성 구조를 결정한다고 믿었다. 따라서 그는 수유의 방식이나 배설 훈련과 같은 육아 방식이 인성 형성의 열쇠를 쥐고 있다는 이론을 발전시켰다.

초기사회화 과정의 중요성은 동물 실험에서도 확인할 수 있다. 원숭

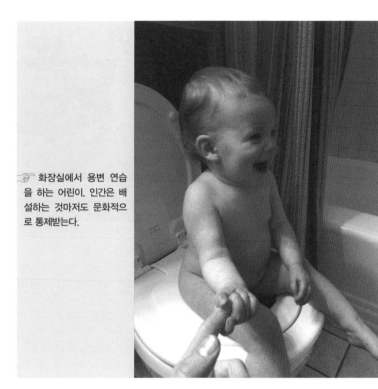

☞ 화장실에서 용변 연습을 하는 어린이. 인간은 배설하는 것마저도 문화적으로 통제받는다.

이의 경우 갓 태어난 새끼를 자기 집단에서 분리시켜 양육한 뒤 나중에 합류시키게 되면 그 집단의 성원들과 어울릴 줄도 모를 뿐 아니라, 이러한 방식으로 키워진 암놈들은 임신은 되지만 어미로서의 역할을 제대로 수행하지 못해 어린 새끼를 물어뜯고 학대하는 따위의 행동을 하는 것이 관찰되었다.

한 가지 흥미로운 사실은, 원숭이 인형을 철사로 만든 모조 어미와 부드러운 털로 씌운 모조 어미의 두 가지로 만들고 우유병을 철사로 만든 모조 어미에 부착시켜 놓은 다음 새끼 원숭이를 그 우리에 집어

☞ 원숭이를 가지고 모성의 의미를 실험한 해리 할로 박사. 그는 실험을 통해 젖을 주는 인형이 아닌 털 인형을 엄마 대신 선택하는 새끼 원숭이의 모습을 관찰하였고, 어린 시절에 미치는 스킨십의 중요성을 주장하였다.

넣으면, 새끼 원숭이는 우유가 있는 인형에게 가는 것이 아니고 부드러운 털 인형에게 매달려서 대부분의 시간을 보낸다는 것이다. 이는 영장류의 경우 젖을 먹는 만족과는 별도로 신체적 접촉에 대한 생물학적 충동을 가지는 것으로 여겨진다.

오직 철사로 된 모조 어미만 있을 경우 새끼 원숭이들은 두려움으로 삑삑 소리를 지르고 자기 손가락과 발가락을 빨거나 겁에 질려 몸을 움츠린 채 앉아 있는 것이 관찰되었다.

이와 같은 동물 실험의 결과는 물론 인간에게 기계적으로 적용될 수는 없다. 하지만 인간의 경우 부모가 없어 영아원에서 자란 아이들과 정상적인 가정에서 자란 아이들 간에는 발육지수상 상당한 차이를 보인다는 연구 결과가 있어 주목을 끈다.

이상과 같은 여러 가지 사례를 통해 알 수 있는 사실은 인간에게 사회적 상호작용을 통한 문화 학습이 얼마나 중요한 것인가와 출생 후의 수년간이 인성 형성에 결정적인 시기라는 점이다. 여기에서 우리는 극히 평범한 진리를 새삼 발견하게 된다. 즉 어린이들은 '따뜻한 가족적인 환경에서 지속적이고 풍부한 사회적 상호작용을 경험할 때에야 비로소 사람다운 사람이 된다.'는 사실이다. 오늘날 물질만능의 풍조가 만연한 가운데 더욱 고립화되고 단자화되어 가는 가족의 상황을 염두에 둔다면 한 번쯤 깊게 새겨보아야 할 문제가 아닌가 한다.

3 미개사회를
연구하는 까닭

미개사회는 살아 있는 실험실

인류학은 사회과학 가운데 유일하게, 우리가 흔히 원시 미개사회라고 부르는 작은 규모의 부족사회를 연구 대상에 포함시키고 있다. 오늘날의 인류학자들은 원시인에서 산업사회의 대도시 주민에 이르기까지 지구상의 모든 인간 집단을 연구하고 있지만, 사람들 사이에서는 인류학자라면 모름지기 원시 미개인을 연구한다는 고정관념이 아직도 강하게 남아 있다. 그래서 인류학에 대해서 조금 안다는 주위 사람들로부터 도대체 미개인들을 뭐하러 연구하느냐는 말을 듣기도 한다.

인류학에서 원시 미개사회를 연구하는 데는 중요한 이유가 있다. 자연과학과는 달리 인간을 연구하는 사회과학에서는 본격적인 실험을 하기가 어렵다. 인간에게 생체실험을 할 수도 없고 인간 사회의 현상을 과학적 실험의 대상으로 조작할 수도 없다. 일제(日帝)의 악명 높은 731부대는 중국에서 인간을 의학 실험용으로 사용한 잔악한 사례를 남기기도 했으나 이러한 것은 인류의 이름으로 지탄받는 일이다.

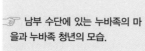 남부 수단에 있는 누바족의 마
을과 누바족 청년의 모습.

이런 사정을 감안할 때 지구상에 존재하는 수많은 부족사회는 일종의 살아 있는 자연실험실의 역할을 해 준다. 수천에 달하는 작은 규모의 사회들은 그들이 처해 있는 생태학적, 역사적, 문화적, 인구학적 특성들이 모두 다르기 때문에 그처럼 다양한 조건들을 면밀히 분석하면 인간 행위 유형의 다양성을 설명할 수 있게 된다.

인류학자들이 단순 사회라고 부르는 원시 미개사회에 대한 관찰과 분석이 인간 사회의 작동 원리를 이해하고, 인간 사회에 대한 이론을 정립하는 데 중요한 역할을 할 수 있다는 것을 보여 주는 인류학적 사례는 많다.

석기시대 원주민에게 쇠도끼를 주다

석기시대를 살고 있는 사람들에게 어느 날 갑자기 문명사회에서 온 사람이 나타나 쇠로 만든 도끼를 준다면 어떻게 될까? 석기시대 사람들은 돌로 만든 도끼를 사용하고 있으므로 쇠도끼의 소개는 단순히 한 물품의 보다 나은 종류로의 대체에 불과한 것일까? 아니면 그것은 그들에게 혁명적인 변화를 뜻하게 될 것인가?

인류학적 문헌에 이와 같은 사건을 체계적으로 분석·기술한 사례가 기록으로 남아 있어 인간 사회의 문화적 현상을 이해하는 데 중요한 인식론적 관점을 제공해 주고 있다. 인류학자 샤프(Lauriston Sharp)가 쓴 〈석기시대의 오스트레일리아 원주민에게 쇠도끼를 주다〉라는 논문이 그러한 보기다.

오스트레일리아 케이프요크 반도의 서해안 지대에 있는 콜만 강 어구에는 일요론트(YirYoront) 부족이 살고 있다. 이들은 19세기 말 백인들과 접촉하기까지 수렵과 채집 중심의 석기시대의 삶을 살고 있었다. 일요론트 부족은 19세기 말부터 백인들과 접촉하기 시작했지만 고립된 지역적 특성 때문에 1940년대까지 외부와의 접촉이나 영향으로부터 비교적 자유로울 수 있었다. 따라서 1930년대에도 주변의 타 부족과의 교역, 여자 약탈, 특이한 장례식, 토템 의식 등 그들 고유의 문화를 유지했다.

그렇다고 일요론트 부족이 외부의 백인 사회와 완벽하게 차단되어 있었던 것은 아니다. 1915년 일요론트 부족 거주지역에서 가까운 곳에 성공회의 선교 캠프가 마련되어 점차 서구문물과 접촉이 이루어졌다. 성공회의 백인 신부들은 선교활동을 본격적으로 하지는 않았지만 오랜 기간에 걸쳐 일요론트 부족과 접촉하는 과정에서 일요론트 부족사회에서 가장 긴요하게 쓰이는 도구가 돌도끼임을 알게 되었고, 선교활동을 촉진하는 수단으로 쇠도끼를 선물하곤 했다. 일요론트 부족사회에 쇠도끼가 유입된 것이다.

이 일로 인해 일요론트 부족사회는 엄청난 문화 해체를 경험해야 했다. 바로 이러한 관찰과 분석을 통해 인류학자들은 인간 사회의 문화를 총체적으로 접근해야 한다는 것을 재삼 확인할 수 있었다. 일견 단순해 보이는 간단한 사건으로 인해 어떻게 한 사회가 혼란스러운 변동을 겪게 되는지 이제 샤프의 기록으로 되돌아가 보자.

일요론트 사회에서 중요하게 쓰이는 도구인 돌도끼를 제작하기 위해서는 상당한 기술이 필요하며, 성인 남성들이 그것을 만들고 소유한다. 돌도끼의 재료로는 650킬로미터가량 떨어진 지역에서 나는 돌을 사용하는데, 그것은 일요론트 부족 성인 남성들이 교역망을 통해 입수한다. 그리고 돌도끼의 손잡이로 사용되는 목재, 돌도끼와 손잡이를 연결하는 데 쓰이는 아교의 생산 및 나무줄기와 껍질의 처리 기술은 상당 기간의 수련이 필요하다. 이와 같은 기술은 사내아이가 성장하는 동안 배워야 하는 학습의 주요 내용을 이루며, 따라서 여성이 도끼를 제작하고 소유하는 것은 부적절한 것으로 간주된다.

그런데 일상생활에서 돌도끼는 매우 다양한 용도로 긴요하게 쓰이기 때문에 돌도끼를 소유하지 못한 여성과 아동 들은 성인 남성들에게 빌려 써야 한다. 거의 매일 돌도끼를 빌려 써야 하지만 쉽게 빌릴 수는 없다. 예의를 지켜야 할 뿐만 아니라 직계가족이나 남자 쪽 친족원이 아니면 돌도끼를 빌릴 수 없다. 그러므로 도끼의 제작과 소유는 일요론트 부족사회의 생계(경제) 활동에서 가장 중요한 기초를 형성할 뿐만 아니라 남녀의 역할, 그리고 가족·친족 조직의 위계질서 및 상호작용 원리를 뒷받침해 주는 것이다.

전통적으로 돌도끼는 일요론트 사회에서 남성다움의 상징임과 동시에 남성이 누린 권위의 원천이었다. 남성의 우월한 지위, 장유유서(長幼有序)의 질서는 돌도끼의 제작과 소유에 기초하고 있었고, 이를 바탕으로 남성들만이 참여하는 종교의식이나 정치적 의사결정기구가 흔들림 없이 권위를 유지했다. 돌도끼는 일요론트 사회의 경제적 기반 구축에 관련되어 있고, 바로 그러한 경제구조는 남녀관계, 가족·친족 조직 및 사회생활에 영향을 주고, 그것은 다시 정치·종교 활동을 규정했던 것이다.

바로 이와 같은 이유 때문에 외부로부터의 쇠도끼 유입은 엄청난 결과를 가져왔다. 무엇보다도 문제가 되었던 것은 성공회 신부들이 쇠도끼를 선교 캠프에 나오는 여성과 아이 들에게 나누어 주었다는 사실이다. 6·25 전쟁 직후 우리나라에서도 외국인 선교사들이 교회에서 선교활동을 할 때 주로 여자나 아이 들에게 '구호물자'를 나누어 주었다고 한다.

일요론트의 남자들은 부족 방어를 담당하므로 19세기 말 백인이 처음 나타났을 때 서로 충돌할 수밖에 없었다. 따라서 그들은 선교사들이 가까운 곳에 선교 캠프를 차렸을 때 접근을 기피했다. 다시 말해 여자와 아이 들이 주로 외국인 선교사들과 접촉했던 것이다. 이들이 캠프 근처에 접근하면서 간헐적이나마 자연스럽게 접촉이 이루어졌고 차차 시간이 흐르면서 부활절과 성탄절 같은 특수한 날에 예배 참석을 장려하기 위해 또는 예배에 비교적 자주 나오는 사람들을 격려하기 위해 선교사들은 그들에게 아주 유용하다고 생각되는 쇠도끼를 나누어 주기 시작했다. 그 결과 도끼의 소유는 점차 남성의 전유물이 아니게 되었고 그에 따른 사회적 변화가 연쇄반응을 일으키며 퍼져 나갔다.

돌도끼보다 쇠도끼가 훨씬 더 성능이 좋다는 것은 다 아는 일이다. 이제 쇠도끼를 갖게 된 여성과 아이 들은 더는 성인 남성에게 돌도끼를 빌려 쓸 필요가 없게 되었다. 반대로 성인 남성이 여자와 청소년에게 쇠도끼를 빌려 쓰는 사태까지 발생했다. 한마디로 남녀의 역할에 혼동이 오고 남성의 권위체계가 흔들리기 시작한 것이다. 이는 다시 가족과 친족 관계에까지 영향을 미쳐 가정에서의 통제가 약화되고 사회 전반에 가치 혼란을 야기했다. 쇠도끼는 또한 수명이 길기 때문에 그 수가 늘어 감에 따라 돌도끼를 제작할 필요성도 감소했다. 남성들에게 그것은 돌도끼 석재를 얻기 위한 교역활동의 쇠퇴를 의미했다. 이 때문에 건조한 시기에 행하던 교역 상대집단과의 축제행사도 점차 기능을 상실하게 되었다.

  그러나 무엇보다도 쇠도끼의 유입이 가져온 가장 근본적인 폐해는 돌도끼의 생산과 사용이 지켜 온 '자립과 자조의 상황'이 '외부 의존의 상황'으로 변모했다는 점일 것이다. 결과적으로 백인 선교사들이 좋은 의도를 가지고 선물했던 그리 많지 않은 수의 쇠도끼는 일요론트 부족 사회에 물질문화 요소의 변화만을 가져온 것이 아니라 사회적 관계와 위계질서, 남성성, 연령에 따른 권위, 그리고 가치체계에 혼란을 초래했다. 남성의 권위는 무너지고 가족끼리 분쟁이 증가했으며 소유에 대한 개념이 흔들림으로써 부족사회 내에 절도 범죄가 발생하기 시작했다. 또한 전통적 축제가 시들해지면서 문화의 쇠퇴와 변질이 빠른 속도로 진행되었다.

인류학의 총체적 접근

일요론트 부족사회의 경험이 주는 교훈은 자명하다. 인간 사회의 문화 현상은 총체적으로 다뤄져야 한다는 것이다. 인간은 살아가면서 다양한 활동영역에 참여하게 되는데, 그 영역들이란 서로 밀접한 관련이 있다. 정치, 경제, 사회, 종교, 예술 활동 등은 얼핏 보면 서로 관계가 없는 것 같지만 실제로는 서로 영향을 주고받기 때문에 그것들의 상관관계를 파악하는 것이 필요하다.

그러므로 인류학자들은 문화를 인간 사회 집단이 갖는 '생활양식'으로 보고, 문화를 구성하는 부분들이 어떻게 하나의 전체를 형성하는가를 밝히려 한다. 이러한 관점을 '총체적 접근 방법(holistic approach)'이라 하며, 이와 같은 방법은 일요론트 부족사회의 문화 변동을 묘사하는 데서 볼 수 있는 바와 같이 인간 사회의 문화현상을 이해하는 데 매우 중요한 공헌을 했다.

인류학에서 발전시킨 총체적 접근 방법은 원래 단순·미개사회의 연구를 통해 자리를 잡게 되었지만 그것은 현대사회의 연구에도 적용될 수 있다. 예를 들어 한국의 공업화 과정을 이해하는 데에도 총체적 관점이 필요한 것이다. 한 농촌에 공장이 건설되면 그것은 단순히 새로운 기술의 도입만을 뜻하는 것이 아니라 공장조직이라는 새로운 사회조직 유형과 그것을 뒷받침하는 가치체계의 유입을 동시에 의미한다.

지난 30여 년간 한국사회에서 진행된 공업화 과정은 어찌 보면 전통적 '농업'이라는 '돌도끼'를 가지고 있던 사회에 '공업'이라는 '쇠도끼'

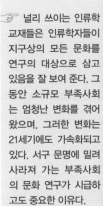

☞ 널리 쓰이는 인류학
교재들은 인류학자들이
지구상의 모든 문화를
연구의 대상으로 삼고
있음을 잘 보여 준다. 그
동안 소규모 부족사회
는 엄청난 변화를 겪어
왔으며, 그러한 변화는
21세기에도 가속화되고
있다. 서구 문명에 밀려
사라져 가는 부족사회
의 문화 연구가 시급하
고도 중요한 이유다.

를 소개한 것으로 비유될 수 있다. 농업에서 공업으로의 전환은 단순
한 기술의 변화에 머문 것이 아니라 인구 이동과 도시화 그리고 핵가
족화에서 가치관의 변화에 이르기까지 실로 엄청난 변화를 가져온 것
이다. 이러한 변화 과정은 이미 오래전 인류학자들이 분석한 일요론트
의 사회에서 그 선례를 보여 주었다고 하겠다.

4 인류학의 방법론:
비교문화적 접근

인류학의 발달 과정을 보면 인류학자들은 자기 자신이 속한 사회보다
는 다른 집단들의 문화(他文化)를 연구하기 위해 먼 길을 나서곤 했다.
예를 들면, 영국의 사회학자나 정치학자 들은 영국(또는 넓게는 유럽 산업
사회)의 사회현상이나 정치과정을 연구한 반면, 인류학자들은 영국이
나 유럽이 아닌 아프리카나 아시아의 다양한 사회의 문화적 현상을 기
록하고 분석하고 설명하기 위해 장기간에 걸친 현지조사 여행을 떠나
곤 했다. 이는 인류학이 그 시작부터 연구의 대상을 유럽의 경계를 넘
어서 전 세계의 모든 인류의 문화로 확대시켰기 때문이었다.

인류학은 지구상에 존재하는 수천 개의 종족집단(ethnic groups)이
갖고 있는 다양한 문화를 비교·연구하여 인간의 본질을 탐구하고자
한다. 왜냐하면 수많은 문화 가운데 어느 한 문화의 연구 결과만을 가
지고 인간의 본질을 일반화시킬 수는 없기 때문이다. 예컨대 한국사회
에서 관찰되는 현상을 곧 모든 사회에서 통용되는 인간의 본질적 속성
으로 간주하는 데는 무리가 따른다. 어떤 특정한 현상을 인간의 본질
적 속성이라고 주장하려면 그와 같은 현상이 인간의 모든 사회에서 보

편적으로 나타나야 한다. 따라서 인간의 본질에 관한 일반화를 도모하려면 인간의 모든 사회를 두루 비교·연구하지 않으면 안 된다. 이러한 이유로 인류학에서는 비교문화적 접근(cross-cultural approach)을 중요한 방법론으로 정착시켰다. 그리고 이 비교문화적 접근의 유용성은 이미 20세기 초반 인류학의 선구자들에 의해 입증되었다. 그 대표적인 사례로 말리노브스키가 다룬 오이디푸스 콤플렉스, 그리고 미드가 분석한 사춘기 스트레스에 대한 비교문화적 연구를 꼽을 수 있다.

모계사회에서의 오이디푸스 콤플렉스: 말리노브스키의 트로브리안드 연구

정신분석학의 아버지로 불리는 지그문트 프로이트(Sigmund Freud, 1856~1939)는 1899년 출간된 그의 대표적 저서인 《꿈의 해석(Die Traumdeutung)》에서 모든 인간에게 보편적으로 잠재하는 '오이디푸스 콤플렉스(Oedipus Complex)'라는 개념을 이론화했다. 이 용어는 그리스 신화에 나오는 테베의 영웅 오이디푸스의 이름에서 따온 것으로, 그는 모르는 상태에서 자기 아버지를 죽이고 어머니와 결혼한 비극적인 인물이다. 프로이트는 그리스 신화에 나오는 이 내용이 인간의 가장 큰 정신적 갈등 중의 하나를 상징적으로 표현한 것이라고 보았다. 즉 이 신화는 이성(異性)의 부모를 소유하고자 하는 욕망과 동시에 동성(同性)의 부모를 적대시하는 아동의 무의식을 표현하고 있다는 것이

☞ 오이디푸스 콤플렉스
를 이론화한 프로이트.

다. 프로이트의 오이디푸스 콤플렉스 이론을 요약하면 다음과 같다.

아이가 태어나서 제일 먼저 신체적 접촉을 하고 감정적 유대관계를 맺는 대상은 어머니이다. 특히 어머니는 모든 감성적 만족의 근원이기 때문에 남자아이는 어머니를 독점하고 싶어 하는 욕망을 무의식 속에 갖게 된다. 그런데 어머니에 대한 성적 독점권은 아버지에게 있으므로 아버지에 대한 적개심이 싹튼다. 그러므로 어린 남자아이의 무의식 속에는 아버지에 대한 적개심과 어머니에 대한 독점욕이라는 두 가지 갈등 요소가 공존한다. 이러한 요소는 잠재적 콤플렉스로 인간의 무의식 속에 자리하고 있어 문화적 현상인 꿈이나 신화 등에 그것이 반영되어 나타난다. 프로이트는 그의 이론을 그가 활동한 비엔나에서 수집한 정신분석학적 자료들을 바탕으로 구축했는데, 그렇다면 과연 이러한 잠재의식, 또는 집단의 무의식으로 존재하는 오이디푸스 콤플렉스는 프로이트가 주장한 바와 같이 인간의 생물학적인 특성에 기초하고 있어 모든 인간에게 나타나는 보편적인 현상인가? 이에 대한 해답을 얻을 수 있는 가장 좋은 방법은 프로이트가 속한 서구사회 이외의 다른 사회에서도 똑같은 현상이 나타나는가를 살펴보는 것이다.

인류학자 말리노브스키(Bronislaw Malinowski, 1884~1942)는 1914년부터 2년여 동안 서태평양의 멜라네시아 섬 중의 하나인 트로브리안드(Trobriand)에서 현지조사를 실시하면서 프로이트의 오이디푸스 콤

☞ 트로브리안드 사회를
분석한 말리노브스키.

플렉스에 관한 이론을 검증해 볼 수 있는 자료도 수집하였다. 트로브리안드 사회는 모계(母系)사회라는 점에서 프로이트가 연구한 서구의 부계(父系)사회와는 대조를 이룬다. 따라서 말리노브스키는 오이디푸스 콤플렉스 현상이 서구의 부계사회와는 판이하게 다른 모계사회에서도 동일하게 나타나는가에 관심을 기울였다. 트로브리안드 섬에서는 부계보다는 모계집단이 중요하기 때문에 아이의 양육과 결혼에 아버지보다 모계집단의 남자, 즉 외삼촌이 더 많은 영향력을 행사한다. 결혼한 부부는 신랑의 외삼촌이 사는 곳에 신혼살림을 차리며, 그들의 자녀에 대한 교육과 훈육도 외삼촌이 담당하고, 재산의 상속 또한 외삼촌의 계통을 따라 이루어진다. 말리노브스키는 이러한 트로브리안드 사회를 분석하며 흥미로운 사실을 발견했다.

즉 트로브리안드에서는 반감과 적대의 대상이 생물학적인 아버지가 아니라 훈육의 실질적 담당자인 외삼촌이라는 점이었다. 실제로 이들의 신화에는 자매와의 결혼 금기(禁忌) 때문에 외삼촌을 살해하는 이야기가 나온다.

서구와 같은 부계사회에서 아버지는 보호자의 역할과 가족 내의 권위와 규율을 세우는 통치자의 역할을 동시에 수행한다. 그러므로 아버지에 대한 아이의 감정은 애정과 증오가 뒤섞인 복잡한 양상을 보인다. 반면에 트로브리안드와 같은 모계사회의 아버지는 엄격한 권위자의 모습을 띠지 않는다. 그것은 외삼촌의 몫이기 때문이다. 이러한 집단에서는 외삼촌이 규율과 권위의 대상이자, 경원(敬遠)과 미움의 대상이다. 그렇다면 오이디푸스 콤플렉스는 어머니를 향한 아이의 성적 욕

망이나 어머니에게 접근하는 아버지에 대한 질투심에서 연유하는 것
이라고 볼 수 없다.

트리브리안드 사회와 서구사회에 대한 이와 같은 연구의 결과는, 남
자아이의 무의식 속에 자리 잡은 오이디푸스 콤플렉스가 성적인 질투
때문이 아니라 가족 내의 제도적 관계에서 기인하는 것임을 보여 주는
비교문화적 증거인 셈이다.

그러므로 오이디푸스 콤플렉스는 모든 인간에게 나타나는 것이 아
니며, 따라서 그것이 인간의 생물학적인 특성에 기초한다는 주장은 수
정되어야 한다. 이처럼 말리노브스키의 비교문화적 연구는, 인간의 선
천적인 성향에 문화가 어떻게 영향을 끼치는가를 밝히는 작업이 인간
의 본질을 이해하는 데 중요하다는 사실을 일깨워 주었다.

사춘기 스트레스의 비교문화적 연구: 미드의 사모아 사례

말리노브스키와 비슷한 시기에 여성인류학자 마거릿 미드(Margaret
Mead)는 남태평양의 사모아에서 청소년 문제에 관한 비교문화적 연구
를 시행하였다. 그 당시 미국 학계에서는 청소년기, 특히 사춘기를 '질
풍노도의 시기'로 보는 견해가 고개를 들고 있었다.

사춘기는 1~2년이라는 짧은 기간 동안에 2차 성징이 나타나는 시기
로서, 감정이 예민해지거나 감수성이 고조된다. 또한 신체적으로는 급

격히 어른이 되는 데 반해 정신적인 성장은 그렇게 빨리 이루어지지 않는다. 그래서 육체적·정신적 성장 사이의 불균형과 적응상의 문제가 흔히 발생하게 된다. 청소년 심리학자들은 이러한 적응상의 문제를 설명하기 위해 '사춘기 스트레스(adolescent stress)'라는 개념을 제시하였다.

우리가 일반적으로 생각하기에도 사춘기에는 문제가 많은 것으로 보인다. 왜냐하면 사춘기 청소년은 어린 시절과는 달리 때때로 충동적으로 행동하고 권위에 반항하기 시작하며 자칫 탈선과 방종의 길로 빠져들기도 하는 것을 종종 볼 수 있기 때문이다. 사실 많은 영화나 소설 등이 이러한 사춘기의 반항과 탈선을 다루고 있기도 하다. 이와 같은 청소년 문제에 관심을 가진 마거릿 미드는 1925년에 사모아로 갔다. 그가 주목한 문제는 미국에서 지적되고 있는 사춘기 스트레스가 사모아 청소년의 경우에도 적용될 수 있는지의 여부였다. 즉 미드는 '사춘기 스트레스는 과연 인간에게 보편적으로 나타나는 현상인가?'라는 문제에 관심을 가졌던 것이다.

미드는 사모아에서 가장 큰 타우섬의 세 마을에서 8세부터 20세에 이르는 68명의 소녀의 행동을 관찰하고, 기본적 심리검사를 수행하였다. 그녀는 조사에서 사춘기 스트레스를 측정할 수 있는 여러 가지 척도를 사용했고 그것을 미국의 자료와 비교했는데, 사모아의 청소년은 미국의 청소년과는 달리 스트레스의 정도가 매우 낮은 것으로 나타났다. 미국에서와 마찬가지로 사모아의 청소년 역시 사춘기에는 육체적 성장과 정신적 성숙 사이의 괴리를 경험한다. 그럼에도 미드의 연구 결과는, 사모아의 청소년은 사춘기 스트레스 증상을 보이지 않는다는 것이었다. 그렇다면 이러한 차이를 어떻게 설명할 수 있을 것인가? 미드는 사모아 사회의 문화에 대한 심층적 연구를 통해 그 해답이 미국과 사모아의 문화적 차이에 있다고 결론 내렸다.

앞에서 지적했듯이 어느 사회에서건 사춘기는 청소년이 적어도 신체적으로는 어른 구실을 할 수 있게 되는 시기이다. 그러므로 사춘기 청소년은 자연히 이성에 대한 관심이 커지고 성적 욕구의 해소라는

☞ 사모아 지역에서 사춘기 스트레스에 관한 비교문화적 연구를 한 마거릿 미드.

현실적 문제에 당면한다. 그런데 성(性)에 대한 태도나 규제의 정도는 각 사회마다 다르며, 이성교제와 결혼도 사회마다 각기 다른 방식과 절차에 따른다. 미국과 사모아는 특히 성적 규제의 측면에서 크게 다른 사회이다. 미국은 기독교의 영향 때문에 결혼 전의 성교나 혼외정사를 죄악시하는 문화적 규범을 가졌다. 따라서 사춘기 청소년에 대한 성적 규제가 엄격하여 소녀가 임신이라도 하게 되면 그 사건을 심각한 사회문제로 취급하고, 당사자는 사회적 모멸이나 동정의 대상이 되었다.

이는 사춘기 청소년들이 자연스럽게 갖게 되는 성적 호기심과 이성에 대한 관심을 생각할 때 높은 수준의 긴장을 야기하는 요인이 된다. 그러나 사모아의 문화는 미국과는 전혀 다르다. 사모아 사회의 특징은 가정생활과 성생활이 개방적이고 사생활에 비밀이 없다는 것이었다. 사모아인들에게 성행위는 자연스러운 현상으로 부끄러운 일이 아니며, 거기에 특별한 도덕적 의미를 부여하지도 않는다. 이에 따라 부부 사이의 감정적 유대가 강요되지 않으며, 이혼도 쉽게 이루어진다. 이러한 문화적 전통 때문에 사모아에서는 사춘기의 청소년에게 가해지는 성적 억압이 거의 존재하지 않는다. 따라서 이로부터 발생되는 긴장이나 스트레스를 찾을 수 없는 것이다.

마거릿 미드가 관찰한 사모아 사회는 또한 경쟁적인 사회가 아니라는 점에서 미국과는 달랐다. 1928년에 출판된 그녀의 첫 저서 《사모아의 사춘기(Coming of Age in Somoa)》를 보면 다음과 같은 구절들에서 사모아 사회의 문화적 특성을 엿볼 수 있다. "소녀는 (…) 숙련된 기술

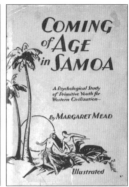

☞ 미드는 사모아의 사춘기에 관한 연구를 박사학위 논문으로 발표했는데, 학위논문은 단행본으로 출판되자마자 베스트셀러의 반열에 올랐고 현재까지 여러 출판사에서 계속 간행되고 있다.

을 연마할 것이 기대되면서도 이와 동시에 너무 유능해서도, 너무 걸출해서도, 너무 조숙해서도 안 된다고 끊임없이 요구받는다. 동료들보다 지나치게 뛰어나서는 안 된다. 동료들의 증오나 어른들의 불만을 야기해서는 안 된다. 어른들은 조숙한 아이들을 용인하기보다는 뒤처지는 아이들을 격려하고 용서해 주는 것을 더 당연시하기 때문이다." 반면 미국의 문화는 개인의 성취를 강조하고 끊임없는 경쟁을 부추긴다는 점에서 미국의 청소년은 사모아에서와는 달리 스트레스를 쉽게 유발하는 환경적 요인에 노출되어 있는 셈이다.

확실히 미국과 사모아의 청소년이 몸담고 있는 사회문화적 환경에는 중요한 차이가 있다. 20세기 초의 미국은 거대한 산업사회로서 다양한 직업적 분화를 이루고 있었지만, 사모아는 단순한 원예농경 및 어업사회였다. 산업사회인 미국에서의 청소년기는 자신의 미래를 결정짓는 중요한 준비를 본격적으로 시작해야 하는 출발점에 해당한다. 다시 말해 사춘기는 좋은 직업을 갖고 좋은 대학에 가기 위해 노력해야 하는 결정적 시기인 것이다. 우리나라의 경우도 마찬가지이지만 미국의 청소년 역시 이성문제와 더불어 학교 공부와 진로 문제에 대한 고민이 가장 많다. 미국의 청소년은 혈기왕성한 사춘기에 놀고 싶은 욕망을 억누르고 공부에 얽매여야 하며, 직업을 선택하는 문제 이외에도 종교의 선택, 가치관의 선택 등 많은 결정을 스스로 내려야 한다. 사회가 복잡하고 선택의 여지가 많은 만큼 경쟁 또한 치열해서 일상적인 긴장 상태에 시달리다 보니 스트레스가 쌓이는 것은 어찌 보면 당연한 일이다.

그러나 사모아의 청소년이 처해 있는 상황은 정반대다. 1910년대 사모아의 사춘기 또래들은 그들이 어른이 되면 남자는 연근해 어업에 종사하고 여자는 원예를 담당하면 되었다. 그러므로 사모아의 청소년은 직업 선택과 대학 진학 등을 놓고 남들과 경쟁하거나 실패와 좌절을 겪을 필요가 없음이 당연하다. 마거릿 미드는 이와 같이 서로 다른 사회문화적 환경이 미국과 사모아 청소년 사이에 발견되는 사춘기 스트레스의 차이를 설명해 줄 수 있다고 보았다.

다양한 문화에 반영된 인간의 모습

인류학에서 발전시킨 비교문화적 관점(cross-cultural perspective)은 인간이 어떠한 존재인지를 이해하고자 하는 우리의 시야를 넓혀 주는 기능을 한다. 우리 자신만의 문화적 틀 속에 머리를 파묻고 밖을 보지 못한다면 인간에 대한 본질적 이해에 도달하기 어려울 것이다. 독일의 문호 괴테(Goethe)는 "외국어를 모르는 사람은 자국어를 모르는 사람이다."라는 말을 남겼다. 이는 인류학적으로 수긍이 가는 명언이 아닐 수 없다. 우리가 자신의 얼굴을 보려면 거울을 필요로 하고, 다른 사람을 통해서 자기 자신을 이해하게 되듯이, 다른 문화는 곧 우리 문화를 비춰 보는 거울과도 같다. 우리는 우리 문화와 다른 문화와의 비교를 통해 서로간의 차이점과 동질성을 확인할 수 있고, 그러한 과정을 통해 우리는 우리 문화에 대한 보다 명료한 이해뿐만이 아니라 인간 문화에 대한 본질적인 이해에 도달할 수 있다.

☞ 트로브리안드 섬에서 현지의 주민들과 함께 있는 말리노브스키. 다른 문화에 대한 비교연구는 인간 문화에 대한 본질적 이해를 돕는다.

그러므로 타문화에 대한 비교연구는 두 가지 측면에서 중요한 의미를 갖는다. 첫째는 타문화의 연구를 통해 우리 자신의 문화에 대한 이해를 심화시킬 수 있으며, 둘째는 다양한 문화들의 비교 검토를 통해 인간의 본질에 관한 일반화를 도모할 수 있다는 것이다.

5 야만에 대한
편견

문명사회의 허위의식

우리가 흔히 '미개'라는 수식어를 붙여 부르는 단순 사회에서는 영아(嬰兒) 살해 관습이 심심찮게 발견된다. 미개 단순 사회에서 영아를 살해하는 관습은 대체로 인구를 조절하기 위한 수단으로 작용하는 측면이 있기 때문에 남자아이보다는 여자아이가 살해되는 경향이 두드러진다. 비인도적이며 야만적인 관행으로 보이는 이와 같은 관습에 접하게 되면 우리는 현대사회와 원시사회의 차이를 문명과 야만, 또는 이성과 야성으로 대비시키는 단순논리에 빠지기 쉽다. 또 문화적 우월의식과 편견을 강화시키게 된다. 그러나 이 같은 관점은 온당치 못할 뿐 아니라 다분히 위선적인 것이다.

영아를 살해하는 관습은 미개사회에만 있는 현상이 아니다. 고대 로마에서는 자기의 자녀를 죽이는 것이 용인되었고, 많은 문명사회에서도 기형아의 출산 직후 살해는 정당화된 경우가 많았다. 그리고 영아 살해에는 공공연한 것과 그렇지 않은 것의 두 종류가 있다.

미개사회의 영아 살해는 대부분 제도화되어 있다는 점에서 겉으로 드러나 있다. 그에 반해 문명사회의 영아 살해는 숨겨져 있는 양상을 띤다. 현대사회에서 유아가 학대되어 영양실조로 인해 죽는 현상은 영아 살해의 숨겨진 형태이다. 이에 더해 대규모로 자행되는 인공유산은 영아 살해 관습의 또 다른 모습인 것이다. 문제의 본질을 이해하기 위해 남미의 한 부족과 아시아의 문명사회에서 관찰되는 현상을 예로 들어 살펴보기로 하자.

야노마뫼족의 여아 살해

여자아이를 살해하는 관습으로 유명한 집단은 남미의 야노마뫼(Yanomamö)족(族)이다. 야노마뫼족은 브라질과 베네수엘라 접경의 아마존 강 유역 열대우림 지역에 사는 부족인데, 마을 단위로 산재해 있는 집단들 사이에 끊임없이 전투가 벌어져 많은 인류학자들 사이에 관심의 대상이 되었다.

이 부족을 집중적으로 연구한 인류학자인 나폴레옹 샤그논(Napoleon Chagnon)의 보고서에는 촌락 간의 고도로 잔인한 전투가 잘 묘사되어 있는데, 그중의 일부를 인용하면 다음과 같다.

토로포 테리 마을의 남자들은 그들의 동맹자인 이웃 야마호 테리 마을의 매복에 참가했다. 이 두 집단은 걸어서 나흘씩이나 걸리는 먼 곳에 사는 코

☞ 아이를 안고 있는 야
노마뫼족 여인.

☞ 야노마뫼족 남자가 아이와 즐거운 시간을 보내고 있는 모습.

바리와 테리 사람들을 야마호 테리의 축제에 초청했던 것이다.

초청객들이 아무 의심 없이 도착했을 때 그들은 습격을 하여 다섯 사람을 피살하였다. 몇 주일이 지나서 토로포 테리와 야마호 테리의 남자들은 다른 동맹자들의 원조를 받으며 코바리와 테리를 다시 침공하기 위한 험한 여정에 올랐다.

야노마뫼족은 끊임없이 집단 간에 전쟁을 벌인다고 한다. 필자가 미국에서 샤그논을 만났을 때 그는 자신이 인류학 현지조사를 하느라 머물고 있던 마을이 저녁에 습격을 받아서 죽을 뻔했던 이야기를 흥미진진하게 늘어놓던 기억이 아직도 생생하게 남아 있다.

그렇다면 야노마뫼족이 전쟁을 일으키는 이유는 무엇 때문인가? 전쟁의 구체적인 목적인 경작지의 확보나 과거 공격에 대한 보복 등 다양한 이유가 있을 수 있으나, 언제나 공격의 저변에 깔려 있는 목표는 여자의 약탈이라는 사실이 우리의 관심을 끈다.

인류학자들이 조사한 바에 따르면, 전쟁이 잦은 여러 마을에서는 성비(性比, 여자 100명당 남자의 수)가 148까지 높게 나타난다고 한다. 자연 상태에서의 성비는 어느 인구집단에서나 대체로 균형을 이루게 된다. 인구학자들에 의하면 출생 시의 성비는 105 정도라고 한다. 그러나 어떤 연령층에서나 여자보다 남자가 더 많이 사망하기 때문에 성비는 100을 유지하는 경향이 보편적이다.

앞서 얘기했듯이 야노마뫼족은 여아 살해 관습(female infanticide)으로 유명하다. 이들의 여아 살해 관습은 여자아이의 수를 인위적으로 줄였고, 그 결과 성비가 148까지 높게 나타난 것이다.

모든 인류학자들이 동의하는 것은 아니지만, 야노마뫼족과 같은 단순 사회의 여아 살해 관습을 이해하는 데는 생태인류학 분야의 문화유물론자들의 이론이 상당한 설득력이 있다. 문화유물론자들에 따르면 야노마뫼족의 여아 살해 관습은 아마존 열대우림이라는 생태계에 적응하는 한 방식이라는 것이다.

야노마뫼족 수준의 기술체계를 갖는 사회에서 인구의 급격한 증가를 통제하는 수단이 없다면 열대우림 생태계의 균형은 쉽게 깨지게 된다. 그리고 그것은 동물성 단백질의 결핍 현상을 크게 악화시킬 뿐만 아니라 생태계 자체의 파괴를 가져와 결국 모든 집단의 존속 자체가 위협받게 된다. 따라서 효율적인 인구조절 수단이 필요한 것이고 여아 살해 관습이 그 기능을 하고 있다는 것이다. 실제로 자넷 시스킨드 (Janet Siskind)나 마빈 해리스(Marvin Harris) 같은 문화유물론자들은 아마존 사회들을 비교한 자료들을 통해 인구밀도와 단백질 획득 가능성, 정착 유형, 그리고 집단 간의 갈등 사이에는 밀접한 상관관계가 있음을 보여 주고 있다.

보다 구체적으로 말하면 여아 살해를 통한 인구의 통제는 인위적으로 여성 부족 현상을 발생시키며, 이는 남자들을 끊임없는 침략과 혈투의 와중으로 몰아넣는다. 이는 역으로 인구를 분산시켜 소규모 주거지를 이루며 살게끔 한다. 그리고 이 정주(定住) 유형은 생태계의 균형을 깨지 않고 최소한의 동물성 단백질을 얻을 수 있도록 해 주고 있다. 그러므로 여아 살해로 인한 성비의 불균형과 야노마뫼족의 혈투는 아마존 유역 생태계에 적응하는 방식이라 할 수 있다는 것이다.

동양의 남아선호사상

얼핏 보아 여아 살해의 관습은 한국인과는 전혀 관계없는 일이라 생각하기 쉽다. 그러나 한국 정부가 발표한 인구통계자료를 자세히 분석해보면 그러한 관습이 과거에 암암리에 행해졌음을 발견하게 된다. 근래에 들어 이제는 그러한 현상이 많이 완화되어 다행스럽지만, 한국사회에서는 1980년대 중반에서 2000년대 초반까지 출생아의 성비가 110을 상회하는 심각한 수준의 불균형을 보였다. 몇 개 연도의 통계를 살펴보면 1988년 113, 1990년 116.5, 1994년 115.2, 2003년 110으로 나타난다. 일반적으로 인구학에서는 105를 정상적인 출생 시의 성비로 간주하며, 110이 넘으면 남녀 비율 격차가 심해 결혼할 때 짝을찾는 데 어려움을 겪는다고 본다.

문제가 심각해지는 것은 출생 시의 성비를 다시 출생 순서에 따른 남녀 성비로 세분화할 때이다. 예를 들어 1988년 한국 전체 출생아의 성비는 113이지만, 이를 다시 출생 순서별로 살펴보면 세 번째 출생아의 성비는 173, 네 번째는 199.5로서 이는 자연 상태에서는 도저히 상상할 수 없는 수치이다. 이러한 현상은 2003년에도 마찬가지여서 첫째와 둘째는 각각 104.9, 107로 정상치에 근접하고 있으나, 셋째의 경우는 136.6으로서 여전히 매우 높다.

2004년 9월 10일자 〈동아일보〉에는 정부가 발표한 '2003년 출생·사망 통계결과'를 셋째아이 이후 신생아를 중심으로 재분석한 결과를 기사화했는데, 그 내용은 다음과 같다. "셋째 이후 성비를 시도별로 나누어 보면, 전국에서 셋째아이 이후 신생아의 성비 불균형이 가장 심했던 곳은 대구로서, 여아를 100으로 했을 때 남아의 비율이 무려 186.6으로 전국 평균인 136.6보다 50이나 높았다. 이어 울산이 167.2, 경북이 164.6이었다. 셋째의 성비가 상대적으로 가장 균형을 이룬 곳은 인천으로 121.9였고, 이어 서울이 123.6, 경기가 129.5로 수도권의 경우 평균을 밑돌았다."

이와 같은 현상이 나타나는 이유는 물론 인공유산이 광범위하게 진행되고 있기 때문이다. 그동안 의학기술의 발달로 초음파검사나 양수검사를 통해 태아의 성별감식이 용이해졌고, 경제적인 여유가 생김에 따라 많은 사람이 그와 같은 방법들을 이용하게 되었다. 우리 사회에서 아무도 공개적으로 인정하고 있지는 않지만, 태아의 성 감별을 하는 경우는 아들이면 낳고 딸이면 유산을 하기 위해서라는 사실을 부정하기 힘들 것이다. 앞에서 언급한 비정상적인 성비는 우리 사회에서 태아 감별과 그에 따른 여아에 대한 체계적인 인공유산이 광범위하게 자행되고 있었음을 증명해 주고 있다.

2011년 〈월스트리트 저널〉이 '올해의 책'으로 선정한 마라 비슨달(Mara Hvistendahl)의 《남성 과잉 사회(Unnatural Selection)》는 아시아 여러 나라에서 발견되는 불균형한 성비의 문제를 단순한 한 국가의 문제로 취급하지 않는다. 비슨달은 우선 아시아 국가들에서, 출생 성비는 벌써 1980년대에 한국, 타이완, 싱가포르의 일부 지역이 109를 넘어섰고, 인도는 112, 중국은 120에 이르렀다는 사실을 지적한다. 그리고 그는 출생 성비 불균형의 원인을 경제우선주의와 의료기술의 발전에서 찾는다. 1960년대 서구에서는 제3세계의 폭발적인 인구증가를 우려하는 목소리가 컸다. 1968년 출간된 폴 에를리히(Paul Ehrlich)의 《인구 폭탄(The Population Bomb)》이 대표적인 논저로서, 이 책은 경제적인 재앙이 닥쳐 올 것을 예측하여 위기감을 최고조로 올려놓았다. 이러한 논리를 좇아 '인구조절 운동'이 개발도상국으로 확산되었고, 이에 따라 피임, 성 감별, 낙태기술이 제도적 차원에서 퍼져 나갔다.

비슨달은 또한 아시아 개발도상국에서 성 감별과 낙태가 널리 퍼진 배경에는 서구 강대국 단체들에서 제공한 수백만 달러의 자금과 함께 수천 명의 현장 요원, 수많은 이동 진료소의 지원이 있었음을 지적한다. 그리고 아시아 국가들이 어느 정도의 경제성장을 이루자 새로운 시장을 찾던 서구의 첨단 의료산업이 아시아 무대에 진출하고, 나아진 생활수준 덕분에 의료서비스를 이용하게 된 아시아인들은 아들을 골라 낳기 위해 초음파와 낙태기술을 이용하게 되었다. 한국처럼 초음파 진단기 보급으로 1980년대 중반부터 성비 균형이 깨진 중국은 우리와 달리 여태껏 출생 성비가 치솟고 있다.

이렇게 첨단 의료기술이 물질적 가치관 및 잘못된 윤리의식과 만난 결과는 비극적이었다. 즉 지난 30년간 초음파와 낙태의 조합을 통해 아시아에서만 1억 6000만 명이 넘는 잠재적인 여성과 소녀의 생명은 빛을 보지 못했다. 비슨달은 이러한 '남성 과잉 사회'는 결국 결혼 못하는 남자를 양산하고, 그에 따라 인신매매나 성폭력 같은 범죄의 증가, 신부 구매라는 비윤리적 관행의 만연, 그리고 남성인구의 과잉에 따른 공격성 및 폭력성이 높아지는 테스토스테론 사회의 등장 등 많은 문제가 있음을 경고한다.

그는 한국에 관해서도 다음과 같은 분석을 남겼다. 1980년대 후반 이후 극심한 불균형을 보였던 한국은 2007년 이후 정상적인 출생 성비를 회복한 것으로 통계가 말해 주고 있지만, 비슨달은 아직은 그 변화를 낙관적으로만 볼 수 없다고 한다. 그는 한국이 출생 성비 불균형을 극복한 것처럼 보이는 것은 한국이 인류 역사상 가장 빠르게 '초고령사회(전체 인구 중 65세 이상의 고령 인구 비율이 20퍼센트 이상인 사회)'로 변하고 있음과 동시에, 젊은 세대가 점차 아이를 하나만 낳거나 거의 낳지 않는 초저출산 사회가 되면서 겪는 '일시적' 현상이라는 진단을 내놓았다. 무엇보다 그는 한국에서 여성의 인권과 사회적 지위가 여전히 열악한 상태에 있음에 주목한다. 비슨달의 결론은 남녀 불평등 사회는 언제든 다시 남아 선호적 경향과 성비 불균형의 사회로 악화될 가능성이 많다는 점을 지적하고 있다.

야만과 문명의 차이는 종이 한 장

이야기의 처음으로 돌아가 보자. 우리가 미개사회라고 부르는 야노마뫼족은 공공연하게 여아를 살해하고, 외견상 잔인하며, 그 결과 역시 전쟁과 같은 야만적인 모습으로 나타난다. 이에 비해 오랜 역사와 문명을 자랑하는 아시아의 몇 나라에서는 여아 살해 관행이 은폐되어 있다. 의학기술을 동원해 외견상 합리적이고 인도적인 방법으로 여아를

살해하고 그 결과 또한 쉽게 예견할 수 없는 복합적인 양상으로 나타
난다.

그러나 여아를 살해하는 궁극적인 목표가 어디에 있는가를 생각해
보면 이야기는 달라진다. 기술이 발달하지 못한 단순 사회인 야노마뫼
족은 생태계에 적응하기 위해, 즉 소규모 집단이 자기 생존의 간접적
인 방법으로 여아를 살해한다는 점에서 '이성적'인 측면을 갖는다. 이
에 비해 아시아의 몇 사회에서 자행되는 선별적이고 대규모적인 인공
유산은 집단의 생존 문제와는 무관하다. 예컨대 중국과 한국에서는 유
교에 기초한 권위주의적 가부장제도가 남존여비 및 남아선호사상을

☞ 야노마뫼족 소년들. 야노마뫼족은 열대우림이라는 생태계에 적응하기 위해 여아 살해 및 잦은 전쟁을
통해 여자 100명당 남자의 수가 148까지 높게 나타난다.

뿌리내리게 하였고, 그것이 현대의 과학기술을 이용해 여아를 살해하고 비정상적인 성비를 빚어낸다는 점에서 야노마뫼족보다 더 '야만적'이다.

여기서 우리는 야만과 문명의 진정한 의미를 되씹어 보지 않을 수 없다. 그리고 인류학에서 말하는 자민족 중심주의(ethnocentrism)와 문화적 상대주의(cultural relativism)에 대한 논의를 떠올리게 된다. 인류학자들이 관찰한 바에 따르면 어느 사회의 사람들이나 자기들의 행동양식이 가장 자연스럽고 옳은 것이라는 생각에 빠져 있다고 한다. 낯선 집단의 신념이나 관습 들은 그것이 자기들의 것과 다르다는 이유 때문에 정당하지 못하고 열등한 것으로 간주되며 경멸당한다. 이와 같은 현상을 자민족 중심주의라 부른다.

자민족 중심주의는 자기 집단 성원들 간의 결속을 강화시키는 긍정적인 측면도 있지만, 다른 한편으로 자기가 속해 있는 사회의 문화를 객관적으로 볼 수 없게 만든다. 그리고 극단적인 자민족 중심주의는 다른 문화의 풍요로움과 지식을 불필요한 것으로 거부하게끔 유도한다. 나아가 그것은 민족 차별과 집단 간의 분열 및 갈등을 조장하기도 한다.

자민족 중심주의의 극단적인 예는 문화적 제국주의다. 문화적 제국주의는 한 집단이 그들의 문화를 다른 집단에게 강요하는 것을 말하는데, 근대 서구의 식민주의 정책이 대표적인 예다. 근대 이후 유럽의 식민주의 세력은 식민지 주민의 의사와는 상관없이 '미개사회'를 '문명화'시킨다는 허울로 문화 이식(移植)을 감행했다. 그 과정에서 우리 인류는 너무나 많은 공동의 유산을 상실하게 되었다. 그래서 인류학자 레비스트로스가 아마존에서 발견한 미개사회는 서구에 의해 유린된 '슬픈 열대'였던 것이다.

문화적 상대주의는 자민족 중심주의에 반대되는 개념이다. 자민족 중심주의를 비판하면서 등장한 이 관점은 각 문화를 그 자체의 맥락에서 판단하도록 요구한다. 극단적인 문화적 상대주의 역시 문제점이 없는 것은 아니다. 그러나 그것은 다른 집단들의 문화적 방식에 대해 관용적인 태도를 갖게 할 뿐만 아니라 다른 문화에 대한 객관적인 인식을 가능케 한다는 이유 때문에 인류학에서 중요시하는 관점이다. 그러므로 문화적 상대주의의 관점에서 본다면, 원시사회를 '야만적' 혹은 '미개적'이라고 부르는 것은 결국 현대인의 편견일 뿐이다.

2장

화석 인류, 문화
그리고 언어

1 인류,
두 발로 걷다

화석 인류의 발견

지구상에 인류는 언제 등장했으며, 어떤 모습을 하고 있었을까? 이에 대한 답은 그동안 여러 분야의 다양한 사람들에 의해 제시되어 왔다. 성경을 보면 인류의 등장을 하느님이 아담과 이브를 만드신 것으로 묘사하고 있다. 그래서 기독교 사상이 사회적 담론을 지배하던 18세기 영국에서는 제임스 어셔(James Ussher)와 존 라이트푸트(John Light-foot)라는 사람이 성경에 나오는 계보를 바탕으로 천지창조의 날을 기원전 4004년 1월 23일 오전 9시라고 계산해 내기까지 했다. 그러나 이제 이러한 설명을 믿는 사람은 없다. 인류 진화에 관한 논의를 되돌아보면, 19세기부터 화석 인류에 관한 자료들이 축적되기 시작했고, 20세기에 들어서서는 과학의 진전에 발맞추어 점차 과학적 접근과 설명이 대세를 이루게 되었음을 발견한다.

찰스 다윈(Charles Robert Darwin)이 《종의 기원(On the Origin of Species)》을 출간한 해가 1859년이었는데, 그보다 3년 전 독일 프로이센

의 뒤셀도르프 근교 네안데르(Neander) 계곡에서 현생인류와는 매우 다른 인골이 발견되었고, 1891년에는 인도네시아 자바 섬의 솔로 강변에서 네덜란드의 군의관 외젠 뒤부아(Eugene Dubois)가 현생인류로는 분류할 수 없는 특이한 인골화석을 발견했다. 나중에 각각 '네안데르탈인'과 '호모 에렉투스'로 판명된 이러한 화석 인류의 발견은 그 당시 많은 논쟁을 불러일으켰으나, 기독교적 세계관이 여전히 기승을 부리던 지적(知的) 풍토 때문에, 이러한 자료들은 인류 진화의 증거로 간주되지 못하고 단지 기형적 인간의 유골로 치부되었다. 1924년에는 레이먼드 다트(Raymond Dart) 부부가 남아프리카 공화국에서 최초로 '오스트랄로피테쿠스'의 화석을 발견했다. 그러나 이 역시 학계에서 기형아로 취급되어 무시되었다가 20여 년이 지난 후에야 그 중요성이 인식되기 시작하였고, 1959년에 이르러 뒤늦게 인류의 진화 과정에 있는 주요 고리로 인정되었다.

연대측정법의 발달

20세기에 들어와서는 더욱 많은 화석 자료들이 발견되었는데, 1950년대 이후에는 화석 자료의 절대연대를 정확하게 측정할 수 있는 과학적 기법들이 속속 등장함으로써 인류의 생물학적 진화 연구에 새로운 계기가 마련되었다. 즉 20세기 후반에 이르면 발견된 화석의 형성 연대를 과학적으로 정확히 밝힐 수 있게 됨으로써 불필요한 논쟁의 여지가 사라진 것이다. 그러한 연대측정법에는 '방사성 탄소연대 측정법 (carbon dating)', '생물 층위학적 방법(biostratigraphy)', '꽃가루 분석 (palynology)', '포타시움-아르곤 연대측정법(potassium-argon dating method)', '고지자기(古地磁氣) 이용법(Paleomagnetism)' 등이 있는데, 특히 '포타시움-아르곤 연대측정법'은 화산폭발 때 분출되는 칼륨동위원소(potassium, K40)가 공기 중에 노출되면 매 13억 년마다 절반씩 아르곤(argon) 동위원소로 변하는 것을 이용하여 연대를 측정한다. 따라서 이 방법은 적어도 10만 년 이상의 오래된 화석의 연대를 측정하는 데 매우 유용하다. 그러므로 이 방법은 아주 오래전 지구상에 생존했던 인류의 계보를 밝히는 데 유용하게 활용되어 왔다. 이제 이 포타시움-아르곤 연대측정법이 동원된 대표적 화석 발견의 사례를 살펴보기로 하자.

루시 그리고 라에톨리 발자국

1974년 11월 30일 미국의 인류학자 도널드 조핸슨(Donald Johanson)은 에티오피아 북부의 아파르(Afar) 사막지대의 하다르(Hadar) 유적지에서 성인 여성의 인골화석을 발견했는데, 그것은 오래된 화석 자료로서는 매우 드물게 두개골, 팔뼈, 골반뼈, 넓적다리뼈가 동시에 발견됨으로써 몸 전체의 형상을 거의 완벽하게 복원할 수 있었다. 이 화석인골은 포타시움-아르곤 연대측정법을 사용하여 320~318만 년 전에 살았음이 밝혀졌고, 이빨이 침팬지보다는 사람에 가까우며, 두 발로 걷기 편한 골반 구조를 갖추었으나 두개골의 용량은 현생인류의 3분의1 수준에 머문 것으로 추정되었다. 조핸슨은 이 화석 인류의 학명을 오스트랄로피테쿠스 아파렌시스(Australopithecus afarensis)로 명명했는데, 그가 이 화석의 발굴 당시 라디오를 통해 들었던 음악이 비틀스의 〈Lucy in the sky with diamonds〉였기에 일명 '루시'라는 애칭을 붙여 주었다. 참고로 오스트랄로피테쿠스는 '남쪽의 원숭이'라는 뜻이고, 아파렌시스는 '아파르의 사람'이라는 의미이다.

1978년에는 탄자니아에서 그의 남편 루이스 리키(Louis Leakey)와 일생을 바쳐 화석 인류를 발굴해 온 메리 리키(Mary Leakey)의 탐사팀과 폴 아벨(Paul Abell)이 탄자니아 북부 라에톨리(Laetoli)에서 오래된 화산재에 덮여 훼손되지 않고 남겨진 70개의 발자국을 발견했다. 이 발자국 화석은, 포타시움-아르곤 연대측정법에 의하면 360만 년 전의 것으로서, 이곳에서 초기 인류가 젖은 화산재 위를 걸었고, 얼마 후 라에톨리 동쪽으로 20킬로미터 떨어진 화산이 다시 폭발해 새로운 화산재가 그 발자국들을 덮음으로써 화석으로 남겨진 것으로 판명되었다. 약 27미터에 달하는 이 발자국 화석의 유적은 오스트랄로피테쿠스 아파렌시

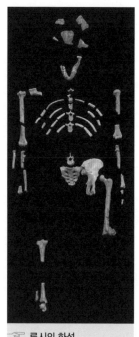

☞ 루시의 화석.

☞ 라에톨리 발자국 화석 발굴 장면.

스의 것으로 지금까지 인류학자가 발견한 가장 오래된 '호미니드 (Hominid)'의 발자국으로 꼽힌다. 여기서 호미니드는 현생인류와 인류의 직계조상인 오스트랄로피테쿠스, 호모 하빌리스(Homo habilis), 호모 에렉투스(Homo erectus), 호모 사피엔스(Homo sapiens)를 통틀어 일컫는 학술용어이다.

두 발로 걷다

인간은 동물분류학상 영장류에 속하고, 영장류에는 원숭이와 유인원, 그리고 호미니드가 포함된다. 유인원 중 침팬지는 DNA상으로 인간과 98퍼센트 이상 동일하다. 침팬지를 포함한 유인원이 인간과 생물학적으로 크게 다른 점은 두개골 용적, 치아의 크기와 배열, 그리고 직립보행(直立步行)에 관련된 골반과 발의 구조이다. 그러므로 인류의 진화 과정을 연구하는 인류학자들이 찾고자 하는 주요 자료는 두개골, 치아, 골반 및 팔다리뼈의 화석이 목록의 최상위를 차지한다.

  바로 이렇게 중요한 화석 자료들이 1970년대 이후 인류학자들에 의해 꾸준히 발굴되어 왔고, 동시에 그러한 주요 화석들의 절대연대도 확보되어 왔음을 위에서 소개한 사례들이 보여 주고 있다. 확실히 300~400만 년 전 이 지구상에는 침팬지와 비슷한 두뇌용량을 가졌으나, 치아 구조는 현생인류에 더 가깝고, 가장 중요하게는 두 발로 걷는 동물이 존재했다. 즉 현생인류도 유인원도 아닌, 그 중간 형태의 동

☞ 360만 년 전의 상상도.

물의 존재가 확인된 셈이다.

여기서 우리가 놓치지 말아야 할 핵심은 300만 년 이전에 이들이 두 발로 걸었다는 사실이다. 왜냐하면 영장류 중 유일하게 인간만이 직립 보행을 하는 동물이기 때문이다. 특히 루시와 라에톨리 화석은 인간 진화의 역사에서 직립보행이 큰 두뇌보다 먼저 등장했다는 증거가 됐다. 리처드 리키(Richard Leakey)에 의하면 두뇌 발달의 한 척도가 되는 도구 제작은 약 250만 년 전 호모 하빌리스가 만든 돌도끼가 최초라 한다. 그렇다면 도구의 제작도 화석 인류가 두 발로 걷게 되면서 손을 자유롭게 사용할 수 있었기 때문이었다는 추론이 가능하다.

대다수의 인류학자들은 인류의 진화 과정에서 가장 혁명적인 변화로 인간이 직립보행을 하게 된 것을 꼽는다. 즉 그들의 주장은 직립보행의 결과 ① 도구의 제작 및 사용(tool making) ② 두뇌의 발달(enlargement of brain) ③ 유아의 타인 의존 기간의 연장(prolonged period of infant dependancy) ④ 성에 기초한 노동의 분화(division of labor between men and women) ⑤ 음식물의 공유(food sharing)가 이루어졌다는 것이다. 부연하면 직립보행은 양손을 자유롭게 해 도구의 제작을 가능케 했으며, 도구의 제작은 두뇌의 발달을 촉진시켰고, 발달된 두뇌는 다시 보다 정교한 도구의 제작으로 이어졌다.

이러한 진화 과정에서 인류의 두개골 용량은 커졌고, 직립보행에 발맞추어 변화된 골반의 구조상 출산을 위한 산도(産道, birth canal)의 확장에는 한계가 있었다. 상대적으로 커진 두개골을 갖게 된 영아가 좁은 산도를 통과하기 위해 인류는 점차 두개골이 무른 상태에서 태어나게 되었다. 그 결과 인류는 그 어느 동물보다도 타인이 오랜 기간 돌보아 주지 않으면 안 되는 존재가 되었다. 그리고 태어난 아기를 누군가가 장기간 돌보아야 하는 상황에서 여성이 육아를 담당하고, 육아 기간 동안 남성이 식량을 조달하는 노동의 분화가 일어났다. 여기서 다시 음식을 공유하는 사회적 행동이 파생되었다. 실로 직립보행은 인류가 문화를 갖는 존재로 진화하는 그 첫걸음이었던 셈이다.

진화: 끝없이 계속되는 이야기

인류의 진화에 관계되는 화석 자료는 현재 엄청나게 축적되어 있다. 따라서 그 양이 많고 다양한 만큼 그를 둘러싼 논의와 쟁점 또한 복잡하고 여러 갈래의 이론과 이견이 존재하는 것도 사실이다. 1990년대만 해도 오스트랄로피테쿠스 아파렌시스 말고도 390~420만 년 전에 살았던 것으로 밝혀진 '오스트랄로피테쿠스 아나멘시스(Australopithecus anamensis)'를 둘러싼 논쟁이 있었고, 2000년대에는 아파렌시스나 아나멘시스보다 더 오래전에 살았던 세 종의 화석 자료가 등장해 인류학자들 사이에 뜨거운 논쟁거리가 되었다. 차드에서 발견된 '사헬란트로푸스 차덴시스(Sahelanthropus tchadensis)'는 600~700만 년 전에 살았고, 케냐에서 발견된 '오로린 투게넨시스'(Orrorin tugenensis) 역시 600~700만 년 전에 살았던 것으로 추정되는 종이다. 그러나 이 둘은 각각 두개골의 일부와 대퇴골의 일부만이 화석으로 남아 있기에 현재로서는 그 어떤 결론도 확실히 내릴 수 없는, 그래서 그저 중요한 참고자료로서만 거론된다. 다만 에티오피아의 아라미스에서 발견된 '아르디피테쿠스 라미두스(Ardipithecus ramidus)'의 경우 그 생존 시기가 440만 년 전이며, 2009년 전체 골격이 모두 공개되면서 최초의 인류로 간주될 가능성에 대한 주장이 있었다. 그러나 라미두스는 직립보행을 했지만, 유인원처럼 나뭇가지를 쥘 수 있는 엄지발가락 때문에 이를 유인원의 한 형태로 보는 견해도 있기에 좀 더 세밀한 검토와 논의를 필요로 하고 있다.

분명한 사실은 앞으로도 계속하여 인류학자들의 활동이 증가함에 따라 새로운 화석 인류 자료의 발굴과 발견 또한 늘어날 것으로 예상된다. 그러한 점에서 인류 진화에 대한 논의는 종결될 수 없는 미완의 이야기로 오랜 기간 남아 있을 것이다.

2 인간의
사고와 언어

태초에 언어가 있었다

인간은 많은 것을 기억하며 살아가고 있지만 갓 태어난 젖먹이 시절 어머니 품에 안겨 있던 일을 기억하는 사람은 없다. 인간이 기억을 되살릴 수 있는 시점은 대체로 말을 배우기 시작한 이후부터라는 것이 정설이다. 이는 인간의 사고(思考)가 언어의 습득과 밀접한 관계가 있음을 말해 준다. 단어가 사물을 지칭한다는 사실을 처음 깨닫게 된 순간을 생생하게 기억하는 사람은 없을 것이다. 그러나 바로 그 순간이야말로 우리가 인간의 세계에 첫발을 내딛는 시점이라고 말할 수 있다. 호모 사피엔스, 즉 생각하는 존재인 인간은 그가 갖고 태어난 상징 능력을 사용함으로써 인간이 되기 때문이다.

어린아이는 상징적인 의사교환을 통해서 사회조직이나 윤리, 예의, 종교, 과학, 예술 등을 알게 되고, 바로 그것을 매개 삼아 인간의 세계로 들어오게 된다. 만일 언어가 없었다면 인간 사회의 복잡한 전통이 이어지는 것은 불가능했을 것이고, 개개인들은 각자 자신의 개인적 감

각의 세계에 갇혀 있는 존재로 남아 있을 것이다.

헬렌 켈러의 경험

인간의 사고에서 언어가 중요하다는 사실을 실감 나게 설명해 주는 사례는 헬렌 켈러(Hellen A. Keller)와 같은 장애인의 경험이다. 헬렌 켈러는 태어난 지 19개월 만에 병을 앓아 장님과 귀머거리가 되었다. 그래서 그녀는 어느 누구와도 상징적인 접촉이 없는 상태에서 자랐다.

그로부터 6년쯤 후 헬렌 켈러를 가르치려는 설리번(Anne Sullivan)이 찾아갔을 때 그녀는 고집이 세고, 거칠며, 제멋대로 구는 작은 동물에 지나지 않았다. 일곱 살의 헬렌은 행위의 관점에서 본다면 인간이 아니었던 것이다. 그녀는 상징으로 의사를 소통하는 잠재능력을 사용할 수도 없었고, 상징이 아닌 기호(sign)의 수단에 의해서만 의사소통을 할 수 있었다. 그녀는 뜻을 분명히 표현할 수 있는 말을 사용할 수 없었으며, 인간의 생각, 의미, 이상, 가치 및 행동의 세계로부터 소외되어 있었다.

설리번은 도착한 다음 날 헬렌의 손바닥에 철자를 써 주면서 첫 번째 단어를 가르쳤다. 그러나 헬렌에게 그것은 단순한 기호일 뿐 상징은 아니었다. 1주일이 지났을 때 헬렌은 여러 개의 단어들을 알고 있었다. 그러나 그녀는 그것을 사용하는 법을 몰랐으며, 또한 모든 사물에 이름이 있다는 것도 깨닫지 못했다.

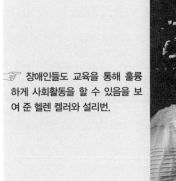

☞ 장애인들도 교육을 통해 훌륭하게 사회활동을 할 수 있음을 보여 준 헬렌 켈러와 설리번.

3주일 후 헬렌은 18개의 명사와 3개의 동사를 알게 되었다. 그러나 그녀는 아직도 모든 사물에 그만의 이름이 있다는 사실을 터득하지 못했다. 헬렌은 물컵과 물을 혼동했다. 왜냐하면 이 둘은 모두 마시는 것과 관련되어 있기 때문이다. 설리번은 이런 혼동을 없애기 위해 노력했지만 성공하지 못했다. 그러다가 설리번이 도착한 지 한 달쯤 지난 어느 날 아침, 두 사람은 정원에 있는 펌프로 나갔다. 거기에서 어떤 기적이 일어났는지는 그들 자신의 글에 잘 묘사되어 있다.

나는 펌프질을 하면서 헬렌에게 펌프 주둥이 밑에 물컵을 대고 있게 했다. 차가운 물이 쏟아져 나와 물컵을 채울 때 나는 '물(w-a-t-e-r)'이란 단어를 헬렌의 다른 한 손에다 썼다. 그 단어는 그녀의 손 위로 넘쳐흐르는 차가운 물의 감각에 너무도 밀접히 연관되어 그녀를 깜짝 놀라게 한 듯싶었다. 그녀는 물컵을 떨어뜨리고 얼어붙은 듯 그 자리에 서 있었다. 그리고 새로운 빛이 그녀의 얼굴에 떠올랐다. 그녀는 '물'이란 단어를 여러 번 써 보았다. 그러고 나서 그녀는 땅에 주저앉더니 그것의 (땅의) 이름을 물었다. 그다음에 그녀는 펌프를 가리키고, 또 우물의 울타리를 가리켰다. 그 뒤 그녀는 갑자기 돌아서서 나의 이름을 물었다. (…) 몇 시간 만에 그녀는 30개의 새로운 단어들을 배웠다.

이제 이 단어들은 헬렌에게 더는 단순한 기호가 아니었다. 그것들은 상징이었다. 헬렌은 드디어 인간의 세계로 들어가는 열쇠를 움켜쥐고 문을 연 것이다. 그리고 그 변화는 돌연적이고도 거의 순간적으로 일어났다. 헬렌은 이 믿기 어려운 경험을 이렇게 묘사하고 있다.

우리는 인동 덩굴의 향기에 취해 인동으로 둘러싸여 있는 우물가로 내려갔다. 선생님은 물을 푸면서 내 손을 펌프 주둥이 밑에 대도록 했다. 차가운 물줄기가 한 손 위에 쏟아질 때, 선생님은 다른 손에 처음에는 느리게, 그리고 다음에는 빠르게 '물(w-a-t-e-r)'이란 단어를 썼다. 나는 선생님의 손가락 움직임에 주의를 집중하며 서 있었다.

갑자기 나는 잊어버렸던 생각을 되찾을 것 같은 전율을 느꼈다. 그리고 그때 언어의 신비가 모습을 드러냈다. 비로소 나는 '물'이라는 것이 내 손 위로 흐르는 그 차갑고 놀라운 물체라는 것을 깨달았다. 그 살아 있는 단어는 나의 영혼을 일깨워 주었고, 빛과 희망 그리고 기쁨을 주었다. 그리고 나의 영혼을 자유롭게 했다.

헬렌은 이 경험으로 즉시 바뀌었다. 그동안 볼 수 없는 눈과 들을 수 없는 귀 때문에 접근할 수 없었던 바깥 세계를 이해할 수 있게 되었다. 그녀는 어떤 경계를 지나 새로운 땅에 들어서게 된 것이다. 설리번은 헬렌에게 단순한 언어를 가르쳐 준 것이 아니라 그녀의 내면에 잠들어 있던 상징능력을 일깨워 준 것이다. 그 뒤 헬렌은 매우 빠르게 발전했다. 헬렌은 계속해서 다음과 같이 말하고 있다.

나는 배우고 싶은 열망으로 가득 차 우물가를 떠났다. 모든 사물은 이름을 갖고 있었고, 그 각각의 이름이 내게 새로운 사고를 탄생시켰다. 내가 만지는 모든 물건이 마치 살아 있는 것처럼 느껴졌다. 왜냐하면 나는 이제 그 모든 사물을 내가 깨닫게 된 새로운 시각으로 볼 수 있었기 때문이었다.

헬렌이 매우 빠르게 인간화되어 가는 과정을 설리번은 일기에 다음과 같이 쓰고 있다.

나는 헬렌이 날마다 향상되어 가는 것을 본다. 그녀는 순간순간 변하고 있다. 헬렌에게 이제 모든 사물은 이름을 가지게끔 되었다. (…) 그녀는 사물의 이름을 알게 되면서 그전에 사용했던 기호나 손짓, 몸짓 들을 사용하지 않았다. 나는 매일 그녀의 표정이 풍부해지는 것을 알 수 있었다.

아마도 이보다 더 감동적이고 설득력 있게 인간에 있어 상징체계로서의 언어의 중요성을 일깨워 주는 보고서는 찾기 어려울 것이다.

인간 문화의 기초는 상징

인간의 문화는 상징에 기초하고 있다. 문화를 가능케 해 준 것은 상징 능력의 사용이었으며, 문화를 영속시킨 것 또한 상징의 사용이었다. 상징이 없이는 문화가 존재하지 않았을 것이고 인간은 한갓 동물로서 존재했을 것이다.

분절적인 언어는 상징적 표현의 가장 중요한 형태이다. 문화에서 언어를 제거하면 무엇이 남을까? 분절적인 언어가 없었다면 인간 사회의 조직은 불가능했을 것이다. 언어가 없는 상황에서 어떻게 사회마다 천차만별인 결혼에 대한 규칙들이 존재할 수 있었을 것인가? 언어가 없었다면 우리는 정치적인, 경제적인, 군사적인 조직이나 교회 조직을 갖지 못했을 것이다. 예의나 윤리의 규약도 없고, 법이나 과학, 문학 또는 음악도 없었을 것이다.

간단히 말해서 어떤 형태로든지 상징적인 의사교환 없이는 문화를 가질 수 없다. 언어 안에서 문화는 시작되었으며, 그 문화의 전승도 역시 마찬가지이다. 인간도 동물로서의 기본적인 욕구를 충족시켜야 하고, 개개인의 생존과 종족의 보전이라는 목적을 다른 동물과 마찬가지로 갖고 있다.

그러나 인간은 그 목적을 추구하는 수단에 있어서 다른 동물과는 다르다. 인간의 수단은 문화적이다. 문화란 쉽게 말해서 인간이란 동물이 사는 방법인 것이다. 그리고 이러한 수단, 즉 문화는 인간만이 유일하게 보유하는 상징능력에 의존하고 있다. 그러한 점에서 언어의 중요성은 아무리 강조해도 지나침이 없다 하겠다.

언어는 그토록 중요하지만 우리는 그 중요성을 잘 알지 못하고 지낸다. 언어가 마치 우리 생활에 공기나 물 같아서 보통 때는 그것의 중요성이나 필요성을 절실히 느끼지 못하는 것인지도 모른다. 그래서 언어의 여러 신비한 현상에 대해 우리가 알고 있는 바는 아직도 그리 깊지 못한 형편이다.

예를 들면 어린이의 언어 습득 과정에 관한 우리의 지식은 아직도 극히 제한적이다. 모든 사회의 어린이는 불과 4~5년 동안에 특별한 지도가 없이도 새로운 문장을 자유로이 만들어 낼 수 있게 된다. 산수나 읽기, 음악 등은 지도와 훈련을 많이 받아도 낙오되는 수가 있거나 그 숙달 정도에 차이가 나타나지만, 말을 못하는 어린이는 없다.

이와 같은 언어 습득의 균일성과 통달성을 설명하기 위해 언어학자 촘스키(Noam Chomsky)는 다음과 같은 주장을 폈다. 인간의 아이는 기본적이고 추상적인 언어구조에 관한 선험적 지식을 갖고 태어난다. 그의 말을 빌리면 "아이는 특정 언어를 모르고 태어나지만 언어의 보편적 문법체계는 안다(The child knows language, but not a language)." 다시 말해 인간에게는 보편적인 문법체계가 생물학적으로 프로그램 되어 있다는 것이다. 바로 이러한 이유로 어린이의 언어 습득이 불완전한 언어 학습 환경 아래에서도 빠르게 이루어진다고 촘스키는 믿었다. 그러나 이에 대한 반박도 만만치 않다. 행동주의 심리학을 이끌었던 스키너(Burrhus Frederic Skinner)는 어린이의 언어 습득도 여느 학습과 마찬가지로 모방, 반복, 기억에 의한 학습 과정의 산물로 보았다. 스키너에 따르면 어린이의 언어 습득이 짧은 시기에 이루어지는 것은 태어난 아이는 오직 언어 습득에만 집중하기 때문이라는 것이다. 촘스키와 스키너의 각기 다른 설명 방식은 언어능력과 언어 습득을 둘러싼 논쟁이 아직 끝나지 않았음을 말해 준다.

현 단계에서는 인간이 갖는 상징능력의 유기체적인 근거에 관해서는 아직도 별로 알려진 것이 없다. 그것에 대한 답은 인간 두뇌의 기능에 대한 생물학적 연구가 더욱 진척될 때까지 기다려야 할 것으로 보인다. 이러한 상황을 고려했을 때 언어 현상과 관련해 인류학에서 제기된 하나의 가설은 우리의 관심을 끌기에 충분하다. 그것은 바로 '사피어-워프의 가설(Sapir-Whorf hypothesis)'이라는 것이다.

말이 생각을 통제한다

언어란 우리의 관념과 감정을 표현하고 의사를 교환하는 하나의 방식일 따름이라고 흔히 생각했다. 언어에 대한 이와 같은 개념은 인류학자 사피어(Edward Sapir)와 그의 제자인 워프(Benjamin L. Whorf)에 의해 도전받았다. 사피어와 워프는 언어가 사고(思考)에 대한 단순한 보조수단에 머무는 것이 아니고 사고의 내용과 형식에 영향을 준다고 주장했다.

사피어는 언어가 갖는 형식적 완결성 때문에, 그리고 언어 자체에 함축되어 있는 기대를 사람이 경험의 장(場)에 무의식적으로 투사하기 때문에 언어가 사람의 경험 자체를 규정한다고 보았다. 사피어의 이런 생각은 다음과 같은 그의 말에 잘 나타나 있다.

인간은 우리가 보통 생각하듯이 객관적인 세계에 살고 있는 것이 아니라 언어를 매개로 해서 살고 있는 것이다. 그러므로 언어는 단순히 표현의 수단만이 아니다. (…) 실재세계라고 하는 것은 언어 관습의 기초 위에 세워져 있다. 우리는 언어가 노출시키고 분절시켜 놓은 세계를 보고 느끼고 경험하는 것이다.

사피어의 제자인 워프는 한 걸음 더 나아가, 언어는 사람이 자기를 둘러싸고 있는 객관적인 세계를 보고 이해하는 방법을 결정하고 또 강제한다고 믿었다. 워프는 영어에서 잘 구분을 하지 않는 현상도 다른 언어에서는 아주 명확하고 세밀한 구분을 해 줌으로써 그 언어의 사용자가 특정 현상에 민감해지게 한다는 점에 주목했다.

예를 들면 미국인은 떨어지는 눈, 땅 위의 눈, 얼음처럼 굳어진 눈, 녹기 시작한 눈, 바람에 날리는 눈 들의 차이점을 지나쳐 버린다. 왜냐하면 그것들은 모두 '눈(snow)'이라는 포괄적인 단어로만 표현되기 때문이다. 에스키모인의 생활은 늘 눈의 영향을 받는다. 이글루를 짓는 데 적합한 눈은 어떤 것이고 곤란한 눈은 어떤 것인지가 그들에게는 중요하다. 그래서 그들은 앞서 말한 모든 종류의 눈을 표현하는 각기 다른 낱말들을 갖고 있으며, 따라서 눈 내리는 현상에 대해서 그들은 미국인과는 달리 보다 날카롭게 인식한다.

우리의 언어는 무지개의 색깔을 일곱 가지로 나누어 범주화시키고 있다. 그러나 실제 무지개를 통해 나타나는 색깔은 그보다 더 많은 범주로 나뉠 수도 있다. 예컨대 빨강색과 주홍색 사이에는 분명한 경계선이 있는 것이 아니다. 그러므로 만일 빨강색도 그리고 주홍색도 아닌 중간의 색깔을 지칭하는 단어가 있다면 우리는 그와 같은 모호한 색깔도 보다 명확히 인식하게 될 것이다. 그러나 우리는 우리의 언어가 분절시켜 놓은 것에 따라 무지개를 볼 때는 일곱 가지 색을 지각(知覺)하게 된다. 무지개는 어디에서나 똑같은 객관적인 현상이지만 그것을 지각하는 방식은 언어에 따라 달리 나타나는 것이다.

사피어와 워프의 논의는 단순한 어휘 분석에 그치지 않고 언어 전반에 걸쳐 펼쳐지고 있다. 사피어에 의하면 언어에 있어 수(數), 성(性), 시제(時制) 등과 같은 범주들은 우리가 경험의 흐름으로부터 발견해 내는 것이 아니라 그것들이 우리의 경험 자체를 규정한다고 한다.

여기서 잠시 시제에 관한 예를 생각해 보자. 사피어와 워프가 비교한 언어 중에는 영어와 호피(Hopi) 인디언족의 언어가 있다. 영어에는 시제가 있어 영어의 사용자는 '시간'을 마치 객관적인 물체처럼 나누어 생각하게 된다. 호피족의 언어에는 시제가 없으며, 그들은 시간보다는 타당성을 위해서 동사를 활용한다. 하나의 행동을 명명할 때 호피족은

그것이 직접 경험한 것인가, 아니면 단지 듣기만 한 경우인가, 또는 그 행동이 예측할 수 있는 일반적인가에 따라 각각 다른 동사(단어)를 써야 한다. 이처럼 호피족의 언어는 그 언어를 사용하는 사람이 정보의 원천을 검토하게끔 규정지어 준다.

언어의 구조가 인간의 사고 유형을 결정한다는 사피어-워프의 가설은 다른 말로 하면 언어가 우리의 세상을 보는 방식을 결정한다는 뜻이 된다. 과연 그들의 주장은 옳은 것인가? 이 가설을 검증하려는 노력은 많았으나 아직도 명쾌한 답이 있는 것은 아니다.

확실한 검증이 어려운 이유 가운데 하나는, 인간의 사고 과정에 관여하는 온갖 문화적 영향으로부터 언어만을 분리시켜 분석하기가 어렵다는 점이다. 또한 언어구조와 사고구조는 모두 관념의 영역에 속하는 것이기에 오로지 담화를 통해서만 파악될 수 있다는 데 문제가 있다. 그러므로 양자는 순환적 관계에 놓여 있어서 그것의 검증이란 쉬운 일이 아니다. 다만 현재까지 내려진 잠정적 결론은 언어가 사피어와 워프가 말한 것만큼 우리의 사고를 철저히 지배하는 것은 아니라는 점이다. 언어는 범주화되어 있어서 어떤 국면이 중요한가를 선택해 준다. 그래서 언어는 우리가 세상을 보고 느끼고 경험하는 방식에 중요한 영향을 끼치고 있다.

그러나 그것이 절대적이지는 않다. 앞서 예를 든 색깔의 경우를 보더라도 어떤 색깔에 해당하는 어휘가 그 언어에 없다고 해서 전혀 그 색깔을 인식할 수 없는 것은 아니다. 물론 보통의 상태에서는 그와 같은 차이가 흔히 간과되어 버리기는 하지만. 이와 같은 제약에도 불구하고 오늘날 많은 언어학자들은 "언어체계의 조직 속에 복잡하게 얽혀 있는 범주 및 구분이 무의식적 또는 전지각적(前知覺的) 왜곡을 발생시킨다."는 점에 동의하고 있다. 이러한 점에서 다양한 인간 집단의 삶과 의미의 세계를 이해하기 위해서는 그들이 사용하는 언어에 대한 연구가 필수적임을 알 수 있다.

3 말하는
침팬지

동물들도 말을 배운다

도구의 제작과 마찬가지로 언어의 사용은 그동안 많은 학자들에 의해 인간과 동물을 구분하는 특성으로 생각되었다. 물론 인간만이 언어를 사용한다는 것은 틀림이 없다. 그러나 도구의 제작이 인간의 고유한 특성이 아니라는 사실이 밝혀진 것처럼 언어 사용의 잠재력 역시 인간 이외의 다른 영장류들도 갖고 있음을 시사해 주는 자료들이 축적되고 있다.

물론 어떤 영장류도 인간의 언어처럼 진화된 의사소통 수단을 갖고 있지는 않다. 그러나 몇몇 유인원 집단의 소리체계(call system)는 우리가 과거에 생각했던 것보다 훨씬 복잡하고 정교하다는 사실이 밝혀지고 있으며, 최근의 연구 결과들은 고릴라와 침팬지가 인간 언어에 근거를 둔 무성의 상징(non-verbal symbols)을 이해하고 조작할(manipulate) 수 있는 능력이 있음을 강력히 시사해 준다. 의사소통체계에 관한 최근의 연구들은 유인원들이 사람과 닮은 점을 과거에 생각했던 것보다

훨씬 더 많이 갖고 있음을 다시금 말해 주고 있는 것이다.

침팬지 연구의 세계적인 권위자인 제인 구달과 그의 동료들은 자연 상태의 침팬지들을 곰베 국립공원에서 수년간 연구한 끝에, 침팬지들이 많은 수의 특정한 소리와 몸동작을 조합해 의사를 소통하고 있음을 확인했다. 구달은 적어도 25개의 음성적으로 구분이 되는(acoustically distinct) 소리를 곰베의 침팬지들이 사용하고 있음을 파악했다. 그리고 각각의 소리는 특정한 의미를 가지며 그것들은 특정한 상황에서 나온다는 것을 알았다. 구달은 또한 침팬지들이 인간처럼 아주 풍부한 표정과 소리, 그리고 몸동작을 동시에 사용해 의사를 소통하고 있음을 발견했다.

그러나 이것은 상징체계인 인간의 언어와는 본질적으로 다르기 때문에 인간만이 언어를 사용하고 있음을 확인해 준다. 다만 근래에 이르러 침팬지와 고릴라에게 상징의 사용 능력이 있는가를 알아보기 위한 일련의 실험들이 퍽 흥미로운 결과를 보여 주고 있다.

침팬지와 인간의 수화

야생 상태의 유인원과 원숭이 들은 소리체계로 의사를 소통한다. 그러나 최근 인간들이 유인원을 상대로 진행시킨 실험들은 침팬지와 고릴라 들이 말을 할 수는 없으나 인간의 언어(상징체계)를 사용할 수 있음을 보여 주었다.

침팬지들은 성대의 구조가 인간과 달라서 인간과 같은 소리로 대화를 할 수는 없다. 즉 말하는 것이 불가능하다. 그런데 몇몇 침팬지들에게 말을 할 수 없는 장애인들이 사용하는 미국의 수화를 가르쳤다. 수화는 말로 표현되는 것은 아니지만 인간의 상징적 언어임에 틀림없다.

인간의 언어는 두 개의 구조를 가지고 있다. 음성학적 구조와 문법구조(형식적 구조)가 바로 그것이다. 음성학적 체계는 그 자체로는 의미가 없으나 의미 있는 단위들을 구분지어 주는 몇 개의 소리들로 구성된다. 문법구조 안에는 그 자체로 의미를 갖는 단어와 소리의 형태가 있다. 비슷하게 수화에서는 몇 개의 몸과 손동작이 음성학적 체계에서의 소리와 같은 역할을 하고 그것들이 기초가 되어 문법적인 문장을 만들어 낸다.

와쇼(Washoe)라는 침팬지는 서아프리카에서 생포된 한 살배기 암컷이었다. 와쇼는 1966년 미국 네바다 대학의 알렌 가드너(Allen Gardner)와 베아트리스 가드너(Beatrice Gardner) 부부에게 넘겨졌다. 가드너 부부와 그의 연구조교 로저 파우트(Roger Fouts)는 와쇼에게 수화를 가르치기 시작했다.

와쇼는 오래지 않아 200개가 넘는 수화의 몸짓과 손동작을 구분할 줄 알게 되었다. 더 놀라운 사실은 와쇼가 두 살이 되었을 때는 그동안 배운 손동작을 나름대로 조합해 조잡하나마 "내게 물을 달라(Give me water)."와 같은 간단한 문장을 만들기 시작했다는 것이다. 와쇼는 그 후 적어도 4개의 상징을 조합해 간단한 문장이나 의사 표시를 할 수 있었다.

그러나 와쇼는 문장의 구성을 문법적으로 옳게 하지는 못했다. 예를 들면 와쇼는 "책 위에 테이블이 있다(The table is on the book)."와 같이 순서가 뒤바뀐 문장을 만들곤 했다. 하지만 그 후 다른 연구 결과들은 침팬지가 주어와 목적어를 구분할 줄 알고 문법적으로 바른 간단한 문장으로 의사소통을 할 수 있음을 보여 준다.

와쇼 외에도 루시(Lucy)라는 다른 침팬지는 수화의 사용 능력을 보여 주었을 뿐 아니라 의사소통을 하면서 몇 가지 지극히 인간적인 특성까지 보여 주었다. 즉 무엇을 맹세하는 동작의 의미를 알았고, 넌지시 거짓말도 했으며, 우스갯소리도 할 줄 알았다.

와쇼는 같은 우리에 사는 마카크(macaque) 원숭이가 귀찮게 굴면 그를 '더러운 원숭이(dirty monkey)'라 하고, 유인원 연구소의 샘(Sam)이라는 직원이 귀찮게 할 때도 역시 '더러운 샘'이라는 동작을 보였다. 루시는 싫어하는 고양이에게도 '더러운 고양이'라고 표현했다. 또 와쇼는 직원에게 오줌을 싼 후 '우습다(funny)'라는 몸짓을 했다.

루시의 경우 그를 연구하고 있는 파우트가 하루는 루시의 방에 도착해 보니 방의 여러 곳에 있는 배설물이 눈에 띄었다. 루시에게 그것이 무엇이냐고 물었더니 루시가 분뇨를 가리키는 동작으로 '더러운, 더러운(dirty, dirty)'이라고 답했다. 그것이 누구 것이냐고 물었더니 루시는 처음에 그가 만나는 사람인 '쉬'라는 손짓을 했다. 파우트가 믿지 않고서 재차 다그쳐 묻자 그제야 루시는 '자기'라는 표시를 해 보였다.

고릴라는 몸집이 크고 힘이 세기 때문에 실험의 대상으로 삼기가 어렵다. 숫고릴라는 다 크면 몸무게가 180킬로그램이나 나가며 암고릴

☞ 유인원도 학습을 통해 많은 것을 배울 수 있음을 보여 준다.

라도 다 크면 몸무게가 68~110킬로그램에 이른다. 그러므로 스탠퍼드 대학의 심리학자 페니 패터슨(Penny Patterson)이 고릴라를 대상으로 실시한 일련의 실험은 매우 드문 사례다.

패터슨은 몸무게가 약 70킬로그램에 달하는 11세 된 암고릴라 코코(Koko)를 학교 미술관 옆 트레일러에서 기르면서 학습 훈련과 관찰을 했다. 그녀의 연구 결과는 놀랍게도 코코가 다른 어떤 침팬지보다도 단어를 더 많이 다룰 줄 안다는 것을 보여 주었다. 코코는 375개에 달하는 미국의 수화 표시들을 통상적으로 사용하며, 그가 사용했던 표시들을 전부 세어 보면 700여 개에 달한다. 코코는 루시나 와쇼보다 더 복잡한 문장을 사용하는 것처럼 보인다. 저녁에 방에 들어가도록 해 달라는 표시로 "Penny, open key hurry bedroom."의 다섯 가지 표시들을 연속적으로 하는데, 이를 영어로 바꾸면 "Unlock my bedroom door and quick about it."이 된다.

코코, 루시, 와쇼는 모두 그동안 인간에게만 존재하는 것으로 여겨졌던 언어능력의 중요 부분이 유인원에게도 있을 수 있음을 보여 주었다. 전통적으로 유인원들이 사용하는 소리체계의 제한적 성격은 인간 언어의 무한한 생산성(productivity)과 대조되었다. 인간은 소리와 의미의 규칙을 임의적인 뜻을 창출해 내는 데 사용할 줄 안다. 예를 들면 인간은 'New Yorker'라는 말을 새로 만들어 낸다. '-er' 자체는 아무 의미가 없으나 접미사로 어느 특정 단어에 붙여서 사용하면 사람의 뜻을 갖는다는 것을 영어를 사용하는 사람들은 모두 알고 있다. 코코, 와쇼, 루시의 실험 이전에는 유인원들에게는 그와 같은 능력이 없는 것

☞ 고릴라 코코가 상징 훈련을 받고 있는 모습.

☞ 와쇼, 루시, 코코 외에 널리 알려진 침팬지는 님 침스키다. 님 침스키는 1973년부터 4년
간 컬럼비아 대학의 연구팀으로부터 인간의 수화를 배웠는데, 그 이야기가 다큐멘터리로 만
들어졌다. 포스터에 있는 침팬지가 어릴 적 님 침스키.

으로 믿었다.

그러나 처음으로 수박을 먹은 루시는 이미 알고 있는 몸짓으로 '마시는 과일(drink-fruit)'이라는 '새로운 단어'를 만들어 냈다. 와쇼는 백조를 처음 본 순간 '물(water)'과 '새(bird)'를 지칭하는 몸짓을 붙여서 '물새(water-bird)'라는 표시를 만들었다. 코코는 반지를 주더니 그가 알고 있는 몸짓인 '손가락(finger)'과 '팔찌(bracelet)'를 합해 '손가락 팔찌(finger bracelet)'라는 손짓을 해 보였다.

이 같은 실험과 관찰의 결과는 침팬지와 고릴라에게 언어를 사용해 의사를 소통할 수 있는 지적 능력(mental capacity)이 있음을 증명해 준다. 비록 그들은 그러한 의미 있는 몸짓을 자연 상태에서는 만들지 못하지만 일단 인간에게 배우고 나면 그것을 익히고 사용하는 데 상당한 능력이 있음을 보여 준다.

1960년대에 만들어진 〈혹성 탈출〉이라는 영화를 보면 수만 년 뒤에 지구를 지배하는 동물로 침팬지가 등장한다. 우주비행사인 주인공(찰톤 헤스톤이 맡았다)은 빛보다 더 빠른 속도로 수백 년의 시간을 넘나드는 우주비행 끝에 지구로 돌아오다가 기관 고장으로 이름 모를 혹성에 불시착했다. 그런데 이 혹성에는 언어를 사용하는 침팬지들이 지배자로 군림하고 있었고, 언어를 사용할 줄 모르는 인간들은 노예 상태의 동물로 살아가고 있었다. 주인공은 이 이상한 혹성에서 불시착한 우주선을 수리해 지구로의 탈출을 시도하는데, 마지막 장면이 충격적이다. 침팬지들에게 쫓기고 쫓겨 도달한 어느 해변에는 반쯤 모래에 묻힌 '자유의 여신상'이 있다. 바로 그 혹성이 지구였던 것이다.

인간의 문명은 공해와 핵전쟁 등으로 파멸되고 그 후 살아남은 동물들이 나름대로의 진화 과정을 거쳐 침팬지가 만물의 영장으로 자리 잡게 될 것이라는 것을 암시하는 이 영화가 오늘의 우리에게 던지는 메시지는 무엇일까? 흥미롭게도 인간에 대한 침팬지의 도전을 다룬 영화는 2000년대에 들어서도 계속 만들어지고 있을 뿐 아니라, 그러한 영화들은 대체로 흥행에도 성공하고 있다. 예컨대 1970년대에는 〈혹성 탈출〉의 시리즈가 5편까지 제작되었고, 2001년에는 유명 감독인 팀 버튼이 〈혹성 탈출〉을 리메이크했다. 2011년에는 〈혹성 탈출: 진화의 시작〉이, 2014년에는 〈혹성 탈출: 반격의 서막〉이 만들어졌다. 그렇다면, 왜 이러한 영화들이 여전히 사람들의 관심을 끄는 것일까? 곰곰이 생각해 볼 일이다.

말은 못해도 감정은 있다

유인원의 언어 사용 능력과 관련해 유의할 점은 그러한 언어의 사용이 가능한 것은 전적으로 인간이 가르쳐 준 결과라는 사실이다. 유인원들은 상징과 언어를 스스로 만들어 내지는 못한다. 다만 인간이 도와줄 경우 어느 정도 언어를 배울 수는 있다.

이러한 제약에도 불구하고 와쇼, 루시 그리고 코코의 실험 결과는 '인간이 보다 겸허한 자세를 가져야 한다.'는 교훈을 우리에게 던져 주고 있다. 그동안 인간은 만물의 영장을 자처하며 자연 위에 군림했다. 특히 자연은 신(神)이 인간에게 이용하고 개발하라고 내려 주신 것이라고 하며 자연에 대한 착취를 합리화한 서구의 가치관은 지구 생태계의 심각한 파괴를 초래했다. 그동안 지구상에서 사라져 간 수많은 종의 동·식물 대부분이 인간의 오만과 이기심의 희생물이었다 해도 과언이 아니다. 이제 우리 인간은 자연과 환경, 그리고 우리와 함께 이 지구에서 살아가고 있는 모든 생명체의 가치를 소중하게 생각해야 할 때가 되었다. 그러한 점에서 와쇼와 루시 그리고 코코의 이야기는 우리 인간 자신이 스스로를 다시 생각해 볼 계기를 제공한다.

인간은 확실히 두뇌가 가장 발달한 동물로서 유일하게 문화를 갖게 되었으며, 특히 과학문명의 발달은 인간의 활동 영역을 무한히 확장시켰다. 그러나 과학문명은 오로지 인간만을 위한 것이었다. 그동안 얼마나 많은 동물이 인간의 편리 추구와 욕망 때문에 고통 받고 희생되었는가? 우리는 과연 동물의 권리에 대해 심각하게 생각해 본 적이 있는지? 인간과 너무나 흡사한 침팬지들의 사례를 접하며 생각하게 되는 문제다.

특히 20세기에 들어서 인간은 약품의 생체실험에서 우주개발 분야에 이르기까지 동물을 본격적인 실험도구로 이용하고 있다. 필자도 오래전 미국의 농과대학원에서 살아 있는 소의 두뇌를 노출시켜 과학계기를 연결시키고 관찰하는 실험실을 보고 충격을 받은 경험이 있다. 물론 이 같은 실험은 동물에게는 감정이나 지각능력이 없다는 전제 아래 행해진 것이다. 그러나 근래의 많은 연구는 동물들 역시 감정을 표출하는 생명체라는 것을 밝혀 주고 있다. 동물들도 화를 내고, 공포를

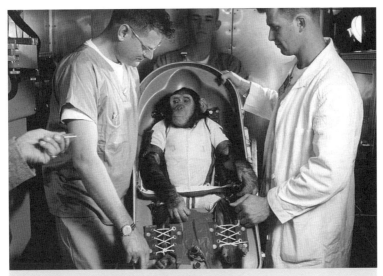

☞ 우주 항공 실험에 이용된 세 살 된 침팬지.

느끼며, 슬퍼하고, 기뻐하며, 사랑을 표현한다는 사실을 많은 학자들이 목격한 것이다. 우리나라에서도 널리 읽힌, 제프리 메이슨(Jeffrey Masson)과 수잔 매카시(Susan McCarthy)가 쓴 책 《코끼리가 울고 있을 때(When Elephants Weep)》는 그와 같은 보기의 하나이다. 이제 동물과 식물, 나아가 우리가 몸담고 있는 생태계를 다른 각도에서 보아야 할 때가 된 것 같다. 실로 새로운 가치와 윤리관이 필요한 것이다.

4 현대사회와
광고

청소년들의 섹스 은어 놀이

여름 휴가철 어느 시외버스 정류장에서 등산복 차림의 청소년들이 무리를 지어 떠들어 대고 있었다. 한 소녀가 껌을 씹고 있는 같은 또래의 소년에게 "껌 하나 줄래?"라고 했다. 소년은 싱긋 웃으며 "주고 싶은 마음, 먹고 싶은 마음." 하며 껌을 건네주었다. 소녀는 껌을 받으며 "돌려서 먹을래."라고 말했고, 그때 곁의 다른 소녀가 "흔들어 먹어."라고 말했다. 그 말이 떨어지기가 무섭게 또 다른 소년이 "빨아 먹어."라고 말하자 일행이 한꺼번에 웃음바다를 이루었다.

이 일화는 십여 년 전 어느 작가가 서울 청량리 근처 시외버스 정류장에서 한 무리의 청소년들이 지껄이던 대화를 그대로 인용해 한 잡지에 기고했던 글의 일부분을 옮긴 것이다. 이 청소년들이 나눴던 섹스 은어 놀이는 모두 텔레비전 광고에서 사용하는 언어를 모방한 것이다. 이는 우리 청소년들이 언어, 감성, 그리고 사고까지 광고에 의한 영향을 얼마나 크게 받고 있는지 단적으로 말해 주는 일화이다.

광고는 자본주의의 기수

오늘날 우리는 광고의 홍수 속에서 살고 있다 해도 과언이 아니다. 거리에 나서면 벽면을 어지럽게 수놓고 있는 광고들, 특히 청소년들이 볼 수 없게 되어 있는 선정적인 영화의 광고 사진들이 지나칠 만큼 눈에 많이 띈다. 버스를 타도 어김없이 우리를 기다리고 있는 것은 광고판과 광고방송이며, 근래에 부쩍 늘어난 우편광고물은 안방에까지 집

☞ 이 사진은 프랑스 선거전에 등장하여 논란을 일으켰던 광고의 마지막 모습으로, 광고가 성의 상품화와 충격요법의 극에 치닫고 있음을 보여 준다. 이 광고는 처음 "9월 2일, 나는 '위'를 벗겠습니다"라는 문구와 함께 비키니 차림의 젊은 여성이 등장했다. 9월 2일 팬티만 입은 이 여성은 "9월 4일, 나는 '아래'를 벗겠습니다"라고 했고, 9월 4일 "Avenir(미래)"라는 문구와 함께 뒤돌아선 모습으로 등장했다.

요하게 파고들고 있다. 거기에 신문, 잡지, 텔레비전과 같은 대중매체를 이용한 광고를 더하게 되면 가히 광고의 산더미 속에서 헤어나지 못하고 있다고 할 정도이다.

물론 현대사회에서 광고는 일상생활에 필요한 정보를 제공해 준다. 기술 발달로 쏟아져 나오는 새로운 상품들은 광고를 통해 알려지며, 이런 정보를 바탕으로 우리는 일상생활에 필요한 문명의 이기를 선택적으로 이용할 수 있게 된다. 그러나 자본주의 체제하의 대중사회에서 광고는 그것이 제품에 대한 단순한 소개에 그치는 것이 아니라 그 제품을 일반 대중이 좋아하고 선택하게 만들려는 노력을 간단없이 경주한다는 데 문제가 있다. 그리고 이것은 기본적으로 자본주의 시장경제의 특성 때문에 연유되는 것이다.

다양한 경제체계(economic system)에 대한 비교연구를 하는 경제인류학자들에 의하면 원시 및 전통사회의 경제체계와 현대 산업사회의 경제체계 사이에는 정도의 차이가 아닌 본질적인 차이가 있다고 한다. 이는 특히 원시 미개사회의 '생계경제'와 자본주의 사회의 '시장경제'를 비교했을 때 극명히 드러나게 된다. 즉 생계경제에서 생산자는 이미 알고 있는 소비자를 위해서 예측 가능한 양만큼의 제품을 생산한다. 따라서 그들의 생산을 결정하는 요인 또는 목적은 교환과 이윤 획득에 있다기보다는 생산자가 스스로 이용하거나 사회적 의무를 수행하는 데 있는 것이다. 그러므로 생계경제체계에서의 생산은 경제적 이윤의 추구가 결정 요인이 되지 못하며, 결과적으로 경제행위가 사회·문화적 맥락과 분리되어 이루어지지 않는 특징을 갖는다.

그에 비해 시장경제하에서는 생산자와 소비자가 분리되어 있다. 생산자는 자율적인 생산의 결정권을 갖고 있으나 그 제품의 소비는 불특정 다수를 대상으로 하는 시장에서 경쟁을 통해 이루어지게 된다. 따라서 생산자는 기업의 사활을 건 경쟁을 시장이라는 메커니즘 속에서 벌여야 하며 광고는 바로 그와 같은 경쟁에 이기기 위한 수단으로서 중요성을 갖는다.

여기에서 상품의 판매를 촉진하기 위한 허위·과장 광고가 등장하고 사람들의 구매 욕구를 자극하고 상품을 기억시키기 위해 온갖 수단을 동원하는 등 많은 문제가 생긴다. 현대 대중사회의 상업광고는 단순한 정보 제공 수준에 머무르지 않고 대중의 행동과 사고까지 바꾸려 한다는 데 문제가 있는 것이다.

자기도 모르게 지각되는 광고

오늘날 광고에 동원되는 수단은 매우 다양하며 그것은 실제로 우리의 사고와 감성에 영향을 주고 있음을 부정할 수 없다. 1950년대에 실시된 한 심리학적 실험 결과가 의미하는 바가 무엇인가를 음미해 보면 그 심각성을 이해할 수 있으리라 믿는다.

1950년대에 미국의 한 광고회사는 뉴저지 주의 한 극장에서 영화를 상영하면서 5초마다 3000분의1초 동안 "팝콘을 먹자"와 "콜라를 마시자"라는 문구를 영화에 끼워 내보냈다. 3000분의1초는 우리가 의식적으로 지각하지 못할 정도로 짧은 시간이다. 따라서 관객들은 영화를 감상하는 동안 빠른 속도로 지나가는 문구들을 의식하지 못했다. 그러나 놀랍게도 이렇게 한 후 팝콘은 57.5퍼센트, 그리고 콜라는 18.1퍼센트나 판매가 늘어났다고 한다.

일상적인 정보 메시지는 수용자가 그것을 의식하는 데 비해 자기도 모르는 사이에 지각되는 것을 전문적인 용어로는 역하지각(閾下知覺)이라 한다. 역하지각이란 의식의 문지방 아래로 숨어들어 오는 정보가 지각되는 것으로서 수용자가 그것을 통제할 수 없다는 특징을 갖는다. 따라서 앞에서 언급한 실험 결과는 상업광고를 통한 인간 행위의 통제가 이미 현실로 다가오고 있음을 말해 주고 있다.

한 가지 다행스러운 점이 있다면 심리학자들에 의해 계속된 실험의 결과, 역하광고의 효과가 처음 생각했던 것만큼 크지는 않다는 사실이다. 그러나 역하광고의 효과에 대한 최종 결론은 아직 내려지지 않았으며, 역하광고는 다양한 형태로 개발되어 지금도 행해지고 있음에 유의할 필요가 있다.

나치즘보다 무서운 언어 왜곡

광고의 폐해는 그 밖에도 우리의 생활에서 얼마든지 찾아볼 수 있다. 그중 심각한 문제의 하나가 언어의 왜곡 현상이다. 언어가 세상을 보는 방식을 결정한다고 주장하는 사피어-워프의 가설은 이미 앞에서 소개했거니와 언어의 조작을 통한 현실의 왜곡을 극명하게 보여 주는 사례로 조지 오웰(George Orwell)의 《1984년》을 들 수 있다.

《1984년》은 영국의 작가 조지 오웰이 1949년에 발표한 소설이다. 이 소설의 무대가 되는 초전체주의 국가 '오세아니아'에서는 모든 것이 언어의 조작을 통해 왜곡되고 전도되어 있다. 예컨대 '오세아니아'를 통치하는 네 개의 부처는 평화성, 진리성, 애정성, 풍부성이다.

그러나 '평화성'은 실제로는 전쟁을 담당하는 군사부처이며, '진리성'은 거짓말을 조작하는 선전부처이고, '애정성'으로 불리는 기관은 살인과 고문 수사를 전담하는 정보수사부처이다. 그리고 '풍부성'은 가난의 노예로 전락되어 있는 국민의 굶주림과 배급 따위의 문제를 전담하는 부처이다.

조지 오웰이 묘사하고 있는 이 모순과 당착의 세계는 언어의 왜곡을 통한 조작으로 무한권력을 이끌어 가는 가상의 나라에 불과하다. 그러나 조지 오웰이 이 소설을 쓰게 된 배경에는 언어 왜곡과 상징 조작을 억압적 통치에 이용했던 파시즘과 나치즘의 득세, 그리고 2차 세계대전 후 스탈린주의의 등장이 깔려 있음을 간과해서는 안 된다.

정도의 차이는 있으나 이상과 같은 언어의 왜곡 현상은 광고기법에도 그대로 드러나고 있다. 광고에는 상품의 선전과 기업의 이미지 개선을 위해 온갖 미사여구를 동원하는 것이 보편화되어 있다. 근래에 자주 접하게 되는 몇몇 선전구호를 살펴보면 다음과 같다.

어느 대기업은 기업의 이윤 추구를 위해서가 아니라 '복지사회의 건설을 위해' 일한다고 한다. 노동조합의 결성을 방해하는 한 회사는

☞ 조지 오웰은 《1984년》이라는 소설을 통해 언어에 의해 왜곡되고 통제된 사회를 보여 주었다. 사진은 히틀러의 나치즘을 비판한 루돌프 슐리히터의 〈교살자〉라는 그림으로, 괴물처럼 표현된 히틀러가 정의의 상징인 태양을 가리고 수많은 사람들을 죽음으로 몰아넣고 있는 모습을 상징적으로 표현하였다.

'○○○ 가족'이라는 구호를 내세워 선전한다. 또 다른 기업은 근로자의 열악한 노동조건은 방치한 채 '인간적 기술의 창출'을 구호로 내걸고 있다. 이는 의미의 왜곡을 통해 현실을 호도하려는 수법의 고전적 형태로서 사실은 기업뿐만이 아니라 사회의 각계각층에서 광범위하게 사용하고 있다.

국가에서 세금을 올리는 것을 세금증가라 표현하지 않고 굳이 '세입 증진'이라고 한다든지, 월남전에서 자행된 무자비한 폭격을 군사 관계자들이 고집스럽게도 '공중지원'으로 표현하는 것이 그러한 예다. 5공 시절 정부 당국이 권인숙 씨 성고문사건을 '부천경찰서 사건'으로 지칭하도록 보도지침을 내린 것도 좋은 예다. 한때 사회적으로 물의를 일으켰던 지방의회 의원들의 해외유람을 '외국제도 시찰'로 호도하고, 국회의원의 휴가를 '지역구 활동기간'이라고 부르는 것도 그렇다.

현실의 의미 구조를 체계적으로 왜곡해 결국에는 절대적 사회통제의 수단으로까지 발전시키는 극단적인 예를 우리는 조지 오웰의 《1984년》에서 찾아볼 수 있었다. '오세아니아'와 같은 사회는 비록 가상 국가에 불과하지만 오웰이 지적한 '말의 객관화' 현상과 그것의 사회적인 함의를 우리는 깊게 생각해 봐야 할 것이다.

광고에 숨은 자기 문화 비하

요즈음 광고를 보면서 크게 우려되는 또 하나의 현상은 외국어와 외국 상표의 범람이 아닌가 싶다. 문제는 그것이 단순한 외국어의 남용에 그치지 않고, 외국 상품과 외국의 생활양식을 더 좋고 받아들여야 할 것으로 부각시키는 내용이 많이 발견되는 데 있다.

광고로 꽉 찬 여성잡지에 외국인 모델이 등장한 것은 어제오늘의 일이 아니다. 교양지라고 부르는 잡지들에 실린 광고의 거의 대부분도 외국상품이나 외국어를 사용한 광고이다. 그리고 그러한 광고에는 "유럽 사회의 명예를 지켜 온……,""상류사회의 자존심-에마뉘엘 웅가로"

와 같은 표현도 서슴지 않는다.

한국은 김치를 비롯해 우수한 발효식품과 전통 궁중음식 등 세계적으로 자랑할 만한 음식문화를 가지고 있다. 그런데도 신문광고에 고급 사교장으로 등장하는 식당들이 한결같이 일본식 아니면 서양식인 까닭은 무엇인가? 한국음식은 서민의 음식으로 격하된 것이나 아닌지 걱정스럽기까지 하다. 사족일지는 모르지만 예전 어느 신문에 나온 일류 호텔의 식당 선전문구를 옮겨 보면 다음과 같다. "벤까이, 일본인 조리사의 특급요리…." "오우크룸 선데이 재즈 브런치-일요일 늦은 아침, 경쾌한 재즈밴드의 연주 속에서 멋진 식사를…."

이와 같은 현상은 무엇을 의미하는가? 어느 인류학자에 의하면 식민 통치가 남긴 가장 심각한 유산은 바로 자기 문화를 부정적으로 생각하고 비하하는 태도라고 한다. 자기 문화를 해석하고 계발하는 능력을 잃고 부정적인 현실의 원인은 자기 문화에서 찾고, 긍정적인 측면의 이유는 외부에서 찾도록 훈련되었기 때문에 독립한 후에도 여전히 외부로 눈을 돌리게 된다는 것이다.

이것은 바로 새로운 식민주의적 상황이 쉽게 전개되도록 하는 요인이 된다. 상업주의에 물든 기업의 광고는 그들의 이윤을 극대화하기 위해 이와 같은 상황을 이용하려고 온갖 지략을 짜내게 된다. 이러한 맥락에서 상류사회 사람처럼 행세하려면 외국 옷을 입어야 한다는 선전이 나오는 것이며, 서구와 일본의 음식이 단순히 영양가의 측면에서 선호되는 것이 아니라 품위와 세련됨을 상징하는 것으로 선전되는 작태가 연출되는 것이다.

기업인들은 "소비자는 왕"이라는 표현을 흔히 쓴다. 그러나 자본주의 사회에서 상업광고가 갖는 조작적 성격을 감안한다면 이 같은 표현이 얼마나 허구적인가를 쉽게 알 수 있다. 이런 공허한 구호를 내세운 선전은 소비자를 현대사회의 귀족으로 군림하는 양 착각하게 만든다. 그러면서도 실제로는 소비자를 기업의 선전을 따라가기에 급급한 무기력한 존재로 전락시켜 버리고 만다.

　그러나 모든 문제와 해결책을 광고 쪽에만 전가할 수는 없다. 왜냐하면 생산과 소비의 관계에서 절반을 차지하는 소비자들의 선택적 능력이 궁극적으로는 문제 해결의 열쇠가 될 수도 있기 때문이다. 오늘날 우리에게 필요한 것은 다양해지고 복잡해지는 정보 환경에 적응하기 위해 스스로 고도의 정보 선택 능력을 기르는 일이다. 광고와 관련해 생각해 본다면 결국 올바른 판단과 행동을 하는 소비자들이 건강한 사회를 만들어 가는 것이 아닌가 싶다.

3장

일상생활의
인류학

1 남자는 하늘,
여자는 땅

매 맞는 여자들

신문의 보도 자세는 사건의 심각성과 사회적 관심도를 반영하는 것으로 생각된다. 언젠가 한 신문의 사회면에는 젊은 여성이 피해자로 된 두 가지 사건이 취급되었다.

그 하나는 대낮 서울의 백화점 노상 주차장에서 주부를 납치해 아홉 시간 반 동안 승용차에 싣고 끌고 다니다 1000여 만 원 상당의 다이아몬드 팔찌를 빼앗고 500여 만 원의 몸값을 뜯어 낸 범인의 검거에 대한 기사이다. 이 신문은 사회면의 절반가량을 할애해 그야말로 대대적인 보도를 했다.

다른 하나는 사회면 왼쪽 구석에 처박힌 가십난에 간단히 언급된 기사로서 내용이 짧아 그대로 인용하면 다음과 같다.

서울 ○○경찰서는 3일 애인의 몸에 담뱃불로 문신을 새기고 폭행한 ○○○ 씨에 대해 구속영장을 신청했다. (···) 경찰에 따르면 병원의 단층촬영

기사인 ○ 씨는 지난 90년 1월부터 환자 보호자로 병원을 찾아온 손 모 씨와 내연의 관계를 맺어 오다 최근 손 씨가 다른 남자와 교제한다는 이유로 병원 부근 여관으로 끌고 가 손발을 묶고 입을 틀어막은 뒤 담뱃불로 등과 가슴에 '하늘과 느티나무'라는 글씨 등 온몸에 문신을 새겼다는 것…. 두 아들을 두고 있는 ○ 씨는 경찰에 붙잡혀 와서도 '하늘과 느티나무'라는 문신을 새긴 데 대해 "남자는 하늘같이 모셔야 하고 여자는 느티나무 같은 휴식처가 되어야 한다는 의미"라고 태연하게 말해 경찰관들조차 혀를 찼다고….

이 두 사건을 피해자의 입장에서 보면, 첫 번째의 경우는 단순히 재물을 강탈한 것에 그쳤지만 두 번째의 경우는 한 인간의 인격을 송두리째 짓밟았다는 점에서 더욱 심각한 후유증을 남겼을 것이다. 그럼에도 불구하고 사건의 취급과 보도 자세에 큰 차이가 있음은 무슨 이유에서일까?

앞의 경우는 피해 액수가 크고 백주에 대담한 수법이 동원되었다는 점 때문에 사회적 치안의 문제를 부각시키고자 하는 의도가 배후에 깔려 있는 것 같고, 뒤의 경우는 그것이 두 남녀 간의 사사로운 문제라는 인식이 작용했던 것으로 보인다.

우리 사회의 통념상 남녀 간의 사사로운 사건은 그것이 아무리 비인간적인 문제점을 내포한다 하더라도 하나의 가십거리에 지나지 않을 것이기에 가십난에 간단히 취급했던 것은 아닌지? 아니면 그와 같은 사건이란 정도의 차이가 있을 뿐 너무나 보편화되어 있어서 심각한 관심의 표적이 될 수 없기 때문인 것인가? 마치 이와 같은 관점을 반영이나 해 주는 듯이 바로 옆면의 여성잡지 광고에는 '매 맞는 아내들'이란 제목의 글이 커다란 활자로 목청을 높이고 있었다.

사랑방 여담처럼 슬쩍 지나쳐 버린 가십난의 사건은 돈에 눈이 뒤집힌 건달이나 강도가 아니라 정상적인 직업과 가정을 가진 보통 사람에 의해 저질러졌다는 점에서, 그리고 그 범죄행위를 행한 사람이 전혀 죄책감을 느끼지 못하고 있다는 점에서 보다 충격적이다. 동시에 여자를 마치 물건처럼 '내 것'으로 간주하는 사고방식과 '남자를 하늘처럼 모셔야 한다'는 생각을 많은 한국 남성이 하고 있다는 사실에 문제의 심각성이 있다.

성차별에 깃든 봉건의식

한국사회에서 여성은 남성에 비해 지위가 낮다. 왜냐하면 전통적으로 여성은 하나의 독립된 인격체로서 인정되지 못하고 남성에 예속된 관계로 인식되었기 때문이다. 지금은 많이 변했지만 여필종부(女必從夫)와 삼종지도(三從之道)의 부덕(婦德)이 강조된 우리 사회에서는 여성과 관련해 비인격적이고 비인간적인 속담과 가치관이 너무 깊이 남성들의 의식구조 속에 자리 잡고 있는 것이다. 즉 "암탉이 울면 집안이 망하고," "마누라와 북어는 사흘에 한 번씩 두들겨 패야 하며," "여자와 바가지는 내돌리면 깨지고," "여자는 시집가서 맞아 죽어도 그 집 귀신이 되어야 한다."는 것이다.

☞ 남성은 하늘, 여성은 땅으로 비유되던 관습이 지금까지 이어져 현대사회에서 남녀차별의 근간이 되는 논리로 작용하고 있다. 사진은 남성을 하늘, 여성을 땅에 비유한 장승의 모습.

한 가지 흥미로운 사실은 "암탉이 울면 집안이 망한다."는 속담은 우리 사회에서 만들어진 것이 아니고 오래된 유교 경전의 하나인 《서경(書經)》에 나오는 말이라는 점이다. 앞에서 언급되었던 '남자는 하늘'이라는 생각도 따지고 보면 그것의 사상적 뿌리는 매우 깊은 곳에 있다.

한국사회의 여성 경시 풍조는 유교에 큰 영향을 받았는데 유교적 남

녀차별 문화는 《주역(周易)》에 잘 나타나 있다. 《주역》의 근본원리는 음(陰)과 양(陽)으로 구성되어 있는데, 자연의 모든 현상과 사물을 음과 양으로 이분하고 그 음양의 배합과 유전(流轉)에 따라 만물의 형성과 온갖 변화가 나타난다고 한다. 그러므로 인간이 음양의 원리에 순응하는 것을 인류의 절대적 도리로 간주했다.

《주역》에 나타난 남녀의 대비를 분석·정리해 보면 다음의 두 원리로 구분된다.

남자	여자
하늘(天)	땅(地)
존귀(尊貴)	비천(卑賤)
높음(高)	낮음(低)
동적임(動)	정적임(靜)
강함(剛)	부드러움(柔)
대태(大胎)	성물(成物)

따라서 《주역》에서는 남녀의 차별상을 인간이 거역할 수 없는 천리(天理)로 설명하고 있는 것이다.

결과적으로 남성은 하늘같이 높고 귀하며 여성은 낮고 천하며 약한 존재라는 유교적 이념과 가치가 조선시대에 들어 사회의 지배적 규범으로 제도화되었다. 여성의 지위는 남성에 예속된 것으로 굳어졌으며, 여성의 활동 영역은 가정으로 한정되었다. 이에 따라 '여성다움'과 '남성다움'의 신화를 통해 성차별이 정당화되는 구조가 확립되었다. 즉 남성은 천성적으로 강하고, 지배적이며, 독립적이고, 활동적인 데 반해 여성은 순종적이고, 의존적이며, 부드럽고 온순하다는 식의 고정관념이 자리 잡게 된 것이다.

남녀의 역할을 바꾼다면

위에서 언급한 '남성다움'과 '여성다움'에 관련된 특성들을 우리는 대체로 선천적인 남녀 기질상의 차이로 생각하기 쉽다. 다시 말하면 일반적으로 사람들은 생물학적인 성(性)에 기초해 자연적으로 남자는 남자답게, 여자는 여자답게 된다고 믿고 있는 것이다. 그러나 여기서 우리는 생물학적인 성(sex)과 사회적 성(gender)을 구분해 생각할 필요가 있다. 생물학적인 성은 염색체 배합형태에 따라 결정되는 것으로서, 남녀는 생득적으로 생리적, 신체적인 특징이 다르게 된다. 그에 비해 '남성다움' 또는 '여성다움'을 뜻하는 사회적 성은 후천적으로 결정되는 것으로서 사회·문화적 즉 환경적 요인에 크게 영향을 받는 것이다.

만일 생물학적인 요인에 의해 '남성다움'과 '여성다움'이 결정되고 그에 기초해 남녀의 사회적 지위와 역할이 규정된다면 남녀관계는 모든 사회에서 동일한 형태로 나타날 것이다. 바로 이와 같은 문제에 접근함으로써 여성학 분야에 지대한 영향을 끼쳤던 인류학자가 바로 마거릿 미드였다. 미드는 남녀 간의 기질적 차이가 보편적인 것인가의 여부를 규명하기 위해 문화를 달리하는 여러 사회에서 남녀에 대한 비교연구를 했다. 그가 택한 사회는 뉴기니 섬에 거주하는 아라페쉬, 문두구머, 참불리라는 세 부족이었는데, 그의 연구 결과를 요약해 보면 다음과 같다.

전형적인 아라페쉬인은 남녀 모두 유순하고 민감하며 비공격적이다. 그리고 남녀 모두 우리가 '모성적'이라고 생각하는 성향을 보여 주고 있다. 아라페쉬인은 임신을 단일한 행위의 결과로 생각하지 않으며, 어머니와 아버지의 반복되는 결합에 의해 공동으로 이루어 나가는 과정으로 인식한다. 따라서 "아이를 낳다"라는 말은 남자 또는 여자 어느 쪽에도 관계될 수 있다. 아이가 태어나면 남편은 그의 부인 옆에 드러누워 "침대에서 아이를 갖게 되었다."라고 말한다. 남편과 아내는 함께 금기(禁忌)를 준수하고 아이의 출생에 따른 의식을 수행하며 어린이의 양육도 남녀가 같이 분담한다. 남성이 성적(性的)으로 공격성을 갖는다는 관념이 아라페쉬인에게는 존재하지 않는다. 따라서 아라페쉬인은 강간이란 것을 알지 못한다.

문두구머인은 아라페쉬인과는 달리 남녀 모두 공격적이고 사나우며, 난폭하다. 문두구머 사회의 여자들은 임신을 달가워하지 않으며 아이에게 젖을 먹이는 것조차 귀찮게 여긴다. 따라서 유아는 곧잘 방치되며 우리가 말하는 이른바 '모성적 성향'이 결여되어 있다. 사람들이 공격적이어서 부부간의 싸움도 잦은데, 여자들도 남자들만큼이나 난폭하고 공격적이며 정열적이다. 신체적으로는 남자만큼 강하지 않지만 여자들도 싸움을 매우 잘한다. 미드의 관찰에 의하면 아내를 때리려는 남편은 미리 세심한 준비를 하며, 아내가 무장하고 있지 않음을 확인한 뒤에 공격한다고 한다.

참불리족에서는 남성적 기질과 여성적 기질이 서구적 개념과는 반대 양상을 보인다. 참불리족의 경제생활은 여자들에 의해 주도되며, 남자들은 주로 기예(技藝)와 의식(儀式)에 전념한다. 여자들은 활동적이고 외향적인 데 반해 남자들은 의구심이 많고 섬세한 감성을 지니고 있다. 여자들과는 달리 참불리족의 남자들은 자의식이 강하고 극락조의 깃털로 화려하게 치장을 한다. 여자들은 일을 함으로써 공동체를 지원하고, 남자들은 여자들을 기쁘고 즐겁게 해 주기 위해 의식과 춤을 준비한다.

　이상과 같은 미드의 연구 결과는 '남성다움' 또는 '여성다움'을 뜻하는 사회적 성이 생물학적으로 결정되는 것이 아니라는 것을 밝혀 주었다. 따라서 그의 연구는 여자는 "여자로 태어나는 것이 아니라 여자로 만들어진다."라는 명제를 가능케 해 준 것이다.

차이보다 차별이 더 크다

인류학자 미드의 연구가 보여 주듯이 '여성다운' 품성으로 생각되는 모성성이나 수동성 등은 원래 여아가 갖고 태어난 선천적인 것이 아니라 문화적으로 길들여진 것이다. 여자는 선천적으로 모성 본능이 있다고 일반적으로 믿고 있지만, 이를 뒷받침할 만한 과학적인 근거는 없다. 군이 근거를 찾는다면 출산할 때 '일시적인' 호르몬의 변화에 따라 모성적인 '충동'이 일어나는 것이 아닌가 하는 정도이다. 따라서 인류학적 관점에서 볼 때 인간은 여성적이거나 남성적인 존재로 태어나지 않는다. 인간은 다만 태어나면서부터 여성적이거나 남성적으로 훈련되어, 여자나 남자로 길들여질 뿐이다.

　문제가 되는 것은 바로 그 과정에서 성차별적인 역할 분담이 이루어지고 그것은 다시 많은 사회에서 여성에 대한 남성의 지배구조를 재생산해 내고 있다는 사실이다. 남성과 여성의 차이란 본질적으로 임신과 생식이라는 비교적 단순한 생물학적 차이이지만 불행하게도 많은 사회에서는 성차별적인 사회관계들이 성차별적인 사회화 과정을 통해 재생산되고 있다. 좀 과장된 표현을 빌리자면, 남자 또는 여자로 길들여지는 과정을 살펴본다는 것은 남녀의 성 역할이 사회화를 통해 어떻게 강요되는가를 분석해 보는 일이 된다. 성차별적 사회화 과정은 이미 임신과 더불어 시작된다.

태아가 엄마의 배 속에서 활발히 움직이면 벌써 그 애는 사내아이일 것이라고 추측한다. 그리고 그와 같은 차별대우는 태어난 아이의 수유와 육아 방식에도 반영된다. 그 후 아이들은 자라면서 각각 전쟁놀이와 소꿉놀이 시기를 거치면서 스스로 남자 또는 여자라는 것을 확인하게 되고, 이와 같은 '놀이' 과정에서 몸에 익힌 '~답다'라는 고정관념은 간단히 사라지지 않게 된다. 즉 남자는 공격적이고 능동적이며, 여자는 모성적(비공격적이고 수동적)이라는 이미지를 우리는 평생 끌고 다닌다.

차별적인 사회화는 학교에서도 계속된다. 우리나라 초등학교 교과서에 나오는 인물의 성격 묘사를 분석한 최근의 한 연구에 의하면, 남성은 '훌륭하다,' '용감하다,' '충성스럽다,' '위대하다' 등으로 묘사되고, 여성은 '착하다,' '예쁘다,' '귀엽다' 등으로 표현되고 있다고 한다. 이는 곧 아동의 사회화 과정에서 특정한 남성상과 여성상을 내면화시키는 것으로서, 가치판단과 고정관념의 형성을 명시적 교육과정을 통해 전형적으로 재생산해 내고 있음을 뜻하는 것이다. 그리고 이는 결과적으로 남성이 여성보다 우월하다는 의식을 뿌리내리게 만든다. 얼마 전까지 한국사회에서는 중등 교육과정에 이르면 남학생에게는 기술·공업 과목을, 여학생에게는 가정·가사 과목을 채택하도록 함으로써 남성은 사회 진출의 준비를, 여성은 가정에서 남편에게 사랑받는 아내가 될 준비를 해야 함을 가르쳤다.

그래서 그동안 수동적인 존재로 길들여진 수많은 주부들은 오늘도 늦게 귀가하는 남편을 기다리며 텔레비전을 켜 놓고 광고를 보고 가수의 노래를 듣는다. 그리고 여기서도 성차별적 고정관념은 집요하게 강요된다.

"주부님들! 직장 일로 시달리는 아빠의 건강을 위해 ○○○을 준비해 보세요. 꼭 사랑받는 아내가 될 것입니다."라는 광고가 끝나고 젊은 여자 가수가 간드러지게 노래를 불러 댄다. "사랑한다 말할까, 좋아한다 말할까 / 아니야, 아니야, 난 못해. 나는 여자이니까."

2 성년의
  사회적 의미

어른이 되는 절차

5월은 '가정의 달'이라 하여 어린이날과 어버이날이 있음을 모르는 사람이 없을 테지만 성년의 날이 있다는 것을 아는 사람은 적은 것 같다. 설사 성년의 날을 안다 하더라도 그것이 언제 어떻게 생겨났는지를 아는 사람은 흔치 않을 것이다.

성년의 날은 1973년 3월 30일 정부가 대통령령으로 공포해 이날을 정부 주관 기념일로 정한 것이 그 출발이다. 설립 취지는 만 20세가 되는 젊은이들에게 자각과 긍지, 그리고 사회인으로서의 책무를 일깨우고 '어른' 된 자부심과 용기를 심어 주기 위한 것이었다. 그리하여 정부는 4월 20일을 성년의 날로 정해 그날 직장이나 학교 등에서 20세가 된 젊은이들을 격려하는 기념행사를 갖도록 했다. 그 후 1975년에 날짜를 5월 6일로 바꾸었다가 다시 1985년 이후부터는 5월 세 번째 월요일을 성년의 날로 바꿔 시행하고 있다.

우리나라에서 성년의 날이 제정된 것은 극히 최근의 일이지만, 성년

식에 해당하는 관례(冠禮)와 계례(筓禮)는 과거 중국의 예교(禮敎)가 들어온 이후 상류계급에서 상당히 널리 행했다. 관례는 성인이 되었음을 상징하기 위해 남자에게 상투를 틀어 갓을 씌우는 것이고, 계례는 여자에게 쪽을 찌고 비녀를 꽂아 주는 것인데 이들 행사에는 복잡한 의식이 따랐다.

《사례편람(四禮便覽)》에 의하면, 관례란 성년식을 의미하는 것으로서 관례에는 남자가 하는 관(冠)과 여자가 하는 계(筓)가 있다. 관은 남자가 일정한 연령에 이르면 성인이 되었음을 인정하는 의식으로 《사

☞ 우리나라의 전통 유교식 성년식인 관례와 계례를 재현한 모습.

례편람》에는 15세부터 20세 사이에 관례를 행하는 것이라 기록되어 있다.

관례를 올리기 3일 전에 관례자의 할아버지나 아버지가 주인이 되어 주례를 청한다. 관례식 날이 되면 먼저 상을 준비하고 날이 밝으면 일찍 일어나 관복(冠服, 갓과 의복)을 꺼내서 준비해 놓는다. 그리고 주인을 비롯해 온 식구가 차례대로 서 있으면 주례가 온다. 주인은 그를 맞아서 방으로 들어온다.

관례식이 시작되면 먼저 주례가 관례할 사람에게 읍(揖)을 하고 관례자는 방에 들어가 심의(深衣)를 입고 신을 신고서 나온다. 이때 축문을 읽는다. 둘째로 모자를 씌우고 조삼(皁衫)을 입히고 혁대를 채우고 신을 신긴다. 이때 또 축문을 읽는다. 세 번째는 복두(幞頭)를 씌우고 난삼(襴衫)을 입히고 가죽신을 신긴다. 이때 또 축문을 읽는다.

세 번째의 예가 끝나면 제사를 지내고 주례는 관례자에게 자(字, 본이름 외에 부르는 이름)를 불러 준다. 자리에서 일어나면 주인이 관례자를 데리고 가서 사당(조상의 신주를 모셔 놓은 집)에 참배하게 한다. 관례가 끝나면 어른들에게 인사하고 잔치를 벌여 손님을 대접한다.

여자가 남자의 관례에 해당하는 성인식을 행하는 것을 계례라 한다. 《사례편람》에 의하면 계례는 여자가 혼인을 정하게 되면 하는 것이라 한다. 그러나 주석에는 혼인을 정하지 않더라도 여자가 15세가 되면 계례를 할 수 있다고 되어 있다.

계례에서는 어머니가 주인이 된다. 계례가 있기 3일 전에 주례를 청한다. 당일에 날이 밝으면 의복을 준비해 놓고 차례대로 서 있다가 주례가 오면 주인이 이를 맞이하여 방으로 들어간다. 주례가 비녀를 꽂아 주면 방으로 가서 배자(褙子)를 입는다. 다음에는 제사를 지내고 자(字)를 지어 부르고 나서 주인이 계례자를 데리고 사당에 가서 참배케 한다. 이때 축문을 읽는다. 사당참배가 끝나면 손님을 대접한다.

《사례편람》에 나오는 관례식의 절차는 일반적으로 잘 지켜지지 않은 듯하다. 남자는 15~20세에 관례를 하는 것으로 되어 있다. 하지만 조선 후기에는 10세가 지나면 혼인을 하는 경우가 많았으므로 관례도 빨라질 수밖에 없었다. 계례의 경우 혼인을 정하지 않아도 15세가 되면 머리를 얹을 수 있다는 것도 실제에는 잘 지켜지지 않았다 한다. 즉 여자가 머리를 얹는 일은 혼례식 때 이루어졌다는 것이다. 그리고 관례 때 이름 있는 집에서는 주례를 외부에서 청해 오지만 가세가 약한 집에서는 주례 없이 하기도 했다.

민속학적인 현지조사 자료들에 의하면 일반적인 관례식은 매우 간단히 치러졌다. 식이 시작되면 주례 또는 아버지가 관례자의 머리를 빗겨 올려 상투를 틀고 모자를 씌워 주었고, 옷은 그냥 도포만 입었다 한다. 머리를 올리고 나면 어른들에게 절을 하는데 이때 주례나 다른 사람이 자(字)를 지어 주기도 했다. 그리고 사당이 있으면 사당에 고하되 사당이 없는 사람은 마을 내의 어른들에게 인사를 다녔다. 더욱 간단한 관례의 경우는 아침에 일어나 건넌방을 치우고 아버지가 머리를 빗겨 올려 상투를 만들어 준 다음, 어른들을 찾아다니면서 절을 했다고 한다. 관례식 뒤의 잔치도 집안 형편에 따라 하는 것으로서, 양반이라도 집이 넉넉지 못하면 잔치를 하지 않았다.

그 형태가 어떻든 간에 성년식으로서의 관례는 상당히 광범위하게 치러졌음이 분명하다. 단발령 이후 삭발하는 사람들이 늘어남에 따라 관례의 전통이 빠르게 소멸된 것으로 보인다. 그렇다고 해서 성년식의 풍습이 완전히 자취를 감춘 것은 아니다. 자세히 살펴보면 사회의 변천에 따라 고등학교의 졸업식이나 회사의 입사식 따위가 성년식의 일부 기능을 수행하는 형태로 명맥이 유지되었다. 그러다가 정부가 공식적으로 성년의 날을 정하고 행사를 열면서 다시 모습을 드러낸 것이 아닌가 한다.

우리나라에서 만 20세가 되는 해를 성년으로 정한 것은, 우리 민법상 만 20세를 성년으로 규정하고 있기 때문이다. 과거에도 성년의식을 거치고 나면 새로운 권리와 의무를 갖는 사회성원으로서 공인을 받는 것을 의미했다. 따라서 민법에 의하면 20세에 이르러서야 개인은 친권자의 동의 없이 혼인을 할 수 있고, 선거권이나 기타 자격의 취득 등에 제한을 받지 않게 된다는 점에서 미성년자와 구분이 된다. 만 20세를 기준으로 성년의 날을 정한 것은 과거 성년식의 기능과 관련해 의미가 있다. 여기서 우리는 하나의 보편적 문화현상으로서 성년식이 갖는 의미를 살펴보기로 하자.

문화만큼 다양한 성년식

성년식을 일컬어 사람들이 살아가는 과정에서 거치게 되는 '통과의례' 의 하나라고 지적한 사람은 프랑스의 인류학자 아널드 반 게넵(Arnold van Gennep)이다. 사람은 태어나서 죽기까지 일생을 통해 출생, 사회 적 사춘기, 결혼, 직업적 전문화, 죽음 등과 같은 하나의 사회적인 지위 나 상태에서 다음의 지위나 상태로 옮겨 간다. 그리고 이러한 상태의 변천은 일정한 의례적인 절차를 통해 이루어진다.

반 게넵은 이와 같이 일생을 통해 개인이 거치는 의례를 통과의례라 하며, 이러한 의식의 근본적인 목적은 개인이 어떤 명백한 지위에서 또 다른 명백한 지위로의 통과를 가능케 하기 위한 것이라고 보았다. 그리고 그는 각각의 통과의례는 구체적인 의식수행 방법의 상이성에 도 불구하고 그것들의 본질적인 목표가 같음으로 해서 매우 광범위한 보편적 유사성을 갖게 된다는 사실을 지적하고 있다. 즉 이러한 의식 과 관련된 활동들을 의례의 질서와 내용에 따라 분석해 보면, 세 가지 의 중요 국면, 즉 분리, 전이(轉移), 통합으로 나눌 수 있다는 것이다.

또한 반 게넵은 이러한 세 하위 범주가 모든 민족이나 모든 의식에 동일한 정도로 나타나지 않으며, 동시에 각각의 통과의례는 어느 특정 범주가 강조되기도 함을 환기시켜 준다. 예컨대 분리 의례는 장례식, 통합 의례는 결혼식, 그리고 전이 의례는 성년식에서 중요한 역할을 하고 있다는 것이다.

성년식은 사회적 성숙을 강조하는 입사 의례와 육체적 성숙을 강조하는 사춘기 의례로 나누어 생각할 수 있다. 그러나 많은 경우 생리적 사춘기 의례는 입사 의례와 일치하며, 육체적 사춘기가 언제인가를 결정하는 것은 쉬운 일이 아니다. 성년식의 의미를 파악하는 데는 입사 의례 즉 사회적 성숙에 초점을 맞추는 것이 더욱 바람직하다.

여자의 경우 생리적 사춘기는 흔히 초경이 신호가 된다. 그러나 남자는 음액의 사출이 정자의 사출보다 빠르다. 사정은 외부자극의 결과로 이루어지므로 이를 성숙의 척도로 삼기 어렵다. 따라서 대부분의 사회에서는 남자의 사춘기를 주변 사람들이 수염이나 음모의 생성 등을 관찰해 판단하는 경우가 많다. 여기에는 물론 각 민족이나 개인의 차이가 고려되어야 한다.

따라서 남자의 사춘기를 판단하는 데는 나이가 중요한 역할을 한다.

☞ 미국의 인디언인 아파치족은 여자아이가 첫 생리를 하면 성년의식을 치른다.

상식적인 이야기지만 어느 사회든 나이에 의해 사람을 구별하는 관습이나 제도가 있다. 특히 산업사회에서는 이러한 구분이 개인의 능력 차이와는 관계없이 이루어진다. 초등학교에 입학하고, 군대에 가며, 부모의 동의 없이 결혼할 수 있고, 퇴직해야 하는 등등의 시기에 대한 나이가 명확히 구분되어 있는 것이다.

그러나 미개사회에서는 문자 기록이 없고 우리와 같은 달력이 없으므로 정확한 연령의 개념이 없는 경우가 많다. 이러한 사회에서는 외모를 보고 나이를 추정하는 것 외에 특별히 어른임을 인정할 만한 과정을 따로 마련하는 것이 중요하게 된다. 많은 미개 단순 사회에서 정교하고 절차가 까다로운 성년식이 치러지는 이유가 바로 여기에 있는 것이다.

여러 사회에서 발견되는 성년식은 얼핏 보아서 매우 상이해 보이지만, 본질적으로 아주 유사한 구조적 특성을 갖고 있다. 이제 몇 가지 대표적 사례를 살펴보기로 하자.

케냐와 탕가니카에 살고 있는 마사이족의 경우 성년식은 아널드 반 게넵이 말한 전이 의례에 해당하는 할례의식이 중심을 이룬다. 할례는 4~5년마다 행해지며 대체로 12~16세의 청소년들이 대상이 된다. 이 경우 함께 할례를 받은 사람들은 하나의 연령집단을 형성한다. 성년식이 몇 년씩 간격을 두고 집단적으로 행해짐에 따라 같이 성년식을 치른 사람들은 마사이족 사회에서 일생 동안 그 성년식의 명칭에 의해 사회적인 연령을 인정받게 되는 것이다.

성년식의 순서는 성년식의 대상자들이 한곳에 모여 몸에 하얀 진흙을 바르고 2~3개월 동안 함께 생활하는 것으로 시작된다. 할례의식의 날짜가 결정되면 남자들은 그날 아침 소나 양을 도살한 후 찬물로 세수를 하고 수술사에게 할례를 받는다. 그 후, 부족에 따라 차이가 있지만 며칠 동안 격리되어 지낸 후 머리를 삭발하고 정상적인 집단에 합류한다. 그러면 드디어 '무라니' 또는 전사로서의 지위를 인정받게 된다. 여자들의 성년식에서는 소와 양을 죽여서 바치고 집안에서 할례의식을 한다. 역시 머리를 삭발하고 할례한 곳의 상처가 아물 때까지 집에 머문다. 이러한 성년식이 끝나고 혼인을 할 수 있다.

콩고의 여러 부족사회에서는 일부의 남성 부족원들이 '엥큄바'라는 성인조직에 가입하기 위해서 성년식을 거친다. 의례는 성년식을 받을 사람들이 새로운 성인 사회에 통합되기 위해 그 부족사회에서 분리되

☞ 남아프리카 데벨레족의 성년의식.

는 것으로 시작한다. 그들은 그들이 속해 있던 사회에서 완전히 떠났다는 점에서 죽은 것으로 간주된다. 그들은 격리된 채 숲 속에서 매질을 당하고, 종려주를 흠뻑 마시고는 정신을 잃는다. 그리고 나서 몸의 일부를 절단하고 몸에 물감을 칠하는 전이 의례를 행한다. 그 후 은신처에 머물면서 주술사로부터 가르침을 받는다.

시련기가 끝나면 그가 속해 있던 사회로 다시 돌아오는 의례가 행해진다. 그러면 성인 사회에 첫발을 내디딘 그들은 마치 다시 태어나 일상의 모든 행동을 배워야 하는 것처럼 행동한다. 이 과정을 거치면 새로운 지위를 획득한 부족사회의 성원으로 인정받게 된다.

오스트레일리아 원주민들 사이에서 발견되는 성년식도 10대 초반에 집단적으로 하고, 성년식을 치르는 부족원들을 이전의 환경에서 분리하는 것으로 시작하는 것이 일반적이다. 어떤 부족에서는 앞서 살펴본 콩고에서와 같이 그들을 죽은 자로 취급하며 상당 기간 새롭게 태어날 준비를 시킨다. 그리하여 격리된 상태에서 능동적인 훈련이 시작된다. 부족의 규범을 가르치고 토템 의식, 신화의 낭송 등을 보고 듣고 점진적으로 익히도록 한다.

마지막으로 하는 치아 제거나 할례 등의 종교적 의식은 부족과 부족을 구분 짓는 역할을 한다. 또한 그 부족사회의 성인임을 강하게 인식시켜 준다. 그러한 의식을 통해 그들은 부활하며 전과는 달리 어떻게 살아야 하는지를 확인하는 것이다.

위에서 살펴본 세 가지 사례는 구체적인 내용은 다르지만 통과의례로서의 성년식이 어떠한 것인가를 잘 보여 주고 있다. 세 경우 모두 아동기 상황으로부터의 '분리', 새로운 지위를 획득하기 위한 '전이' 과정으로서의 의식, 그리고 새로운 지위와 정체감을 갖는 사회성원으로서 생활에 합류하는 '통합'이라는 세 가지 중요 국면을 포함하고 있다.

우리 사회의 관례에서도 몸을 깨끗이 하고 예복을 차려 입음으로써 아동기 상황으로부터 '분리'되고, 상투를 트는 의식을 통해 '전이' 과정을 거쳐 아명을 버리고 성인 사회에 '통합'되는 절차를 밟았다는 점에서 구조적 특성의 공통점을 찾아볼 수 있다.

우리 생활 속의 성년식

성년식에 관한 인류학적 자료들을 살펴보면서 필자의 머리에 떠오른 장면 중의 하나는 1960~70년대 우리 사회의 고등학교 졸업식이었다. 당시 삭발과 교복은 미성년자의 상징이었다. 그래서인지 졸업식이 끝나면 바로 교복과 교모를 찢고 연탄재를 뿌리는 것이 유행이었으며, 곧바로 술과 담배를 손에 거머쥐는 것이 마치 성인이 되었다는 증거인 양 우쭐대던 시절이 있었다. 교복과 두발의 자율화 때문에 그 같은 풍습은 사라졌지만, 그것이 성년식의 잘못된 표현이 아닌가 하는 생각이 들었던 것이다.

우리 사회에서 이제 관례와 같은 전통적 성년식은 자취를 감추었으나, 입사 의식 형태의 성년식은 아직도 명맥을 유지하고 있다. 예를 들면 사관학교의 교육과정은 앞에서 예를 든 성년식들과 몇 가지 유사점을 갖는다.

사관학교의 교육과정은 맨 먼저 신입생도를 과거로부터 철저히 격리시키는 것으로 시작된다. 그러므로 처음 몇 달 동안 신입생도는 외출을 할 수 없으며 외부 면회도 일체 허용되지 않는다. 완전한 격리가 평등하고 동질적인 집단을 만들어 준다. 그리고 연대책임과 단체기합은 그들이 앞으로 일생 동안 같은 사회적 연령집단으로서 일체감을 갖도록 하는 데 도움을 준다. 그들의 생활이 과거와 아주 다르다는 것을 강조하기 위해 식사를 할 때도 90도 각도로 수저질을 하게 된다.

또한 신입생도는 사관학교에서 가장 낮은 지위를 부여받는다. 그들은 부족사회의 미성년자가 성년식에서 죽었다가 다시 태어나는 것과

사관학교에 입학하면 친족에 대해서도 얘기할 수 없고, 외출이나 면회도 허용되지 않는다. 과거와는 전혀 다른 새로운 생활이라는 점이 강조되는 것이다. 이 같은 생활의 변화는 성년식과 유사한 측면이 있다. 사진은 해군사관학교 졸업식.

마찬가지로 새로운 지위를 부여받기 위해 가장 낮은 지위로부터 시작하는 것을 터득해야 한다는 이치다. 이처럼 낮은 지위를 부여하는 것은 사관학교 교육의 여러 단계를 성공적으로 이수하는 데 생도들 스스로 높은 가치를 설정하도록 고무하고, 기존의 지위에 입각한 주체성의 상실을 요구한다는 의미를 갖는다.

첫날부터 제복이 지급되며, 부(富)와 가족 배경에 대한 논의는 금기가 된다. 그래서 생도들은 개인이 행동하는 데 익숙한 과거의 것들을 떨쳐 버리고 새로운 역할을 내면화시킬 자세를 가다듬어야 하는 것이다. 그 후 4년 동안의 고된 훈련을 거쳐 성대한 의식을 치르면 새로운 지위를 공인받게 된다.

사실 따지고 보면 입사 의식으로서의 성년식은, 나이나 직위의 명백한 구별이 있는 집단들에서는 한 집단에서 다른 집단으로 통과를 하는 시점에서 아직도 흔히 발견되는 현상이다. 다만 오늘날에는 과거 또는 미개 단순 사회와 표현 양식이 다를 뿐이다. 그렇게 보았을 때, 나이가 20세가 되었다고 해서 자동적으로 성년이 되는 것이 아님이 명백하다. 이에 성년식의 참된 뜻을 오늘의 맥락에서 깊이 생각해 볼 필요를 느낀다. 마사이족의 전사 '무라니'의 지위는 어느 날 갑자기 주어지는 것이 아니기에….

3 신부대와
지참금

우려되는 혼수 문제

"사랑이 없는 결혼은 무덤과 같다."고 누가 말했는가? 한국에서는 사랑보다도 '혼수'를 더 중요시하는 시각이 일부 계층의 의식 속에 자리잡고 있는 듯하다. 혼수는 쉽게 말하면 신부 측에서 중요한 살림살이를 장만해 가는 것이다. 이러한 관습이 언제부터 널리 퍼지게 되었는지는 분명치 않다. 확실한 것은 조선시대의 풍습이 그렇지 않았다는 사실이다. 따라서 여성 측 부담이 무거워진 경향은 한국사회가 경제성장을 이룬 상당히 최근의 일이 아닌가 싶다. 아무튼 근래에 과다한 혼수를 당연한 것으로 여기는 풍조가 뿌리내림으로 해서 여러 사회적 문제가 발생하고 있는 것이다.

과거 1980년대에는 일부 부유층의 과다·호화 혼수의 문제가 사회적으로 큰 물의를 일으켰다. 즉 판사, 검사, 의사, 박사 등 이른바 '사'자가 붙은 사위를 보기 위해서는 열쇠 3개를 준비해야 한다 하여 '3k'라는 은어가 만들어졌는데, 세 가지 열쇠란 다름 아닌 아파트, 자동차, 사무

실 또는 병원의 열쇠를 뜻했다. 이렇게 천박한 풍조가 가져온 사회적 파급효과가 얼마나 컸던지 1984년 정부 당국은 국세청을 앞세워 단속에 나서기도 했다. 국세청은 호화혼수를 주고받는 사례가 적발될 경우 증여세를 철저히 물리도록 하겠다고 공언했던 것이다. 또한 사직 당국은 졸부들에게 '사'자 붙은 사윗감을 전문적으로 소개하고 거액을 챙긴 직업적 뚜쟁이 몇 명을 구속하기도 했다. 그러나 당국의 단속은 그후 흐지부지되었고, 혼수와 관련된 잡음은 그치지 않았다.

   1990년대 이후에도 과다혼수의 문제는 사라지지 않고 남아 심지어는 국제적인 이목을 끌기까지 하였는바, 2007년 3월 미국의 대표적 일간지 〈뉴욕타임스〉는 혼수 문제 때문에 파경에 이른 한국의 유명 탤런트 부부의 이혼 과정을 소개하는 장문의 기사를 실어 한국사회의 뒤틀린 혼수 문화를 꼬집었다. 그런데 이렇게 잘못된 혼수의 관행은 사회적 지탄의 대상이 되어 잠잠해지는 듯하더니, 최근에는 다시 전문직 남성들이 결혼할 예비 신부에게 수억 원대의 '결혼 지참금'을 요구하는 사례가 늘어나고 있다는 보도가 등장했다. 1980년대의 열쇠 3개가 최근에는 현금거래로 바뀐 셈이다. 특히 어려운 형편(개천)에서 출세했다는 뜻의 '개룡남'을 둔 집에선 한 번에 모든 것을 만회하겠다는 듯 노골적으로 거액의 현금을 요구하기도 한다는 것이다.(〈동아일보〉 2013년 6월 11일 기사 참고)

대비되는 인도와 중국의 결혼 풍습

오늘날 과다혼수가 사회문제로까지 인식되는 사회는 극히 드물다. 한국사회에서 보이는 과다혼수는 인류학에서 말하는 지참금(dowery)의 성격을 갖는 것이다. 전통적으로, 이른바 '지참금' 제도가 시행되었던 지역은 주로 유럽과 아시아의 몇몇 사회였다. 그런데 오늘날까지 그 제도가 널리 시행되고 있는 대표적인 사회는 인도이다. 인도에서는 아직도 지참금 제도가 살아 있으며, 지참금을 적게 가져온 부인을 학대하거나 심지어 살해하는 사건이 드물지 않게 발생하는 것으로 알려져 있다. 한 예로, 2014년 2월 2일 미국의 CNN 방송은 인도 동부 자르칸드 주(州)에서 지참금으로 시댁과 갈등을 빚던 여성이 딸과 함께 숨지는 방화사건이 발생해 용의자로 남편과 시부모가 경찰에 체포됐다고 보도했다. CNN 방송에 의하면 인도는 지참금을 법적으로는 금하고 있음에도, 인도에서 지참금 관련 살인으로 숨진 여성이 지난 2012년 한 해 동안에만 8233명에 달하였다는 사실을 지적하면서 문제의 심각성을 부각시켰다.

인도와 더불어 아시아의 양대 거국인 중국의 경우, 과거 산동지방 같은 곳에서도 지참금 제도가 있었던 것으로 인류학 문헌은 말해 준다. 그러나 현재는 그 자취를 찾아볼 수 없다. 차라리 오늘날의 중국에서는 결혼 비용에 관한 한 우리와는 정반대의 현상이 나타나고 있는바, 오히려 중국의 남자가 결혼할 때 거의 모든 신혼살림을 준비해야 한다.

중국은 과거 사회주의 시절 남자가 집 장만을 해야 하는 걱정이 없었다. 대신 일반 가재도구는 물론, 이른바 라오산따지엔(老三大件)이라는 자전거, 재봉틀, 시계를 남자가 마련해야 했다. 개혁·개방이 시작된 1990년대에는 여기에 다시 신산따지엔(新三大件)으로 불리는 텔레비전, 녹음기, 세탁기가 추가되었고, 최근에는 자동차가 추가되었다. 중국에서는 가전제품의 가격이 상대적으로 비싸기 때문에 신랑 측의 부담이 여간 큰 것이 아니다. 이에 더해 신랑은 '핑진'이라고 하여 장인, 장모 될 사람에게 상당한 액수의 현금까지도 지불해야 한다.

혹자는 이와 같은 현상이 중국은 여자가 귀하기 때문에 연유된 것이라고 말하기도 한다. 실제로 이상과 같은 관행이 등장한 1990년 중국의 제4차 인구센서스를 살펴보면 11억 인구 중 여성이 남성보다 무려

☞ 중국의 전통 결혼식 장면.

3600여만 명이나 부족한 것으로 나타난다. 그러나 한국의 경우에도 50세 미만의 모든 연령층에서는 여성보다 남성의 숫자가 훨씬 많았다. 그런데도 중국과는 달리 한국에서는 대체로 여성의 혼수 부담이 크다. 따라서 혼수나 지참금의 관행은 남녀의 성비(性比)가 결정 요인이라 할 수 없으며, 이를 설명하기 위해서는 여타의 다양한 사회, 경제적 요인 등을 다각적으로 검토하는 것이 필요하다.

신부대와 지참금

방대한 인류학적 자료를 바탕으로 결혼의 역사를 파헤친 스테파니 쿤츠(Stephanie Coontz)는 그의 저서 《진화하는 결혼(Marriage, A History)》에서 "18세기 말까지 전 세계 대부분의 사회는 결혼이 경제적인 면과 정치적인 면에서 너무나 중요한 제도이기 때문에 당사자 두 사람의 자유로운 선택에만 맡겨 둘 수는 없는 것으로 간주했다."고 지적한다. 그러므로 인류학적 관점에서 볼 때 결혼을 전후해 가족이라는 집단 사이에 이루어지는 선물 행위나 경제적 교환 등의 현상은 지극히 정상적인 것이다. 따라서 혼인 성립에 있어서 금품이나 노력(勞力)의 제공을 필요조건으로 하는 경우는 많은 사회에서 발견된다. 다만 그와 같은 경제적인 교환에서 보상을 받는 쪽은 거의 대부분이 신부 측이라는 사실에 유의할 필요가 있다.

세계 민족지(民族誌, 여러 민족의 생활양식 전반에 관한 내용을 해당 자료를

☞ 많은 사회에서 결혼은 남녀 간의 개인적인 결합이 아니라 사회적 집단 간의 결합의 뜻이 강하다. 케냐와 우간다에 걸쳐 살고 있는 카라마족의 결혼은 두 집안 간의 유대를 강화하는 것으로 생각되어 양가의 부모가 혼인을 결정한다. 사진은 결혼식장에 가기 싫어하는 신부를 가족들이 끌고 가는 장면.

수집하여 체계적으로 기술한 것) 자료체계를 완성한 인류학자 머독(George P. Murdoch)에 의하면, 결혼을 전후해 이루어지는 경제적 거래는 몇 가지 형태로 나누어진다. 그러한 거래에는 물론 상호 호혜적인 교환(reciprocal exchange)이 포함되지만, 가장 일반적인 형태는 신랑 측에서 일정량의 재물이나 돈을 지불하는 이른바 '신부대(bride price)'라고 지칭되는 관행이라고 한다. 신부대의 관행 다음으로는 남자가 결혼할 여자의 집에서 일정 기간 노동을 해 주는 제도인 '봉사혼(bridal service)'을 행하는 사회가 많다.

머독의 세계문화 표본 중 약 14퍼센트의 사회에 봉사혼의 관습이 있었다. 신부대나 봉사혼의 관습은 우리에게 퍽 생소한 것이다. 특히 신부대라는 명칭이 오해를 불러일으키기 쉽다. 그러나 그와 같은 관행은 여성의 가치를 높여 줌으로써 그 사회에서 여성의 지위를 보장해 주는 기능을 갖는다. 그렇다면 왜 신부 측에게 보상을 해 주는 것인가?

머독의 조사에 의하면 그와 같은 관행은 거의 예외 없이 결혼 후 여자가 신랑 측으로 옮겨 와 사는 사회에서 나타나는 것이다. 이는 신부대나 봉사혼이 혼인으로 인해 한 사람의 노동력과 출산력을 잃게 되는 신부 집에 대한 물질적인 보상의 성격을 띠고 있음을 말해 주고 있다. 그리고 신부 측에 제공된 재화는 다시 그 신부 집의 아들이 결혼할 때 다른 집으로 순환되게 되므로 사회적 재화의 성격을 갖는다.

신부대나 봉사혼과는 달리 신부 측에서 신랑이나 신랑의 가족에게 재물이나 현금을 지불하는 관습이 있는데, 이를 '지참금' 제도라 한다. 머독의 표본 중 오직 4퍼센트의 사회에서만 발견되는 이 관행은 주로 동남부 유럽의 일부 지역, 그리고 아시아 특히 인도 등지에서 나타났다. 이러한 지참금 제도가 있는 지역의 사회에서도 역시 결혼 후 신부가 신랑 측으로 옮겨 와 사는 경우가 대부분이었다. 그렇다면 신부대와 지참금 제도와 같이 서로 대립되는 관행을 우리는 어떻게 설명할 수 있을 것인가?

머독이 작성한 세계 민족지 표본에 의해 47퍼센트 이상의 사회에 있는 것으로 나타난 신부대 관행은 남태평양의 마누스(Manus)족, 필리핀의 수바눈(Subanun)족 등 광범위한 지역에 걸쳐 분포되어 있다. 특히 사하라 이남의 아프리카 지역에서 많이 발견된다. 이 지역은 호미와 굴봉(掘棒)을 사용하는 원시 농경사회가 발달한 지역이다. 그에 비해 지참금 제도가 실시되는 유럽 및 아시아 일부 지역의 사회들은 모두 쟁기와 관개시설을 이용하는 집약적 농업이 발전되었다. 바로 이와 같은 사실에 착안해 경제학자 겸 인류학자인 보스럽(Ester Boserup)은 신부대와 지참금 제도의 발생에 관해 다음과 같은 설명했다.

사하라 이남의 아프리카 지역은 '여성 농업체계'라고 할 수 있는 지역이다. 이와 같은 체계는 원시 농경을 위주로 하는 것을 뜻한다. 쟁기를 사용하지 않는 원시 농업사회에서는 대부분의 농사일을 여성이 하기 때문에 여성의 노동력이 매우 중요시된다. 그러므로 여성들이 비교적 경제적인 권리와 독립을 확보하기가 용이하고, 따라서 남성은 부양의 책임을 전적으로 지는 것으로부터 자유로울 수 있다. 이러한 사회에서 형성된 일부다처(一夫多妻)제도에서는 여성들은 남편으로부터 독립된 지위와 가계를 유지하며, 지위도 낮지 않다. 사하라 이남의 아프리카 지역에서 일부다처제의 발생률이 높게 나타나는 한편, 신부대를 치르는 관습이 광범위하게 관찰되는 이유를 보스럽은 이러한 사회·경제적 맥락에서 찾는다.

한편, 원시 농경과는 달리 쟁기를 사용하는 집약적 농업에서는 무거운 쟁기를 능수능란하게 다루고, 관개시설의 구축 같은 힘든 작업을 수행해야 한다. 그런데 그러한 힘든 농사일은 여성이 담당하기가 어려워 모두 남성의 몫이 된다. 역사적으로 이러한 변화로 말미암아 여성은 가장 중요한 생산 활동인 농업에 참여하는 기회가 크게 줄어 경제적으로 남성에게 의존할 수밖에 없는 존재로 전락하였다. 결과적으로 집약농업사회에서 남성은 부인과 자녀를 양육할 책임을 전적으로 떠

안게 된 것이다. 이러한 맥락에서 여성은 '경제적 부담'이라는 인식이 싹트기 시작했으며, 전체 사회구조 속에서 여성의 지위가 낮아지면서 일부 사회에서 지참금 제도가 발생하게 되었다.

보스럽의 이론을 보완한 마빈 해리스는 신부대의 관행은 개간되지 않은 토지가 충분히 남아 있고, 거기에 노동력을 투입해 생산을 증대시킬 수 있는 여지가 있는 사회에서 발생했을 것으로 보았다. 왜냐하면 그와 같은 사회에서는 여성의 노동력과 출산력이 각 사회집단의 이익을 위해 매우 중요한 요인으로 인식되었을 것이기 때문이다.

그에 반해 한 사회의 생산과 농토 확장이 한계에 도달했을 경우는 부인을 포함한 모든 새로운 식구가 경제적 부담으로 여겨졌을 것이다. 지참금 제도는 이상과 같은 상황에 더하여 전반적으로 낮아진 여성의 지위가 상호작용하면서 일부 사회에서 형성되었다는 것이 마빈 해리스의 설명이다. 실제로 지참금 제도가 실시되는 사회에서 여성의 지위는 매우 낮은 것으로 나타났다.

한 가지 특기할 만한 사항은 신부대의 경우 제공되는 재물이나 현금의 양이 사회적으로 일정량 정해져 있는 반면, 지참금의 액수나 양은 신랑의 지위나 능력에 따라 크게 달라진다는 점이다. 이는 신부대가 혼인을 매개로 하여 사회적으로 환류(還流)되는 공공재의 성격을 갖는데 반해, 지참금 제도는 재화의 일방적인 흐름으로 인해 사회적 불평등을 심화시키는 요인으로 작용할 수도 있음을 암시해 준다. 한국사회의 잘못된 과다혼수의 관행은 일부 부유층에서 사실상 판·검사나 의사 따위의 지위가 높은 사위에게 재화를 일방적으로 제공한다는 점에서 사회적 불평등을 심화시키는 메커니즘의 한 보기가 될 수 있다.

가사노동의 재평가

결혼의 형태는 사회마다 다르게 나타나고 있다. 하지만 모든 사회가
결혼이라고 간주될 만한 관습을 가지게 된 근본적인 이유는 바로 남녀
간의 성적 결합과 노동 분담이 불가피하기 때문이다. 성(性)에 기초한
남녀의 노동 분화는 이미 수렵·채집 시대에 나타나기 시작했고 그것
이 역사의 변천에 따라 내용에 변화는 있었지만 기본적인 틀은 계속
유지되었다.

　오늘날 후기 산업사회와 정보사회로의 이행 과정을 겪으며 한국사
회에서도 여성의 사회 진출이 급속히 확대됨으로써 결혼의 형태와 가
족구조에 변화가 시작되고 있다. 그러나 제도적 변화에 대한 구조적
압박이 존재함에도 불구하고 여전히 우리의 의식구조는 그러한 변화
를 뒤따라가지 못하고 있는 형편이다. 한국사회에서 여성차별은 사회
곳곳에 여전히 존재하며, 많은 사람들은 아직도 결혼 후 여성은 가정
에 남아 출산과 육아를 담당하고 가사노동에 전념하는 것을 당연하게
여긴다. 여기서 문제가 되는 것은 남성의 대외적인 노동은 사회적 생
산노동으로 간주되어 물질적인 보상이 주어지지만, 여성의 가사노동
은 사적(私的)인 일로 치부되어 노동에 대한 물질적 보상이 주어지지
않는다는 사실이다. 더구나 여성의 사회노동 참여가 늘어나면서도 가

사노동은 그대로 여성의 몫으로 남아 있게 되어 여성의 노동 부담이 이중으로 늘어난 감이 없지 않다. 이처럼 여성의 노동이 과중된 예는, 대부분의 맞벌이 부부가 식사, 세탁, 육아 등의 가사노동을 전적으로 여성의 몫으로 생각하는 경우에서 찾아볼 수 있다. 한국의 많은 여성들이 결혼 후 여전히 가사노동에 매달려 자신을 희생하는 삶을 살아간다는 점을 생각하면 여성들이 혼인 시 과중한 혼수 문제에 시달린다는 것은 참으로 공평치 못하다. 여기서 우리는 가사노동의 경제적 가치를 따져 볼 필요를 느낀다.

여성노동의 가치가 남성 위주의 사회에서 무시되어 왔다는 주장은 1970년대 이후 일단의 여성주의자들에 의해 꾸준히 제기되어 왔다. 그들은 특히 남성 위주의 학계(學界)에서 그동안 생산(production)에만 초점을 맞춰 온 사실을 지적하면서, 정작 사회의 존립이 가능한 이유는 사회적 성원을 재생산(reproduction)해 내는 출산과 육아를 여성이 담당하기 때문이라는 점을 강조했다. 이러한 관점이 특히 명료하게 반영된 대표적인 저술이 2012년 실비아 페데리치(Silvia Federici)가 펴낸 《혁명의 영점: 가사노동, 재생산, 여성주의 투쟁사(Revolution at Point Zero: Housework, Reproduction and Feminist Struggle)》이다.

이 책에서 페데리치는 인류 생존의 틀을 마련했던 '돌봄'과 '재생산' 등 여성이 지닌 장점이, 관개농업과 산업화의 과정을 거치며 힘과 자본의 논리가 지배하는 부계사회가 등장하면서 점차 무가치한 것으로 전락해 온 사실을 지적하고 있다. 페데리치는 여성이 주로 담당해 온 '돌봄 노동'과 '재생산 노동'을 노동과 시장, 자본 축적의 근간을 이루는 활동으로 간주한다. 가정은 분명 사회구성원들이 일터로 나가기 위한 재충전의 장소요, 쉼의 장소이다. 왜냐하면 '돌봄 노동'과 '재생산 노동', 즉 환자를 돌보는 일이나 임신, 육아, 살림을 도와주는 일 등은 인간의 몸과 마음을 재충전시키기 때문이다. 그럼에도, 여성의 가사노동은 그 가치를 제대로 인정받지 못하고 공장에서 물건을 생산하는 일보다 싼 노동의 대가를 받는다.

페데리치는 그 이유로 자본주의의 발전 과정에서 노동계급 사이에 조장되는 분열에 주목한다. 그리고 페데리치는 성차별을 이러한 분열의 대표적인 형태로 본다. 성차별은 단순히 허위의식의 산물이 아니라, 부불(不拂, 노동의 대가를 지불하지 않는 노동) 가사노동을 착취하기 위해 노동계급을 규제하고 분할하는 방식인 것이다. 그에 따르면 자본주의는 노동력 재생산을 위해 막대한 부불 가사노동에 의존해야 하지만, 동시에 노동력 비용을 줄이기 위해 이런 재생산 활동을 평가절하 해야 했다. 이에 등장한 것이 가사노동을 마치 여성의 본성에서 기인한 것처럼 여기는 사회적 담론이다. 만일 여성의 가사노동이 타고난 기질에 연유한다면 그것은 단순한 하나의 자연현상인 것이다. 그렇게 하여 가사노동은 우리의 사회적 시야에서 사라졌고, 가사노동은 재생산 노동이 아니라 공장과 회사의 바깥인 가정에서 '사랑'의 이름으로 이루어지는 개인적인 서비스가 되었다.

이런 점에서 페데리치는 여성운동이 당면한 시급한 과제는 허위의식에 덮여 감추어져 있는 가사노동에 대한 착취를 드러냄과 동시에, 가사노동을 사회적 노동의 영역 안으로 끌어내는 일이라고 보았다. 그래서 그는 '가사노동에 내재한 모순'이야말로 사회적 혁명에 불을 지필 수 있는 폭발의 임계점, 즉 영점(point zero)이라고 진단한다. 책 제목 '혁명의 영점'은 바로 그러한 그의 관점을 반영한 것이다. 만일 우리가 페데리치의 견해, 즉 자본 축적을 위해서, 또는 더 나아가 새로운 사회의 건설을 위해서는 재생산 노동에 대한 정당한 재평가가 필수적이라는 사실을 받아들인다면 여성의 가사노동에 대한 인식의 변화는 실로 매우 중요한 사회적 아젠다(agenda)가 아닐 수 없다. 페데리치의 주장처럼, 재생산 노동을 멈추면, 결국 자본주의도 멈출 것이다. 그러나 우리가 재생산 노동을 새롭게 조직하면 진정 새로운 사회가 시작될지도 모른다.

보신탕의 문화적 의미

우리나라에는 복날에 개를 잡아 푹 끓여 먹는 풍속이 있다. 복날이 있
는 7월과 8월은 절기 중 가장 더운 때여서 땀을 많이 흘리므로 몸이 허
해지기 쉽다. 그래서 복날에 먹는 개장국은 몸을 보해 준다고 하여 일
명 보신탕(補身湯)이라고 한다.

　보신탕을 즐겨 먹는 관습은 과거 농업을 위주로 하던 시절 동물성 단
백질을 충분히 섭취하기 어려웠던 사실과 관계있는 것으로 보인다. 당
시의 환경조건에서는 소와 같은 가축을 대량으로 사육하는 것이 어려
웠기 때문에 일반 서민들이 소고기를 마음 놓고 식탁에 올리기는 불가
능했다. 비교적 쉽게 구할 수 있던 닭, 돼지 또는 개와 같은 가축을 잡
아 육류를 섭취했을 것이다. 사실 이러한 육류도 흔한 것이 아니어서
귀한 손님이라도 맞을라치면 기껏 씨암탉 정도를 잡는 것이 보통이
었다. 그래서 한국의 전통음식은 우리의 자연이 베푸는 갖가지 나물과
채소 등을 이용한 음식이 주류를 이루었다. 여름철에는 특히 부족하기

쉬운 단백질을 섭취하기 위해 삼계탕과 보신탕을 즐겨 먹는 관습이 자리 잡게 되었던 것으로 보인다.

그러한 보신탕이 올림픽을 치르면서 한때 '혐오식품'이라 하여 수난을 당했다. 영국과 프랑스의 일부 무지한 동물애호가들이 한국에서는 개를 잡아먹는다며 항의를 하고 나선 바람에, 당황한 정부 당국은 이에 의연히 대처하지 못하고 도심의 보신탕집을 폐쇄하고 간판을 바꿔 달게 하는 등의 촌극을 연출한 것이다.

도대체 혐오식품이란 무엇인가? 그것은 사회와 문화에 따라 다르게 나타난다. 프랑스에서 최고급으로 치는 달팽이 요리도 한국인에게는 징그러운 음식일 수 있다. 서양인은 말고기를 먹으며, 미국의 개밥 통조림 역시 말고기를 사용하고 있다. 말을 잡아 개를 먹이는 셈인데, 이를 알게 되면 혐오감을 느끼는 사람이 있을 것이다.

인도의 힌두교도는 암소 숭배의 전통 때문에 소고기를 먹지 않는다. 그렇다고 인도의 힌두교도들이 미국의 높은 소고기 소비량에 대해 항의를 한다고 해서 미국 정부가 '스테이크 하우스'의 문을 닫게 하지는 않을 것이다. 여기서 우리는 나라마다 독특한 음식문화가 있고, 그와 같은 음식문화의 전통이 뿌리를 내린 이유가 나름대로 있다는 점에 유의할 필요가 있다.

문화의 수수께끼

한 사회에서 무엇은 먹되 무엇은 먹지 않는다는 관습은 그 사회의 자연환경과 문화의 특수성에 기인하는 것이다. 사회마다 환경과 문화가 다르기 때문에 우리는 다른 나라의 음식이나 식사 습관이 기이하고 심지어 신비스럽게까지 느껴지는 경우를 접하게 된다. 굶어 죽을지언정 소고기 먹는 것을 거부하는 인도의 힌두교도나 돼지고기를 싫어하는 유태인과 회교도가 좋은 예다. 얼핏 보아 비합리적일 뿐만 아니라 설명이 불가능한 것처럼 보이는 이런 관습이 어떻게 이해될 수 있을 것인가?

이 같은 질문에 인류학자 마빈 해리스는 퍽 흥미로운 해답을 제시해 주고 있다. 그는 문화현상을 설명하는 데 기술·환경 결정론을 주장한 인류학자로 널리 알려져 있다. 그는 아주 기이하게 보이는 신앙이나 관행들이라 해도 면밀히 검토해 보면 평범하고 통속적이라고까지 할 수 있는 요인들에 근거를 두고 있다고 확신했으며, 그러한 현상을 설명하는 데는 환경, 기술, 인구, 조직의 네 변수를 고려해야 한다는 이론을 발전시켰다.

많은 사람들은 힌두교도가 소고기를 먹지 않고, 유태인과 회교도가 돼지고기를 기피하는 현상을 단순히 종교적인 가르침에 기인하는 것으로 간주해 버린다. 그런데 이와 같이 모든 것을 신의 뜻으로 돌리는 설명 방식은 고대 그리스인들에게 천둥이 왜 울리느냐고 물었을 때 그 것은 제우스 신이 번개를 하늘에 던지기 때문이라고 대답하는 것과 다를 바 없다.

그는 바로 그와 같은 설명 방식을 거부하면서 수수께끼와 같은 현상들도 분석해 보면 합리적인 설명이 가능하다는 것을 입증하려고 했다. 이러한 문제를 다룬 그의 대표적인 저서가 《문화의 수수께끼(Cows, Pigs, Wars, and Witches: The Riddles of Culture)》이다. 그 내용의 일부를 소개하면 다음과 같다.

소를 숭배하는 인도

살이 찐 암소 옆에서 누더기 차림의 농부가 굶주려 죽어 가고 있는 인도의 사진은, 보는 사람으로 하여금 신비감마저 느끼게 한다. 그것은 특히 서양인으로서는 이해할 수 없는, 신비한 정신문화의 전통이 강한 동양인에게서나 가능한 행동처럼 비친다.

이러한 사진이 보여 주는 패러독스는 물론 힌두교와 관련이 있다. 힌두교에서 암소는 모든 살아 있는 것들의 상징이기 때문에 힌두교도는 암소를 숭배하며, 따라서 암소를 죽이는 일보다 더 큰 신성모독이 없다. 문제는 이와 같은 종교적 금기가 왜 생겨났는지를 합리적으로 설명할 수 있는가 하는 점이다.

마빈 해리스에 의하면 인도의 암소 숭배는 인도의 환경 및 소규모 농업경제와 적합성을 갖는 관행이라는 것이다. 쉽게 표현하면 인도의 환경 및 소규모 농업경제의 조건에서는 소를 잡아 먹어치우는 것보다 놓아두는 것이 더욱 경제적이며, 나아가 생태계의 균형을 유지하는 데 긍정적으로 작용한다는 것이 그의 이론의 골격이다.

먹여 살려야 하는 인구가 많은 인도 사회에서 소는 경제적, 생태학적 측면에서 매우 중요한 역할을 수행한다. 무엇보다도 소의 주 사료는 인간이 직접 먹을 수 없는 볏짚, 겨, 풀 등이다. 심지어 쓰레기와 인분까지 소가 먹어치운다. 보다 구체적으로 말하면 전체 인도 소의 사료 가운데 식용작물이 차지하는 비율은 20퍼센트에 지나지 않는다. 그런데 그러한 사료를 먹는 인도의 소들은 놀랄 만큼 많은 양의 우유와 노동력 및 열에너지를 제공해 준다. 인도의 암소들은 끊임없는 우유의 공급원이며 수소는 수명이 다하는 날까지 쟁기를 끌고 짐을 나르는 일

☞ 인도에서는 소를 신처럼 여겨, 소 숭배 돌상도 만들어진다.

☞ 인도 콜카타의 빈민가
를 누비고 다니는 소의 모
습.

을 한다.

인도의 농업은 저(低)에너지, 소규모, 그리고 가축의 노동력을 바탕
으로 한 체계이다. 이와 같은 시스템에서는 암소와 수소가 산업사회
농업에서의 트랙터와 비료·연료 생산공장의 대체물 역할을 해 준다.
특히 이 가축들은 산업사회처럼 고에너지 시스템에서의 석유화학공
업과 같은 기능을 하고 있는 것이다.

　인도의 암소는 매년 7억 톤의 분뇨를 배설한다. 이 배설량의 약 반 정도는 비료로 사용되고, 나머지의 대부분은 연료로 사용된다. 이 쇠똥이 방출하는 연간 총 열량은 2700만 톤의 등유, 3500만 톤의 석탄, 6800만 그루의 땔감용 나무의 열량에 해당된다. 인도의 석유와 석탄 보유량은 극히 적기 때문에 사실상 석유와 석탄으로 쇠똥을 대신할 수가 없는 실정이다.

또한 그의 계산에 따르면, 인도에는 쟁기를 끄는 가축이 8000만 마리 정도 있는데 아직도 4000만 마리 정도가 더 있어야 한다고 한다. 그러므로 만일 인도의 농부가 주기적으로 찾아오는 가뭄과 기아를 겪는 동안 소를 잡아먹고 싶은 유혹에 굴복해 버린다면, 가뭄에서 살아남는다 하더라도 결국 자기 무덤을 스스로 파는 결과가 초래된다. 소를 잡아먹는다면 몬순 기후가 찾아와도 더는 토지를 경작할 수 없기 때문이다.

수소를 새로 마련할 수 없는 인도의 농부는 고장 난 트랙터를 대체할 능력이 없는 미국의 농부에 비유할 수 있을 것이다. 그러나 인도와 미국의 상황 간에는 중요한 차이점이 있다. 트랙터는 공장에서 금방 생산할 수 있지만 수소는 암소가 낳을 뿐만 아니라 클 때까지 기다려야 한다. 암소 숭배와 관계없이 이러한 이유 때문에 암소를 도살장에 넘기지 못하는 타당한 논리가 성립하게 된다.

여하튼 기아를 겪는 동안 소를 대량 도살할 경우, 인도의 생태계에서 소가 지니는 여러 특장(特長)들을 고려했을 때, 그것은 경제적인 관점에서 보더라도 매우 불행한 결과를 초래하게 될 것이 뻔하다. 그러므로 인도 힌두교의 암소 숭배 교리는 인도 농부들이 눈앞의 이익에 현혹되지 않게 해 주는 기능을 하고 있음이 명백해진다.

돼지고기 안 먹는 중동

《성서》와《코란》의 가르침에 따라 유태인과 회교도는 돼지고기를 먹지 않는다. 야훼나 알라와 같은 신들이 인류의 대다수가 즐겨 먹는 이 동물을 금기로 정한 까닭은 무엇일까?

《성서》에 의하면 "돼지는 불결한 동물이기 때문에 이를 먹거나 손을 대면 부정하게 된다."고 쓰여 있다. 그러나 외관이 불결한 것을 종교적 혐오감과 연관시키는 데는 무리가 따른다. 좁은 우리 안에서 키울 경우, 소도 자기의 오물과 배설물 속에서 뒹군다. 그리고 굶주리게 되면 소도 사람의 배설물을 맛있게 먹는다. 개나 닭도 그렇지만, 여기에 대해 놀라워하는 사람은 없다.

돼지 금기의 원인을 마빈 해리스는 돼지 사육이 중동지방의 기본적인 문화와 생태계의 조화된 통합성을 깨뜨리는 위협적인 요소로 작용했기 때문이라고 보았다. 기원전 히브리인들이 살았던 메소포타미아의 강가 계곡과 이집트의 중간 지대는 토지가 척박하고 인구가 희박한 건조지대였다. 그들은 기본적으로 유목민이었으며 오아시스와 큰 강을 낀 지역의 농경민들과 교류하는 과정에서 목축과 농업이 혼합된 복합적인 경제형태를 발전시켰다.

반정착(半定着) 취락 농경인들에게 돼지의 사육은 부담스러운 일이었으며, 특히 유목 이스라엘인들은 그들의 척박한 거주지역에서 돼지를 기를 엄두도 낼 수 없었다. 돼지는 원래 숲지대와 그늘진 강둑에서 사는 동물이기 때문에 건조한 평원과 구릉들로 이루어진 지역의 목축민들이 돼지를 대량으로 사육한다는 것은 불가능한 일이다.

그리고 섬유소가 주성분인 풀, 나뭇잎 등을 소화시킬 수 있는 소, 양, 염소 등과는 달리 돼지는 섬유소 형성도가 낮은 나무 열매, 과일, 식물 뿌리, 그리고 곡식을 주로 먹기 때문에 식량을 놓고 인간과 직접 경쟁하는 경쟁자이기도 하다. 따라서 유목민치고 돼지를 많이 기르는 종족은 이 지구상 어디에도 없다.

돼지는 또한 네게브나 요르단 계곡 등 《성서》와 《코란》에 나오는 여러 지방의 덥고 건조한 기후에는 신체 구조적으로 잘 견뎌 내지 못한다. 돼지는 소, 양, 염소와 비교해 볼 때 체온을 잘 조절하지 못한다. 그러므로 돼지는 깨끗한 진흙 속에 뒹굴어 체온을 조절한다. 깨끗한 진흙이 없을 경우에는 자기의 배설물로라도 피부를 축축하게 한다. 섭씨 29도 이하일 경우, 돼지는 우리 안의 잠자리와 식사하는 자리에는 배설하지 않는다. 그러나 기온이 섭씨 29도를 넘어가면 어디나 가리지 않고 배설을 한다. 따라서 돼지가 원래부터 불결한 동물이라는 견해는 옳지 못하다.

중동에서 양과 염소가 가축화된 것은 기원전 9000년경부터였고, 돼지는 이보다 2000년 늦게 가축으로 사육되었다. 그러나 고고학적 유적에서 발굴된 짐승의 뼈를 분석해 보면 돼지는 사육된 동물의 5퍼센트 미만에 머물고 있다. 이는 돼지의 사육이 이 지역에서는 매우 힘들었음과 동시에 돼지고기가 귀한 음식이었음을 말해 주고 있다.

여기서 한 가지 더 지적할 수 있는 사실은 산업사회가 등장하기 이전까지는 고기만을 위해 가축을 사육하는 것은 사치스러운 일로 생각되었다는 점이다. 다시 말해 산업화 이전의 목축민들은 고기만을 위해 가축을 사육하지는 않았다. 고대 중동지역의 목축·농경 혼합체계의 사회에서는 가축들이 젖, 치즈, 단백질 공급의 주 원천으로, 그리고 쟁기를 끄는 가축으로 그 근본 가치를 인정받았다. 돼지는 곡식을 먹고, 살코기만을 제공하기 때문에 중동지방에서는 처음부터 돼지고기가 대단히 사치스러운 식품이 될 수밖에 없었다.

그런데 기원전 7000년에서 기원전 2000년에 이르는 동안 중동의 인구는 거의 60배로 증가했고, 그에 따라 삼림은 점점 더 많이 벌채되었다. 그 결과 돼지고기는 더욱 사치스러운 식품으로 변했다. 그늘 및 물과 같은 돼지 사육에 필요한 자연조건은 점차 사라지고, 이로 말미암아 중동지역에서 돼지를 사육한다는 것이 생태학적·경제적으로 더욱 어려워졌다.

이러한 논의를 배경으로 마빈 해리스는 다음과 같은 결론을 내렸다. 소고기를 못 먹게 한 금기에서와 마찬가지로, 돼지고기를 먹고 싶어 하는 유혹이 크면 클수록 종교적 금기 조치의 필요성은 더욱 커진다는 것이 그것이다.

우리 돔엔 우리 것이

이상에서 살펴본 바와 같이 한 사회에서 무엇은 먹되 무엇은 먹지 않는다는 관행은 그 나라의 환경 및 문화적 적응과 관련이 있는 것이다.

우리의 전통 음식문화 역시 예외는 아니어서, 그것은 우리의 풍토와 문화체계에 걸맞은 합리성을 바탕으로 형성되어 온 것이다.

그런데 근래에 들어와서 우리의 음식문화는 커다란 변화의 압력에 직면하고 있다. 시장개방 압력과 더불어 외국의 음식문화가 쏟아져 들어오고, 이제 자라나는 아이들은 햄버거나 피자 등을 더욱 즐겨 먹게 되었다. 햄버거와 피자는 소고기와 치즈, 즉 소를 대량으로 사육하는 사회에서 발달한 음식들이다.

서양의 식단이 세계로 퍼져 나가면서 요즈음은 마치 소고기의 소비량이 한 나라의 식생활 수준을 말해 주는 척도인 양 말하기도 한다. 그래서인지는 몰라도 정부가 발표한 생활지표 통계에는 소고기의 소비량 증가가 반드시 포함되어 있다. 확실히 우리의 소고기 소비량은 경제성장에 발맞추어 꾸준히 증가했으며, 소고기 시장개방 압력 등을 고려한다면 소고기의 소비는 앞으로도 계속 증가할 전망이다.

문제는 소고기의 생산이 우리나라의 여건상 매우 사치스러운 일이라는 사실이다. 우리나라는 미국이나 호주와 같이 광활한 국토를 가진 것도 아니고, 미국식 기업농 체제로 바꾸어 가는 것도 꼭 바람직스럽지는 않다.

예컨대 미국의 기업농 체제하에서 소고기의 생산은 엄청난 양의 에너지를 필요로 하며 수확된 곡물의 4분의3이 가축의 사료로 사용되고 있다. 거기에 더해 지나친 화학비료의 사용으로 소의 분뇨는 전혀 쓸모없이 폐기되며, 그 폐기된 분뇨는 다시 지하수와 근처 호수나 강을 오염시키고 있다. 이는 확실히 여러 가지 측면에서 낭비적이다.

실제로 마빈 해리스에 의하면 산업화된 국가에서 누리는 높은 생활 수준은 높은 생산효율성의 결과가 아니고, 1인당 사용 가능한 (때로는 낭비적인) 에너지양이 급격히 증가된 때문이라고 한다. 지구의 자원고갈과 환경오염 문제를 생각했을 때 현재와 같은 산업사회의 체계는 분명 한계가 있다. 그래서 21세기에는 소비와 낭비를 줄이는 새로운 사회체계의 출현이 예측되고 있는 것이다.

우리나라는 국토가 좁고 자원이 부족한 반면 인구밀도는 높은 나라다. 만일 우리가 지나치게 낭비적인 식생활 유형을 별생각 없이 받아들이게 된다면 그 결과는 생각보다 훨씬 심각한 파장을 몰고 올 것이다. 자유무역협정으로 인한 농수산물 개방 압력이 절정에 달한 이때에 우리 조상들이 말한 '신토불이(身土不二)'의 가르침을 되새겨 보는 이유가 바로 여기에 있다.

4장

다른 문화,
우리를 보는 거울

1 동양과 서양의
만남

두 개의 서로 다른 전통

노스럽(Filmer S. C. Northrop)이 1946년에 펴낸 《동양과 서양의 만남 (The Meeting of East and West: An Inquiry Concerning World Under-standing)》이라는 책은 동·서양 문화의 비교에 관심 있는 사람이라면 한 번쯤 읽어 볼 만한 책이다. '만남'은 서로 멀리 떨어져 있음을 전제로 하는 것. 노스럽이 동양과 서양 문화의 근본적 차이를 논한 그의 저서 제목에 굳이 '만남'이라는 말을 붙인 이유는 본질적으로 서로 다른 두 개의 문화권 사이에 이해(理解)의 다리를 놓겠다는 희망을 나타낸 것이었으리라.

동양과 서양은 오랫동안 서로 격리되어 있었기 때문에 동·서양의 만남은 극히 최근까지도 놀라움과 몰이해와 갈등으로 점철된 역사를 만들어 냈다. 마르코 폴로(Marco Polo)가 발견한 중국은 '경이'의 대상이었으나 페리 제독(Mattew C. Perry)이 만난 일본은 남녀가 함께 목욕하는 '야만'의 모습으로 격하되었다. 페리 제독 이후 미국을 처음 방문한 일본인은 백주대로에서 키스하는 미국인들의 무도덕함에 경악을 금치 못했으며, 중국 역시 전통적으로 서양을 '야만'의 한 형태로 간주했다.

19세기에 이르러 서구 열강의 제국주의적 팽창은 동양에게는 커다란 충격이었으며, 과학기술에 뒤진 동양의 자존심은 크게 유린되었다. 19세기 말 이후 동·서양의 만남은 '동도서기(東道西器)', 즉 동양의 정신과 서양의 기술이라는 구분으로 곧잘 합리화되었으나 서구적 과학기술은 오늘에 이르기까지 동양에 압도적인 영향을 미치고 있다. 그래서 이제 외형상으로 동양과 서양은 많이 닮아지게 되었다.

그럼에도 불구하고 동양과 서양 간의 진정한 만남은 아직도 이루어지지 않았다. 왜냐하면 사고방식과 행동양식의 차이가 크기 때문이다. 쌍방 간의 다양한 교류에서 나타나는 문화적 소통의 어려움이 이를 잘 말해 준다. 전통이 서로 다른 나라끼리 교류를 할 때는 먼저 상대를 이해하려는 노력을 해야 함이 상식일 것이다. 이는 물론 서로의 근본적인 차이점이 무엇인가를 알아야 함을 뜻한다.

그렇다면 동양과 서양의 근본적인 차이점은 과연 무엇인가? 동양과 서양이 다르다는 말은 동양과 서양의 사회가 다르다는 말이고, 이는 다시 쌍방 사회의 사람들 즉 동양인과 서양인의 사고방식과 행동양식이 다르다는 말이 된다. 이와 같은 문제에 접근하는 방식은 여러 가지 방법이 있지만 중국이나 미국과 같은 사회를 선정해 비교해 보는 것도 하나의 방법이 될 수 있을 것이다. 물론 이는 문화의 비교연구를 담당하고 있는 인류학자들의 몫이 된다.

중국의 확대가족, 미국의 핵가족

프란시스 슈(Francis Hsu)라는 인류학자에 의하면 중국인과 미국인은 사회생활을 영위해 나가는 데 기본이 되는 생각, 태도, 그리고 지향과 관련해 근본적인 차이점을 보인다고 한다. 예컨대 중국인의 경우 개인이 집단으로부터 미분화(未分化)되어 있다는 점에서 집단주의적 성향이 강하고, 미국인은 사회관계에서 개인주의적 성향을 강조한다.

중국인은 인간관계를 위계적 질서로 파악하고, 의무를 강조하며, 사회관계에서 수동적 성향을 보이고, 타인과의 연대성을 중시한다. 반면 미국인은 인간관계를 수평적 질서로 파악하고, 권리를 강조하며, 사회관계에서 적극적 성향을 보이고, 개인의 자율성을 중시한다.

이와 같은 차이점을 프란시스 슈는 근본적인 것으로 간주하면서 그것을 각각 '상황중심적 생활방식'과 '개인중심적 생활방식'이라고 정의 내렸다. 이를 다른 말로 표현하면, 중국사회 내지 동양사회에서는 개인의 집단 내 위치나 행위가 중요성을 갖는 반면, 미국사회 내지 서양사회에서는 개인 자신에 초점이 맞추어져 있는 것이 근본적으로 다른 점이라는 것이다.

그렇다면 이와 같은 차이는 어디에서 연유되는 것인가? 프란시스 슈는 논의의 출발을 가족과 친족제도의 상이점을 검토하는 것으로 시작하고 있다.

두 사회에서의 가족생활을 비교해 보면 우리는 매우 흥미로운 차이를 발견하게 된다. 중국의 가정집은 높은 담과 대문으로 둘러싸여 바깥 세계와 집 안과의 구분이 뚜렷하다. 그러나 집 안에서는 가족 성원 개인이 자기의 생활을 영위할 수 있는 개인 방은 없다.

미국의 가옥은 담이 없거나 형식적인 울타리뿐이어서 가정과 외부 세계와의 구분이 없는 반면, 가옥 구조는 가족 성원 모두가 개인 방을 갖도록 되어 있어 사생활이 강조된다. 사실 미국에서는 갓 태어난 아이도 별개의 요람이나 침대에서 혼자 자도록 하는 것이 상식으로 되어 있고, 중국에서는 아이가 부모와 같이 자고 생활하는 것이 바람직한 것으로 여겨지고 있다. 따라서 중국 가정에서는 미국과는 달리 가족 성원의 사생활이 거의 무시되고 있는 것이다.

그러므로 미국 어린이가 자라는 주위 환경은 가정에서의 개개인 간의 구분이 뚜렷한 반면, 가족을 한 단위로 파악해 외부 세계와 분리시키는 경계는 결여되어 있는 셈이다. 중국 아이가 자라는 환경은 그와 정반대이다.

미국사회에서는 친족이 중요시되지 않는다. 그러나 중국의 가족은 친족이라고 하는 보다 큰 사회 단위의 구성부분으로 파악되기 때문에 미국의 그것처럼 고립되어 있는 단위가 아니다. 따라서 중국 아이는 가족 성원 이외에도 다른 친족들과 끊임없이 접촉하며 자란다. 반면 미국의 어린이는 친족 성원들과 거의 접촉 없이 자란다. 미국사회에서는 부모가 어린이를 통제하는 유일한 사람들이며 아이와 친족 성원 간의 관계는 개인의 선택에 의해 크게 좌우된다.

그러한 점에서 중국 어린이는 어려서부터 이 세상을 복잡한 인간관계의 망으로 파악하게끔 여건이 조성되어 있다고 볼 수 있다. 중국 아이는 부모에게만 복종해야 하는 것이 아니라 집단의 다른 어른들에게도 복종해야 하고, 친족관계는 태어날 때 이미 결정되는 혈연관계이기 때문에 개인에게 주어진 선택의 여지가 극히 적다.

중국과 미국의 가족은 또한 가장 중요시하는 가족관계가 다르다는 차이점을 갖는다. 중국에서 가장 중시되는 가족관계는 부(父)-자(子) 관계인 데 반해, 미국 가족에서는 부(夫)-부(婦) 관계가 우선적으로 강조된다. 동양사회에서 부자 관계가 중시되는 이유는 가계의 계승 및 조상숭배 등과 관련된 부계(父系) 친족집단이 갖는 성격 때문이다. 이같은 부계가족에서의 부자 관계는 혈연에 바탕을 둔 영속적인 관계임과 동시에 위계적 서열관계인 것이다.

미국의 친족은 양계(兩系)의 원리를 따르고, 그와 같은 사회에서 혈연집단의 성격은 부계사회와는 크게 다르다. 그러므로 미국의 가족은 영속적인 혈연관계망과의 연대가 극히 미약하다. 따라서 자연히 가족에서 중심이 되는 관계는 부부 관계가 된다. 그런데 부부 관계는 혈연관계와는 달리 계약관계이기 때문에 그것은 개인적 선택에 의해 결정되고 동시에 언제라도 이혼 등에 의해 파기될 수 있는 관계이다. 그 결과 미국에서는 심지어 가족관계까지도 가변적인 것으로 받아들여 개인의 조정에 맡김으로써 타인과의 관계는 항상 상호간의 적응을 요구한다. 때문에 모든 사회관계에는 언제나 불확실성이 뒤따르게 된다.

미국의 부모는 자녀를 기르는 사회화 과정에서 개인의 의사 중시와 독립성을 기르는 교육을 중요시한다. 그리고 어린이의 세계와 어른의 세계를 구분해 어린이가 가족의 문제에 일찍 노출되지 않도록 노력

☞ 중국의 확대가족.

☞ 미국의 핵가족.

한다. 미국의 어린이와는 달리 중국의 아이는 부모 또는 성인의 세계를 일찍 접하고 이해하게 된다. 즉 중국의 부모는 그들 가족의 문제를 아이들에게 감추려 들지 않으며 부모의 일을 일찍부터 돕고, 가족의 전통을 배우고 익히도록 장려한다. 성장 과정에서의 이와 같은 차이는 세대 간 갈등의 문제가 중국에서보다는 미국사회에서 훨씬 심각하게 되리라는 것을 예고한다.

아무튼 결과적으로 개인적인 자율성과 수평적인 인간관계가 강조되는 미국에서 개인이 엮어 가는 인간관계는 단절적이고 상호배타적인 성격을 갖게 된다. 중국의 아이가 자라서 결혼을 하게 되면 부부 관계는 기존의 가족과 친족관계에 부가적인 관계를 형성한다는 의미를 갖는다. 그에 반해 미국의 결혼은 다른 관계와는 배타적인, 또는 새로운 관계로의 전이를 뜻하게 된다.

중국의 확대가족은 부모와 손자를 포함하는 다세대 가구이다. 그러나 미국의 경우 결혼한 성인이 부모와 함께 사는 것은 문화적 규범이 아니며, 부모와 자식의 생활은 전혀 별개의 것으로 간주된다. 미국의 아이가 성장하면 어릴 때부터 배운 독립심을 가져야 한다는 가르침을 지침으로 삼고 더 넓은 세계로 나아가 독자적인 생활을 개척해 나간다. 그러므로 개인적인 성공과 실패, 기쁨과 슬픔은 고립된 개인이 스스로 경험하고 처리해야 하는 감정적 부담을 갖게 되는 것이다. 고독과 소외의 문제가 미국사회에서 보다 일찍이 보편화된 이유의 일부를 이에서 찾아볼 수 있다 하겠다.

이상의 논의에서 살펴본 바와 같이 '상황중심적' 또는 '개인중심적'

생활방식의 싹은 이미 가족에서 움트기 시작한 것이다.

중국적 유형은 확실히 개인의 자유를 제한한다. 그러나 그것은 개인이 생활하는 데 있어 자신의 위치를 잘 알게 해 준다. 그래서 중국인은 그와 같은 사회관계 속에 안주하는 경향을 보인다. 인간은 사회적 동물로서 기초적인 사회적 욕구 즉 지위, 타인과의 친교, 그리고 정서적 안정을 갈망하는 존재다. 중국의 유형은 바로 그와 같은 안정을 제공하고 있다는 점에서 미국의 그것과 다르다.

미국적 유형에서 인간관계는 개인의 편의와 능력에 따라 항상 변하고 단절과 재구성이 가능한 불안정한 관계이다. 따라서 미국인이 사회적 동물이 누려야 할 기본적 욕구를 중국인처럼 인간관계에서 충족시키는 데는 어려움이 따르게 된다. 그래서 미국인은 "신은 스스로 돕는 자를 돕는다."는 가르침을 믿으며, 정서적 안정을 원초집단과 같은 대인관계에서 찾게 되는 것이 아니라, 물질적인 것이나 대(對) 자연관계에서 찾으려 한다.

미국인은 자기 자신의 가치와 생활의 의미를 인간들의 상호관계에서 찾기보다는 인간관계 이외의 것들에서 찾는다. 부(富)의 획득, 자연의 정복 등을 통해 자기 자신을 재확인하고 그것에 의미를 부여하며, 그렇게 함으로써 심리적, 정서적 만족과 안정을 추구한다는 것이다. 아무것도 없는 에베레스트 산정을 올라간다거나, 일엽편주에 몸을 싣고 신대륙을 찾아 대서양을 횡단하는 따위의 전통이 서양에서 특히 도드라지게 나타난다는 사실이 이를 뒷받침해 준다.

예술에 표현된 동·서양의 전통

프란시스 슈의 주장에 따르면 가정에서 배태된 상이한 지향(orien-
tation)과 생활방식(way of life)은 중국인과 미국인이 근본적으로 다른
사회적·정치적·경제적인 방향으로 나아가도록 만든다고 한다. 심지
어는 예술의 영역에서도 그와 같은 경향이 반영되고 있다.

중국과 미국(넓게 보아 서양)의 회화를 살펴보면 그것을 알 수 있다. 중
국의 회화는 산수화가 주류를 이루는데 서양의 회화는 인간을 주제로
한 작품이 현저히 많다. 또한 서양의 회화는 남성보다 여성을 주제로
한 게 많고, 주로 개인의 아름다움을 표현하는 데 목표를 두고 있다. 그
리고 서양의 그림은 인간의 정신 상태를 반영하는 그림이 많다는 사실
또한 중국의 그것과 좋은 대조를 이룬다.

예컨대 순수 풍경화의 경우에도, 고흐가 그린 풍경화에서 볼 수 있는
것처럼, 예술가 자신의 감정 상태나 격정을 반영하는 그림이 주종을
이룬다. 중국의 전통적 회화에서는 화가 자신은 물론 그려지는 인물의
감정 상태가 그림에 반영되지 않으며, 사물을 그저 객관적으로 담담하
게 표현하고 있을 뿐이다. 중국 회화에 나타나는 인물들의 표정이 풍
부하지 못하다는 것이 이를 잘 말해 주고 있다.

서양의 회화에서는 남성과 여성이 개인으로서 관심의 초점이 되어
있다. 그러나 중국의 회화에서는 인간 개인에 초점을 맞추기보다는 산
수화 등에 등장하는 사람들처럼 자연의 한 부분으로, 즉 개인들이 외
부 세계의 구조 속에서 파악되어 표현되고 있는 것이다. 그러므로 회

☞ 서양의 예술작품은 주로 개인의 아름다움을 표현하는 경우가, 중국의 회화는 인간보다는 자연의 아름다움에 치중하는 경우가 많다. 사진은 왼쪽부터 차례로 미켈란젤로의 대표적인 작품인 〈다비드상〉과 18세기에 그려진 중국의 산수화.

화의 전통에서 나타나는 차이도 동양과 서양의 생활방식상의 차이를 반영하고 있음을 암시해 준다.

이처럼 근본적으로 서로 다른 문화와 생활방식에 따라 중국과 미국의 사회문제 역시 큰 차이를 보인다. 미국사회의 심각한 사회문제는 대체로 인간과 인간관계의 영역에서 나타난다. 세대갈등, 노인문제, 알코올중독, 범죄, 인종갈등, 정신질환 등이 좋은 보기다. 중국의 경우 심각한 사회문제는 전통적으로 인간 대 자연관계의 영역에서 표출되었다. 탐험정신의 결여, 자연에의 순응, 과학기술의 정체 등이 중국이 지니는 대표적인 사회문제였는바, 이들은 모두 19세기 이래 중국이 서구 열강에게 유린당했던 원인으로 작용한 문제들이었다.

오늘의 세계는 점차 좁아져 가고 있으며 국제화와 개방화의 물결이 세계의 구석구석에 스며들고 있다. 이제 동양과 서양의 만남은 피할 수 없는 흐름이 되어 있는 셈이다. 그러므로 우리가 오늘날 곰곰이 생각해 보아야 할 문제는 동양과 서양이 만나 서로 무엇을 주고 또한 무엇을 받을 것인가를 진지하게 살펴보는 일이 아닌가 한다.

2 100퍼센트
아메리칸

UNITED STATES OF AMERICA

순수한 미국 문화는 없다

미국의 인류학자 랄프 린튼(Ralph Linton)은 〈100퍼센트 아메리칸〉이라는 다소 희화적인 제목의 글을 쓴 적이 있다. 린튼의 이 짧은 글은 가장 미국적인 생활을 하고 있다고 자부하는 평범한 미국인의 일상생활을 살펴봄으로써 그의 일상생활이 얼마나 철저하게 비미국적인 문화요소에 영향을 받고 있는 것인가를 보여 주고 있다는 점에서 무척 흥미롭다. 그 내용을 소개하면 다음과 같다.

미국의 평범한 시민은 그가 가장 미국적인 전통의 수호자임을 믿어 의심치 않는다. 그는 자신의 일상적 생활양식이 미국의 독특한 아메리카니즘을 반영하는 것이라 생각하며, 그러한 전통에 긍지를 느낀다. 그러나 실제로는 미국인이 아주 음험하고 이질적이라고 생각하는 외국 문화의 요소들이 아무도 깨닫지 못하는 사이에 이미 생활 깊숙이 침투해 그들의 생활을 지배하고 있는 것이다.

예를 들면 아침에 일어나는 이 평범한 애국자는 파자마를 자연스럽게 입고 있을 것이다. 그런데 파자마는 미국적인 것이 아니고 동인도에 기원을 두고 있다. 그가 누워 있는 침대 역시 페르시아와 소아시아에서 시작된 형태를 취하고 있다. 침대에 누워 있는 그를 감싸고 있을 물질의 재료들을 살펴보면, 목화는 인도에서 그리고 아마는 근동지방에서 처음 재배되었다. 양모는 소아시아에서, 실크는 중국에서 그 이용법이 제일 먼저 개발되었다.

이러한 모든 물질들은 서남아시아에서 고안된 방법에 의해 천으로 만들어진 후 사용법이 다양하게 발전되었다. 만일 날씨가 추웠다면 이 애국적인 미국인은 스칸디나비아에서 발명된 솜털 담요를 덮고 잤을 것이다.

그가 깨어나자마자 시간을 알기 위해 보게 되는 시계 역시 라틴어의 생략형인 숫자나 문자판을 갖는 중세 유럽의 발명품이다. 잠에서 깨어난 이 미국인은 서둘러서 욕실로 갈 것이다. 여기서 그는 외국의 불결한 변소와 불편한 욕실의 이야기들을 상기하면서 미국의 위대한 제도를 확인하고 미국인으로서의 긍지를 느낄지도 모른다. 그러나 외국의 음험한 영향력은 욕실까지도 그를 따라다닌다.

욕실의 거울은 고대 이집트인이 처음 욕실에서 사용했고, 유약을 칠한 타일 역시 근동에 기원을 두고 있다. 변기를 만드는 도자기술은 중국에서 시작되었으며, 욕조와 변기는 로마 시대의 그것에 약간 수정을 한 것이다. 고고학적인 발굴에 의하면 이라크의 텔 아스마(Tell Asmar), 파키스탄의 모헨조 다로(Mohenjo Daro), 그리고 크레타의 크노소스(Cnossos) 등과 같은 지역에서는 이미 기원전 수백 년 전에 욕실과 수세식 화장실의 구조물들을 갖추고 있었음이 확인되고 있다.

이 욕탕에서 이 미국인은 고대 고올(Gauls)인이 발명한 비누를 가지고 세수하고, 고대 이집트와 수메르족의 이단적 사제들이 가학적 의식으로 행했던 관습인 면도를 할 것이다. 이 면도에 사용되는 면도날은 인도 또는 파키스탄에서 발명된 제련기술에 의해 강철로 단련되었기 때문에 과거의 가학적 의식과는 달리 고통스럽지 않다는 것이 무척 다행스럽다. 마지막으로 그는 터키 타월을 가지고 물기를 닦게 된다.

침실로 돌아와서 이 비미국적인 관습의 무의식적인 희생자는 원래 근동 지역에서 처음 발명된 의자라는 물건 위에 놓여 있던 그의 옷을 집어서 입는다. 그가 입는 옷의 형태는 아시아 평원지대에 살던 고대 유목민의 가죽옷에서 유래된 것이며, 그는 석기시대가 끝날 무렵 유럽에서 이미 나타났던 단추를 끼워 옷을 입는다. 이 옷은 차가운 온도의 옥외활동에는 적절하지만 미국의 더운 여름이나 난방이 잘된 집 안에서는 적당하지 않다. 그런데 미국인은 더운 여름에도 그 복장을 고집한다.

거기에 더해 고대 이집트에서 고안된 방식에 따라 처리된 가죽과 고대 그리스까지 거슬러 올라가는 형식으로 재단된 딱딱한 주머니 속에 발을 집어넣는다. 그것은 구두이며 미국인은 과거 그리스인이 그랬던 것처럼 그것에 유약을 칠해 광택이 잘 나도록 하는 노력을 게을리 하지 않는다.

그러고 나서 그는 밝은색의 기다란 천을 목둘레에 묶는다. 거의 모든 미국 남성들이 즐겨 매는 이 넥타이 역시 미국의 발명품이 아니라 17세기 크로아티아인이 둘렀던 목도리가 변형된 것이다. 이제 그는 고대 지중해인들의 발명품인 거울을 보면서 마지막 치장을 하고 아래층으로 내려와 아침을 먹는다.

여기에서도 예외 없이 외국 물건들이 그를 기다리고 있다. 음식과 마실 것은 중국에서 처음 만들어졌다 해서 이름 붙여진 자기그릇(China)에 담겨 있다. 포크는 중세 이탈리아인의 발명품이고, 숟가락은 로마에 기원을 두고 있다. 그는 보통 커피로 아침식사를 시작할 것이다.

커피는 원래 에티오피아의 식물로서 아랍인이 발견했다고 한다. 그는 어제저녁에 마신, 발효되거나 증류된 음료 때문에 생긴 숙취를 털어 버리기 위해 커피를 마실 가능성이 많다. 발효주의 기원은 근동지방이며, 그가 마신 증류주는 중세 유럽에 기원을 둔 것임에 틀림없다.

아랍인은 커피를 그대로 마시지만, 이 미국인은 인도에서 개발된 설탕을 넣어 달게 마시거나 소아시아에서 시작된 낙농기술에서 나온 크림을 섞어 마실 것이다. 만일 이 애국자가 이른바 미국식 아침식사를 고집할 만큼 구식이라면 그는 커피와 함께 지중해 연안에서 처음 재배된 오렌지나 페르시아에 기원을 둔 멜론의 일종인 칸탈루프 등을 곁들일 것이다.

그는 이어서 근동에서 재배가 시작된 곡류를 말려 가공한 것을 우유에 타서 먹거나, 스칸디나비아인이 즐겨 먹었던 와플(waffle)에다가 원래는 중동에서 화장품으로 사용하던 버터를 발라 먹는다. 또한 그는 동남아시아에서 처음 사육되기 시작한 새의 알을 요리한 것에 북유럽에서 고안된 방식으로 절이고 훈제된 고기 조각을 곁들이게 된다.

아침식사가 끝나면 그는 동아시아의 유목민이 만든 모자에 기원을 둔 중절모를 쓰고, 밖에 비가 올 것 같으면 고대 멕시코인이 그랬던 것처럼 고무로 된 덧신을 신고 인도에서 발명된 우산을 집어 든다. 그는 이제 출근하기 위해 기차를 타러 간다. 물론 기차는 영국인의 발명품이다.

☞ 자기 나라의 문화라고 생각하며 미국인은 커피를 마시지만, 커피는 원래 아랍인이 발견한 에티오피아 식물이다.

기차를 기다리는 동안 그는 고대 리디아(Lydia)의 발명품인 동전을 이용해 신문을 사 든다. 신문을 읽으며 그는 멕시코 원주민이 처음 피운 담배를 피워 문다. 만일 그가 시가를 물었다면 그것은 브라질의 발명품이다. 그가 읽고 있는 신문은 중국에서 처음 고안된 종이 위에 고대 셈족의 문자를, 독일인이 발명한 활자를 사용해 인쇄한 것이다.

그가 신문을 읽어 가는 동안 외국에서 벌어지고 있는 전쟁이나 과학기술 발전의 낙후성을 지적하는 기사를 접하게 되면 이 애국적인 미국인은 유태인의 신(神)에게 인도-유러피안 언어로 자기가 100퍼센트(그리스인이 발명한 숫자 단위) 아메리칸(이탈리아의 지리학자인 아메리고 베스푸치(Amerigo Vespucci)에서 연유된 단어)임을 감사드릴 것이다.

문화는 창조보다 전파가 중요하다

린튼이 이 글을 발표한 시기는 1937년으로, 미국은 이미 세계 최대의 강국으로 자리를 굳혔을 때이다. 미국은 경제적으로 가장 부유한 나라일 뿐만 아니라 과학기술 및 학술 분야에서까지 최고의 선진국이 되어 있었다. 그래서 중요한 발명품의 대다수가 미국에서 쏟아져 나오고 있었고 미국인의 콧대 역시 이에 비례해서 높아졌다. 이러한 데서 미국인의 오만과 편견이 싹트기 시작하였고, 이를 우려한 린튼은 미국인의 의식을 사로잡을지 모르는 그릇된 문화적 우월의식이 얼마나 허구적인가를 보여 주고자 했던 것이다.

린튼이 그의 짧은 글에서 일깨워 주고 있는 바와 같이 한 나라의 문화는 외국 문화 요소의 끊임없는 전파와 수용을 통해 형성되고, 변모하며, 성장하는 것이다. 문화 과정에서 문화 요소 전파의 중요성을 강조한 인류학자들을 우리는 전파주의자라고 부르는데, 그들은 인간이 우리가 생각하는 것처럼 그렇게 창조적인 존재가 아니라고 보았다. 그래서 인류의 역사를 돌이켜 보면 문화사적으로 중요한 발명은 어느 특정 사회에서 이루어진 후 그것이 다른 지역으로 전파되어 나가는 유형이 되풀이되고 있다는 것이다. 다만 그 전파의 진원지가 시대에 따라 달리 나타나고 있을 뿐이다.

서양의 역사를 보더라도 고대에는 이집트가 가장 발달된 문화를 이룩했다. 그 후 그 중심이 로마로 넘어갔고 중세에 이르면 발명과 혁신의 발상지가 지중해 연안의 상업 및 교역의 중심지로 바뀌게 된다. 18세기에는 산업혁명이 일어난 영국이 전파의 진원지가 되었고, 20세기에 들어서면서 미국이 문화 전파의 선도적인 나라가 되었다. 그러나 20세기 말에 이르면 미국의 경제력은 과거의 활력을 잃게 되고 과학기술 부분의 우위도 일본이나 서독에게 위협을 받게 된다.

동양의 경우 중국과 같은 나라가 다른 나라를 줄곧 압도했던 것처럼 보이나, 사실은 중국 문화의 영향을 받았던 중앙아시아의 몽고족이나 만주의 여진족이 결국 중국을 정복해 원나라와 청나라를 세웠던 것이다. 그러한 점에서 동양에서도 문화 중심이 바뀌어 왔음을 확인할 수 있다.

이와 같은 문화 중심의 이동과 관련해 특기할 만한 사항은 최근 들어 우리에게 무척이나 고무적인 이야기들이 나오고 있다는 사실이다. 일본이 경제대국으로서 위치를 확고히 다졌고 거기에 한국을 포함한 이른바 '네 마리 용'이라 불리는 동아시아의 나라들이 보여 준 성장의 잠재력, 그리고 중국의 급부상에 주목해 21세기에는 세계 문화의 중심이 서양에서 동아시아권으로 이동하게 될 것이라는 전망이 대두하고 있다.

문화의 저력은 창조적 소화

여기서 우리는 문화발전의 동인에 대해 생각해 보지 않을 수 없다. 문화발전의 요인은 물론 발명과 전파의 두 요소이다. 이 두 가지 중 발명

또는 혁신은 문화발전의 중요한 요인임에는 틀림없으나 그것이 모든 사회에서 언제나 가능한 것은 아니다. 예컨대 한국에서 처음 고안된 세계적으로 중요한 발명품은 금속활자나 철갑선 등 극히 소수에 지나지 않는다. 그러므로 어느 사회에서나 현실적으로 더욱 중요한 것은 전파라고 할 수 있다.

한국의 문화를 보더라도 우리의 문화를 살찌우고 변화시켜 온 요인들은 불교 또는 유교와 같은 종교뿐만이 아니라 최근의 첨단 과학기술에 이르기까지 대부분은 외래의 문화 요소들이다. 다만 우리는 그것들을 받아들여 우리 것으로 만들 수 있는 문화적 저력을 갖고 있었기에 우리만의 독특한 문화가 가능했다.

이와 관련해 다음의 예는 우리에게 여러 가지를 시사한다. 한국은 중국의 도자기 기술을 도입해 세계적인 고려청자를 만들어 냈고, 일본은 다시 우리에게 기술을 배워 가 현재는 세계 도자기 시장에서 우리를 앞지르고 있다. 일본은 미국에서 발명된 트랜지스터 기술을 수입하여 그 기술을 바탕으로 세계의 전자시장을 석권하는 발판을 구축했다.

그러므로 문제는 외래문화 요소를 단순히 받아들이는 것이 문제가 아니고 그것을 어떻게 주체적으로 받아들여 우리 것으로 만들어 내는가 하는 것이다. 다양한 외래문화의 요소를 수용하면서도 우리가 그것에 동화되어 버리는 것이 아니라 그것을 창의적으로 소화해 낼 수 있는 문화적 저력을 유지하는 것이 중요하다는 말이다.

오늘날 세계는 통신 및 과학기술의 발달로 인해 지구촌이라는 표현이 어색하지가 않을 만큼 좁아지고 있다. 이는 곧 문화 요소의 전파가 범세계적인 규모로 급격히 이루어지고 있음을 뜻한다. 우리가 처한 상황도 예외가 아니어서 우리 역시 가속화되고 있는 국제화·개방화 시대의 물결을 거부할 수는 없을 것이다.

따라서 오늘날처럼 그 어느 시대에도 존재하지 않았던 규모와 속도로 물밀듯 몰려오고 있는 문화적 전파의 물결은 분명 우리에게 새로운 도전으로 작용하고 있다. 점차 가속화되어 가는 지구촌 현상을 목도하면서 과연 우리의 문화적 저력이 이 새로운 도전을 얼마만큼 성공적으로 감당해 낼 수 있을 것인지 궁금해진다.

3 키스는
만국 공용어인가

옛날 사람들도 키스를 했을까

무성영화가 있던 초등학교 시절 아버지를 따라 '활동사진'을 보러 갔던 필자는 아직도 기억에 남는 경험을 한 적이 있다. 영화가 한참 진행되고 있을 때 남녀 주인공이 키스를 하는 장면이 나왔다. 그때 앞자리에 앉아 있던 어느 할아버지께서 호통을 치고 나섰던 것이다. "저런 몹쓸 것들 같으니라고. 무슨 망측한 짓인가? 당장 그만두지 못할까."라고 하면서 어떻게 호통을 치셨는지 극장이 몹시 소란스러워졌던 기억이 아직도 생생하다.

　돌이켜 보건대 미국 영화가 본격적으로 소개되기 시작한 것은 6·25 전쟁 이후이다. 따라서 그때까지만 해도 키스하는 장면은 한국인에게 무척 생소한, 다시 말해서 낯 뜨겁고 이상스러운 행위로 생각될 수 있었다. 요즘이야 사랑하는 남녀가 입을 맞추는 것이 당연시되지만 키스가 우리 민족 고유의 것이 아니므로 극장에서 호통을 쳤던 할아버지는 일생 동안 부인과 키스를 한 번도 해 본 적이 없을 것이라는 생각을 해

본다.

　서양에서는 가장 자연스러운 남녀 간의 애정 표시로 여겨지는 키스가 놀랍게도 다른 많은 사회에서는 알려지지 않은 관행이다. 인류학적 문헌들을 조금만 들추어 보더라도, 뉴질랜드의 마오리족, 오스트레일리아의 원주민, 파푸아인과 타히티인, 그리고 에스키모인 등은 백인들과 접촉하기 전까지 키스의 관습이 없었음이 쉽게 드러난다. 중국의 경우 서양인의 키스는 식인(食人)의 관습을 연상케 한다는 기록이 있으며, 일본어에는 키스를 지칭하는 고유의 단어가 없었다.

　서양사회와는 달리 많은 사회에서는 키스가 자연스러운 행위가 아니었고 특히 아프리카에서는 키스의 관행을 발견할 수가 없다. 영국의 탐험가인 윈우드 리드(Winwood Reade)가 1864년에 펴낸 여행기 《미개한 아프리카(Savage Africa)》에는 키스와 관련된 재미있는 이야기가 실려 있다.

　서아프리카 지역의 탐험에 나선 리드는 백인이 좀처럼 발을 들여놓지 않았던 오지까지 깊숙이 들어갔다가 렘보족의 왕인 퀜쿠에자의 손님으로 한동안 연금을 당하게 되었다. 거기에서 그는 아난가라는 이름의 렘보족 소녀를 만나 사랑을 느끼게 되었다.

　그의 눈에 비친 아난가는 "풍만하면서도 조각처럼 정교한 체격에, 손과 발은 작고, 피부는 따뜻한 느낌을 주는 암갈색인 데다 그녀의 커다란 눈은 우수에 젖어 있었다."고 한다. 리드는 아난가와 수주일 동안 시간을 같이 보내면서 점차로 친숙해졌고, 그러는 사이 아난가를 순진하면서도 요염한 여성으로 느끼게 되었다고 고백하고 있다.

☞ 키스는 세계 공통의 다정한 애정 표현으로 생각되지만 사실은 어느 사회에서나 키스가 있었던 것은 아니다.

그리하여 리드는 여느 영국인과 마찬가지로 사랑하는 여인에게 키스를 해 주기로 작정을 했다. 키스는 영국인의 가장 자연스러운 애정 표현이기 때문에 리드의 머릿속에는 사랑 때문에 떨고 있는 입술에 키스를 한다는 것은 남자의 일생에서 잊지 못할 순간이 될 것이라는 생각으로 가득 차 있었다.

그러나 리드가 잊고 있었던 것은 남녀가 입술을 맞대는 행위가 서아프리카에서는 전혀 생소한 행동이었다는 점이다. 리드가 사랑이 충만한 마음으로 키스를 하려고 했을 때 아난가는 비명을 지르며 놀란 새끼 사슴처럼 집 밖으로 황급히 도망쳤다.

☞ 세기의 키스로 꼽히는, 영화 〈바람과 함께 사라지다〉에서의 키스 장면. 리드는 이런 키스를 상상하고 있었을 것이다.

나중에 알았지만, 아난가는 뱀이 먹이를 잡아먹을 때 혀를 낼름거리며 먹이를 축축히 하는 걸 연상했다고 한다. 그래서 리드는 다음과 같이 쓰고 있다. "불쌍한 그녀는 내가 그녀를 잡아먹으려 하는 줄로 잘못 알고 황급히 도망쳤던 것이다."

감정 표현의 문화적 다양성

여기서 제기될 수 있는 질문의 하나는 인간이 애정이나 혐오감, 또는 적대감과 같은 감정을 표현하는 데 생리학적으로 결정되어 있는 방식이 있는가 하는 문제이다. 인간이 감정을 표현하는 표정이나 몸짓이 가장 '자연스러운' 또는 '본능적'인 방식인가?

이와 같은 문제에 관심을 표명한 분야는 심리학이며, 실제로 심리학자들은 감정의 생리학적 측면에 관한 연구를 진행시키고 있다. 그래서 캐논(Walter Canon)과 같은 심리학자는 공포, 고통, 분노와 같은 감정 상태에 수반되는 육체적 반응이나 표현의 보편적 특성을 연구한 바 있다. 그러나 우리가 애정의 표현과 키스의 관계에서 살펴볼 수 있었던 것처럼 감정과 육체적 표현 사이의 관계는 그리 간단히 밝혀질 수 있는 문제가 아닌 것 같다.

예를 들면 홀트(Edwin Holt)와 같은 심리학자는 어린아이조차 고개를 끄덕임으로써 긍정을 표시하고 머리를 좌우로 흔들어서 부정을 나타내는 것에 주목해 그와 같은 몸짓이란 보편적으로 발견되는 현상으로 간주했고, 결과적으로 그것이 '자연스럽고 본능적인' 몸짓이라고 단정했다. 분명 대부분의 사회에서는 고개를 끄덕이면 '예'를 뜻하고 좌우로 저으면 '아니요'를 의미한다.

그러나 이와 같이 상당히 보편적으로 발견되는 몸짓의 의미조차도 모든 사회에서 통용되는 것은 아니라는 사실이 민족지 자료를 조금만 더듬어 보아도 밝혀지게 된다. 가까운 일본을 보더라도 아이누족의 경우 원래 고개를 끄덕이거나 좌우로 돌리는 몸짓은 아무런 의미도 없다. 아이누족이 '아니요'를 나타낼 때는 오른손을 오른쪽에서 왼쪽으로 움직여 가운데서 정지한 후 몸 쪽으로 갖다 대는 것이고, '예'는 양손을 공손하게 가슴 쪽으로 모은 후 두 손을 아래쪽 방향으로 약간 내린다.

아이누족의 몸동작은 복잡해 보이지만, 간단한 동작의 다른 예들도 많다. 아프리카 북동부의 아비시니아(에티오피아)인들은 머리를 오른쪽 어깨 쪽으로 기울이면 '아니요'를 뜻하고 머리를 뒤로 젖히면서 눈썹을 위로 치키면 '예'를 의미한다. 보르네오의 다이액족은 긍정의 뜻으로 눈썹을 추켜올리고 부정을 나타내려면 눈살을 찌푸린다. 말레이

☞이 사진은 감정 표현의 다양성을 보여준다. 이 여인은 지금 기도를 하고 있는가, 인사를 하고 있는가. 이처럼 몸짓은 문화에 따라 다른 의미를 가질 수 있다.

반도의 세망족의 경우 머리를 앞쪽으로 쑥 내밀면 '예'라는 뜻이고 눈을 내리깔면 '아니요'라는 뜻이다.

같은 몸동작이 다른 사회에서는 반대의 뜻을 갖기도 한다. 예컨대 마오리족이 턱을 위로 치켜들면 '예'라고 말하는 것이지만 시실리인들에게 이렇게 하면 '아니요'라고 말하는 것이 된다.

우리가 당연하게 여기는 또 하나의 몸짓은 방향을 가리키는 행위이다. 방향을 가리킬 때 우리는 물론 손을 사용하는 것이 가장 자연스럽다고 생각하기 쉽다. 손을 들어서 손가락으로 방향을 가리키는 몸짓은 사실 거의 모든 사회에서 통용되는 행동양식이다. 그러나 여기에도 예외는 있다. 키오와(Kiowa) 인디언은 손 대신 입술로 방향을 가리켜 준다. 키오와 인디언을 연구한 인류학자 라바레(Weston La Barre)는 그의 경험을 다음과 같이 이야기하고 있다.

어느 날 나는 매우 절친한 인디언 여인에게 그 물건이 어느 쪽에 있느냐고 물어보았다. 그러나 그녀는 하던 일을 계속할 뿐 말이 없었다. 몇 차례 계속해 물었으나 역시 대답이 없었다. 나는 그녀의 무관심과 무례함에 화가 날 지경이었으나 이내 그녀가 그들의 방식에 따라 입술로 방향을 가리키고 있음을 깨달았다.

긍정의 표현이나 방향의 표시는 그렇다고 하더라도 인간의 '희로애락'과 같은 기본적인 감정 표현에는 생물학적인 기초가 있는 것은 아닌지? 그러나 사람의 감정을 가장 본능적이고 직접적으로 나타내 주

☞ 아름다움의 기준도 문화에 따라 다르다. 사진은 아프리카 마사이족 여인과 태국의 카렌족 여인이 각기 달리 치장한 모습.

☞ 인사하는 모습이 문화에 따라 달리 나타난다. 왼쪽은 일본, 오른쪽은 멕시코.

는 것으로 생각되는 '웃거나 우는' 행동도 역시 문화를 떠나 존재하지 않는다.

일본인의 웃음은 반드시 즐거움의 무의식적인 표현이 아니라 어렸을 적부터 몸에 배도록 훈련된 일종의 예의일 경우가 많다. 앞서 언급한 키오와 인디언 사회에서는 사람이 죽으면 그와 별다른 접촉이 없었던 사이일지라도, 그가 단지 친족이라는 이유 때문에 여인들은 머리를 쥐어뜯고 얼굴을 할퀴며 통곡을 해 댄다. 그러나 장례식이 끝나기가 무섭게 그들은 희희낙락한다.

그녀들이 그처럼 슬프게 울어 댄 이유는 정상적인 키오와 인디언 여인이 친족의 장례 때 수행해야 할 사회적 의무를 다하기 위한 것일 따름이다. 그러한 행동은 물론 서양인의 눈에 매우 이상한 행동으로 비쳤음이 틀림없다.

따라서 인류학적 관점에서 보면 표정이나 몸동작으로 상대방의 감정을 읽어 내는 문제는, 자연스럽게 이해된다기보다는 그 문화에 대한 이해를 필요로 하는 것이다. 확실히 감정 표현 방식은 사회에 따라 달리 나타나므로 다른 문화권의 사람에게는 흔히 잘못 해석되기 일쑤다. 감정을 표현하는 몸동작에는 자연적이라거나 보편적인, 말하자면 '일종의 표준어'가 있는 것이 아니기 때문이다. 이는 특히 똑같은 행위나 몸동작이 다른 사회에서는 각기 정반대의 의미를 갖는 예에서 두드러지게 부각된다.

침을 뱉는 것은 대부분의 사회에서 경멸의 표시로 여겨지고 있지만 아프리카 마사이족은 애정이나 축복을 표시할 때 침을 뱉는다. 또한

☞ 남부 수단에 사는 누바족 여인들이 춤을 추고 있는 모습.

북미 인디언 부족 중에는 무당이 환자 치료의 한 방법으로서 환자에게 침을 뱉는 경우가 많다.

사람에게 오줌을 누는 행위 역시 거의 모든 사회에서는 상상할 수 없는 모욕적인 행위로 간주되는 것이 보통이지만, 아프리카 무당들은 성년의식을 치르거나 치료를 할 때 오줌을 싸기도 한다. 여기서 논하고 있는 문제와 직접적인 관련이 있는 것은 아니지만, 아파치족의 남자는 여자처럼 쭈그리고 앉아서 오줌을 눈다는 사실도 무척 흥미롭다.

보다 일상적인 몸동작의 사례를 보면, 서양에서는 윗사람이 오면 일어섬으로써 경의를 표시하지만 피지 섬 사람들은 그와는 반대로 앉음으로써 존경을 나타낸다. 남인도의 토다족은 존경의 표시로 오른손을 펴고 엄지손가락을 콧대에 갖다 대는데, 이와 같은 손놀림은 유럽의 경우 상대방을 놀리거나 멸시의 감정을 표시하는 몸짓인 것이다.

몸짓은 같아도 의미는 다르다

이상의 논의에서 볼 수 있는 바와 같이, 많은 경우 한 사회에서 통용되는 몸동작은 다른 사회에서는 오해를 불러일으키기 쉽다. 만일 우리가 코퍼(Copper) 에스키모인에 관한 이해가 없이 첫인사를 나누게 된다면 크게 당황할 것이다. 왜냐하면 그들은 처음 만나는 사람에게는 환영의 뜻으로 상대방의 머리나 어깨를 주먹으로 때리기 때문이다.

우리나라도 활동무대가 넓어지면서 역시 그런 오해를 불러일으키게 되는 경우를 종종 접하게 된다. 좀 오래된 일이기는 하지만 말레이시아의 건설 현장에서 일하던 한국인 직원이 놀러 온 회교도 원주민 아이가 귀엽다고 머리를 쓰다듬어 준 것이 말썽이 된 적이 있다. 아이의 머리를 만진다는 것은 그들에겐 상대방을 저주한다는 뜻이라는 것을 그 사람은 몰랐던 것이다.

또한 미국에서는 한국교포가 미국 사내아이가 귀엽다고 고추를 만진 것이 크게 문제가 된 사건이 있었다. 그것을 본 미국 주민이 그를 변태성욕자로 신고하는 바람에 아동에 대한 추행혐의로 체포되었고, 재판을 받아 1심에서 유죄판결을 받게 되었다. 이 사건은 그 후 교포들이 나서서 한국에서는 사내아이에게 나타내는 호감이나 애정의 표시가 사내아이의 고추를 만지는 것이라는 사실을 재판관에게 설득시킴으로써 겨우 해결의 실마리를 찾게 되었다.

이러한 문제와 관련해 생각나는 또 하나의 좋은 예는 미국에 입양된 한국인 고아와 미국 양부모 사이에 있었던 일이다. 한국에서 성장한 아이를 입양한 어느 미국인 부부가 가깝게 지내는 한국인에게 자문을 구하더라는 것이다. 그 내용은 입양된 한국 아이가 자신들을 무시하고 솔직하지 못한 태도를 보인다는 것이었는데, 그렇게 판단하게 된 이유가 바로 그 아이의 간단한 몸동작 때문이었다. 양부모와 이야기할 때 그 아이가 눈을 마주치지 않고 다른 곳을 응시하며 피한다는 것이었다. 미국인의 경우 그와 같은 행동은 상대방을 무시하거나 무엇인가를 숨기려 할 때 나타나는 동작으로 해석한다는 사실을 그 아이가 알 까닭이 없었다.

자문을 받은 한국인이 그 아이를 만나 대화를 나누어 보니 역시 그것은 문화적 차이에서 연유된 오해였음이 곧 드러났다. 그 아이는 한국에서 어른과 이야기를 나눌 때 상대방을 똑바로 쳐다보는 것이 옳지 않다고 배웠기 때문에 그와 같은 몸짓이 몸에 배어 있었던 것이다.

미국에서 겪게 되는 또 하나의 미묘한 문제는 공간의 개념과 관련이 있다. 인류학자 에드워드 홀(Edward T. Hall)에 의하면 사회적 상호작용 과정에서 개개인들이 확보하려는 공간의 크기는 문화에 따라 다르다는 것이다. 미국인의 경우 개개인들이 물리적으로 매우 가깝게 접근하는 것은 애정의 표시나 적대적 감정이 유발될 때이며 정상적으로 상호작용을 할 때는 일정한 거리를 유지한다고 한다. 예를 들면 미국인이 가깝게 얼굴을 맞대는 경우는 남녀가 사랑을 표시할 때나, 야구감독이 심판과 싸울 때 으레 코를 거의 맞대고 고함을 지르는 상황에서이다.

미국인에 비해 남미인이 사회적 접촉을 할 때의 거리는 매우 가깝다. 남미인에게는 이야기를 나눌 때 얼굴이나 몸을 맞대는 것이 자연스럽다. 따라서 미국인과 남미인이 이야기를 나누는 것을 자세히 살펴보면 남미 사람은 이야기 도중 점차 가깝게 다가가고, 미국인은 일정한 거리를 유지하기 위해 조금씩 뒤로 물러나는 모습을 쉽게 볼 수 있다고 한다.

한국인은 개인적 공간이 미국인보다 좁기 때문에 공간의 문제에 덜 민감한 편이다. 그래서 한국에서 잠시 머물게 된 미국인들은 종종 한국인들이 지나치면서 자기 몸을 스치거나 부딪치고서도 아무렇지 않게 생각한다고 불평을 늘어놓는다. 물론 그와 같은 불평이 때로는 오해를 불러일으키기 쉽고, 분쟁으로까지 발전할 수도 있다.

그렇다면 우리는 이 같은 경험들에서 무엇을 배워야 하는 것일까? 그것은 아마도 우리의 조그마한 몸동작 하나에 이르기까지 문화의 영향이 미묘하게 스며들어 있다는 사실을 새삼 깨닫는 일일 것이다. 그리고 그러한 문화의 영향을 깨달음으로 해서 우리는 불필요한 오해와 갈등을 줄일 수 있을 것이다.

홀로 떠나는 '인류학 산책'

최근 해외여행이 우리나라에서는 매우 일상적이기까지 할 정도로 보편화되었다. 많은 국민이 여행을 통해 견문을 넓히는 일은 환영할 만하다. 그러한 접촉을 통해 국위도 선양하고 국제적 친선과 이해를 도모하는 것도 좋은 일이다. 그러나 들리는 소식에 의하면 방문국의 주민은 아랑곳하지도 않고 그곳의 규범에 맞지 않는 무례한 행동을 하는 여행객이 상당수 있다고 한다. 어떤 여행객의 경우, 단체로 여행을 떠나서 한국인 안내원을 따라 한국인이 경영하는 한식당에서 밥을 먹고 문화유적지는 주마간산 식으로 지나쳐 버린다. 그리고는 한국인이 경영하는 상점에 들러 쇼핑에 열중하기도 한다. 이런 여행은 그야말로 외화낭비일 뿐이다.

외국으로 여행을 간다는 것은 외국의 문화를 이해함으로써 세계 속의 한국을 보다 잘 이해하려는 데 그 목적이 있을 것이다. 그러므로 바람직한 여행이 되려면 여행객은 방문하는 나라에 대한 지적인 호기심과 모험심으로 가득 차 있어야 한다. 예를 들어 우리가 인도를 여행하게 된다면 도식적인 관광코스를 벗어나 펀자브 지방까지도 들어가 보고, 펀자브 지방의 회교도 거지에게 조금이라도 적선을 하려고 한다면 반드시 오른손으로 돈을 건네주어야 하다는 것쯤은 미리 알고 여행을 떠나야 한다. 펀자브의 회교도는 뒤를 닦는 데 왼손을 사용하기 때문에, 만일 왼손으로 돈을 준다면 그것은 모욕적인 행동으로 여겨지기 십상이다.

여행을 나설 때 이와 같이 미묘한 문화적 차이까지도 알려고 노력하고, 그리하여 문화적 차이에서 오는 오해나 갈등을 미연에 방지할 줄 아는 사람은 이제 혼자서 '인류학 산책'을 떠날 자격을 획득한 셈이다.

홀로 '인류학 산책'을 떠나는 사람이 많아질수록 그 사회는 문화적으로 성숙해질 것이다. 일찍이 《고백록(Confessions)》의 저자 아우구스티누스(Aurelius Augustinus)는 세계를 우리 앞에 놓인 한 권의 책으로 비유하면서, 여행길에 나서지 않은 사람은 그 책의 첫 페이지만을 읽은 사람과 같다는 말을 남겼다. 책을 한 페이지씩 넘기며 읽어 간다는 것은 거기에 실린 지혜와 가르침을 빠뜨리지 않고 나의 지적 자산으로 만들고자 함이다. 마찬가지로 세계라는 책이 품고 있는 다양한 문화들에도 인류가 그동안 축적해 온 보석과 같은 지혜들이 숨겨져 있어, 그 문화들은 그것을 찾아내 자기 것으로 만들 주인을 기다리고 있다. 바라건대 우리의 젊은이들이 이러한 인류의 보석을 찾아 홀로 '인류학 산책'에 보다 많이 나섰으면 한다.

4 일본의 도시락과 미국의 햄버거

일상생활에 파고드는 이념

인류학은 주위의 평범해 보이는 사회현상을 분석함으로써 우리가 몸 담고 살아가는 현실이 어떠한 의미를 지니는지 밝히려 한다. 이를 위해서 문화적 상징을 연구하는 게 특히 중요하다.

문화적 상징에 대한 연구는 인류학뿐만 아니라 다른 분야에서도 관심을 갖는 사항이다. 신마르크스주의자인 루이 알튀세르(Louis Pierre Althusser)는 문화적 상징과 권력 간의 관계에 대한 매우 흥미로운 이론을 제시했다. 루이 알튀세르에 의하면 현대 자본주의 사회의 권력구조는 둘로 나누어 생각할 수 있다고 한다.

첫 번째는 억압적인 국가기구가 주로 위협과 강제에 의해 행사하는 권력인데, 이는 법 또는 경찰기구와 같은 합법적인 기제를 통해 강제와 억압의 수단을 정당화시킨다. 두 번째는 이념적 국가기구의 권력으로서 이들은 정치 또는 행정 이외의 기능을 담당하는 기구나 제도를 통해 표현되는데, 대표적인 것으로는 대중매체, 교육, 보건 및 복지와

관련되는 기구나 제도를 꼽을 수 있다.

억압적인 국가기구와는 달리 그 숫자도 많고 기능도 다양한 이념적 국가기구들은, 권력의 행사를 억압적인 방법을 사용하지 않고 이념의 조작을 통해 일상인들의 삶에 실질적 영향을 미치는 것으로 대신한다. 교육을 담당하는 학교체제, 오락을 제공하는 영화산업, 뉴스를 알려주는 언론 등은 각각 그것들이 겉으로 표방하는 목표 외에 숨겨진 목표가 있다. 교육, 오락, 뉴스 제공뿐 아니라 사람들이 세상을 특정한 방식으로 인식하고 그러한 세계 속에서 특정의 정체감을 자신들의 것으로 받아들이도록 하는 숨겨진 목표를 갖고 있다는 것이다.

알튀세르에 의하면 현대 자본주의 사회에서는 전자보다는 후자 즉 이념적 국가기구들이 일반 국민에게 끼치는 영향이 보다 근본적이라는 점에서 더욱 중요하다고 한다. 이념적 국가기구에 담겨 있는 이데올로기의 힘은 억압적 국가기구의 합법적인 기제들보다도 더욱 침투적이며, 이것에 노출되어 있는 사람은 자기도 모르는 사이에 자연스럽게 영향을 받는다는 점에서 매우 위력적이다.

그와 같은 이념은 우리가 보는 영화, 우리가 즐기는 음악, 우리가 마시는 음료수, 그리고 우리가 읽는 책 속에 녹아 있어 우리의 일상생활에 깊숙이 침투해 있다. 그리하여 우리로 하여금 일상생활에서 항상 접하게 되는 상품화된 세계, 성적 불평등, 권력의 차별 따위를 의심하지 않고 자연스러운 조건으로 받아들이도록 만든다. 이와 같이 특정 세계를 강제에 의하지 않고 일상의 친숙한 과정으로 접하게 함으로써 상식적으로 그리고 일상적으로 받아들이도록 하는 것은 바로 이념의 힘이다.

도시락에 담긴 일본 문화

일본에 오랫동안 머물면서 자신의 아이를 일본 유치원에 보냈던 미국의 한 여류 인류학자는 일본의 유치원에서 겪은 평범한 사건에 대한 관찰을 통해 일본의 사회현실이 어떻게 의미적으로 구성되는가를 보여 주었다.

한국에서와 마찬가지로 교육열이 대단한 일본에서도 대부분의 부모가 의무교육이 시작되는 초등학교 이전에 벌써 자녀들을 학원이나 유치원에 보낸다. 학원에서는 읽기와 쓰기, 그리고 음악이나 미술 교육 등에 치중하지만, 일본 유치원에서의 교육은 보다 포괄적이라는 점에서 학원과 다르다.

그런데 이 미국의 인류학자는 특히 일본의 유치원에서 아이들에게 도시락을 가지고 와 먹도록 가르친다는 데 관심을 가졌다. 즉 그의 아이가 입학식 때와 부모가 참여한 아침 조회시간 등에 줄을 서지 않고 떠들어 대는데도 예상과는 달리 유치원 선생님들은 그 아이를 제지하지 않고 놓아두었으나, 매일 도시락을 싸 가지고 와서 정해진 시간에 다른 아이들과 함께 먹는 것만큼은 매우 엄격하게 지키도록 하는 것이었다.

부모들에게 도시락을 정성 들여 준비해 주도록 부탁하는 이유는 아이가 처음으로 내부 세계인 집을 떠나 외부 세계인 밖으로 나가게 되었으므로, 그 적응을 돕기 위해 집에서의 따스함이 도시락에 배어 있도록 하기 위함이라는 것이다.

이러한 유치원 측의 말에 아이의 어머니들은 그야말로 정성을 다해 도시락을 준비한다. 다 아는 바와 같이 일본의 도시락은 그 준비 과정이나 모양새가 예술의 경지에 이르렀다고 말할 수 있을 만큼 빼어난 것으로 알려져 있다.

우리나라에서도 이어령 교수가 일본 문화를 '축소지향적'이라고 지적한 바 있거니와, 일본의 도시락은 일본의 음식이 그러한 것처럼 단순히 영양과 맛뿐만이 아니라 모양새를 특히 중요시한다. 일본 음식은 '작음', '분리' 또는 '분산'이라는 원리에 따라 준비된다. 즉 재료를 한입에 들어갈 만한 크기로 작게 나누고 그 전체 분량도 역시 적다. 그리고 다른 음식은 각각 다른 용기에 담아 배열함으로써 서양 음식과 같이

☞ 함께 모여 도시락을 먹고 있는 일본 유치원생들. 이들은 도시락 먹는 행위를 통해 자연스럽게 연대감을 형성한다.

고기, 감자, 야채 등을 한 접시에 담아 집합시키는 배열과 정반대의 특징을 갖는다.

　일본 음식은 요리 자체의 모양새도 중요하지만, 그것을 담는 그릇 또한 매우 중요시된다. 왜냐하면 일본 음식은 자연으로부터 준비되고 자연으로부터 재구성되어 어떻게 자연(nature)처럼 보이도록 하느냐가 중요하기 때문이다. 이 모든 것이 역설적으로 가장 자연과 같이 보이게 하기 위해 엄청난 인공이 가해지는 것인데, 바로 여기에 일본 문화와 음식의 특성이 숨어 있는 것이다.

　이상과 같은 특징을 갖는 예쁜 도시락을 만들기 위해 일본의 어머니들은 매일 신선한 반찬거리를 사 오고 엄청나게 많은 노력과 시간을 들인다. 미국의 경우 주부는 일주일에 한 번 정도 장을 보며 도시락 준비는 기껏해야 간단한 샌드위치를 만드는 정도라 몇 분만 소비하면 되기 때문에 일본의 경우와 크게 대조를 이룬다.

　이 미국인 인류학자는 일본과 미국의 주부 사이에 도시락 준비와 관련해 발견되는 차이에 상당한 의미를 부여한다. 구체적으로 말하면, 그는 일본의 주부가 매일 도시락을 준비하면서 자기도 모르는 사이에 여성의 역할을 가정에 묶어 두는 남성 위주의 이데올로기에 순응하고 있음을 발견하고 있다.

　얼마 전, 한국, 일본, 미국 3개국의 학부모 1000명을 대상으로 한 조사결과에 의하면, '부모들이 가장 바라는 자녀의 성격 특성'을 묻는 질문에 한국의 부모는 '예의 바름(60퍼센트)', '책임감(57.9퍼센트)'을 가장 바라는 덕목으로 꼽았다. 이에 비해 일본의 부모는 '타인을 배려하는 마음(61.9퍼센트)', '규칙을 지키고 타인에게 피해를 주지 않음(44.6퍼센트)'을, 그리고 미국의 부모는 '책임감(49.8퍼센트)', '공정성과 정의감(32퍼센트)'을 각각 1, 2위로 지적했다.

이 비교에서 알 수 있듯이 일본에서는 개개인들이 집단의 일원임을 특히 강조하는데, 이러한 인식이 몸에 배도록 하는 교육 중의 하나가 바로 도시락을 함께 먹도록 하는 훈련인 것이다. 매일 다른 아이들과 함께 도시락을 말끔히 먹는 습관을 배우는 일본의 아이는 일본사회가 그토록 중요시하는 집단생활의 규칙과 유형을 밥을 먹는다는 아주 자연스러운 행위를 통해 전혀 이질감이나 생소함을 느끼지 않으면서 스스로 터득하고 받아들이게 된다.

실제로 자신의 아이를 일본 유치원에 보냈던 미국의 여류 인류학자는 그의 아이가 도시락을 다른 아이들과 매일 함께 먹음으로 해서, 점차 집단의 일원으로서 자신의 정체감을 갖기 시작하고 그에 따라 질서 있는 행동을 하게 되는 것을 경험했다.

확실히 일본의 도시락은 문화적 질서와 의미를 갖는다. 그리고 유치원에서 도시락을 먹는 행위는 일종의 학습 의식임과 동시에 일본사회의 중요한 이념적 의미를 담고 있는 것이다.

미국 정부보다 강한 맥도널드

캐나다의 인류학자 마이클 에임스(Michael M. Ames)는 현대 대중사회에서 대량생산되는 상품과 사회적 의사소통과의 관계를 주변의 사사로운 사건을 중심으로 분석하고 있어 흥미를 끈다.

1985년 캐나다의 밴쿠버 시에서 엑스포(Expo '86)가 열렸을 때, 미국의 가장 큰 햄버거 체인인 맥도널드(McDonald) 회사는 벤쿠버 엑스포 전시장에 다섯 개의 햄버거 매장을 운영할 수 있는 계약을 따냈다. 이때 엑스포 대회장인 지미 패티슨(Jimmy Pattison)은 맥도널드가 단순한 햄버거 회사가 아니라, 엑스포라는 공적(公的) 기관과 마찬가지로 '좋은 품질', '서비스', 그리고 '청결'을 추구한다는 점에서 공통점을 갖는다고 연설했다. 여기서 인류학자인 에임스는 정부기관을 대표하는 사람이 그가 관장하는 조직의 철학을 일개 기업의 그것과 동일시한다는 사실에 우선 주목한다.

에임스가 두 번째로 주목한 사실은 맥도널드 식당이 엄청난 성공을 누렸다는 점이다. 맥도널드 식당은 개장 후 얼마 지나지 않아 전체 방문객의 3분의1에 달하는 고객을 확보함으로써 하루 평균 3만 명의 손님을 맞았다. 다섯 개의 식당 중 한 곳은 너무 많이 밀려오는 손님을 받기 위해 세계에서 최초로 식당 입구에서 주문을 하고 걸어 들어가면 나오는 문에서 햄버거를 받아 가는 'walk through service'를 실시하기도 했다. 이때 이곳은 세계 도처에 퍼져 있는 9500개에 달하는 맥도널드 가게 중에서 가장 바쁜 매장이 되었다. (그러나 1990년에는 모스크바

☞ 표준화를 통해 세계 식품 시장을 지배하고 있는 미국의 맥도널드 햄버거 매장.

크렘린 근처에 문을 연 맥도널드 매장에 1위 자리를 내놓아야 했다.)

에임스는 이상의 두 가지 사실에는 신중히 생각해 보아야 할 점이 있다고 말한다. 맥도널드가 크게 성공한 이면에는 어떤 원리가 작동하고 있다. 이 작동하고 있는 원리란, 자본주의 세계에서는 바로 시장이 우리 생활 중 비상업적인 측면에까지 무엇이 적절한 모델인가를 제시해 주고 있다는 점이다. 이는 일견 대수롭지 않게 보일지 모른다. 그러나 시장에서 관철되고 있는 원리는 우리가 몸담고 있는 세계를 이해하는 데 적용되는 상식의 기준을 만들고, 그 과정에 깊게 관여하는 만큼, 그것이 우리를 사로잡고 있다는 점에서 그냥 넘기기에는 너무나 중요하다.

이 문제에 대해 생각해 보기 위해 먼저 맥도널드는 어떠한 회사인가를 살펴보고, 그다음 이론적 측면을 고려해 보기로 하자.

맥도널드는, 한국에도 이미 수백 개의 점포가 진출해 있듯이, 전 세계에 걸쳐 체인을 갖고 있는 미국 최대의 햄버거 식당 회사이다. 1986년의 한 통계에 의하면, 그 당시에 이미 미국에서는 96퍼센트의 국민이 맥도널드의 햄버거를 먹었다고 하며, 미국인의 3분의1은 맥도널드 점포에서 차로 3분 거리 안에 살고 있다고 한다.

맥도널드는 실로 미국인에게 표준화된 환경 안에서 '소비'와 '경험'을 하도록 만들었다. 맥도널드는 매분마다 8000개의 햄버거를 팔고 있고, 미국에서는 미 육군보다 더 많은 수의 종업원을 고용하고 있다. 종업원의 연간 교체율이 100퍼센트에 달함으로써 미국 내의 어느 조직보다도 많은 수의 젊은 청소년에게 일자리를 주고 직업교육을 시키는 조직이 되어 있다.

그러한 점에서 맥도널드는 오늘날 미국인의 삶에 깊숙이 파고들어 영향을 미친다. 맥도널드의 마스코트인 어릿광대(Ronald McDonald)는 산타클로스나 미키 마우스만큼 아이들에게 널리 알려져 있고, 맥도널드의 상표인 노란 문(The Golden Arches)은 품질의 '신뢰'와 '예측 가능성'을 상징하는 것으로 받아들여지고 있다. 이러한 맥도널드의 성공 신화는 이론적 분석의 대상이 될 만하다. 왜냐하면 대중문화의 힘은,

꼼꼼히 살펴보면 아주 단순한 생각을 매우 심각하게 받아들인 데서 나왔다는 것을 발견할 수 있기 때문이다.

또한 대중문화는 지속적인 반복을 통해 그것을 상식으로 만들어 낸다. 즉 계속되는 반복과 광범위한 노출을 통해 대중적 형태나 요소는 우리의 일상적 시야에 들어온다. 그리고 그것은 우리가 우리 주위를 지각하고 이해하는 방식에 영향을 미친다. 그래서 그것은 점차 우리가 당연시하고 자연스럽게 느끼는 현실이 되는 것이다.

이 과정에서 사회의 한 부문에서 기원된 하나의 이념은 반복과 대중화를 통해 사회의 다른 부문에서도 자연스러운 것으로 받아들여지는 현상이 나타난다. 이러한 현상을 흔히 한 부문에서 형성된 이념이 다른 부문들에 대해 주도권을 행사하는 것이라 부른다. 이는 곧 그 이념이 원래 그것이 배태된 경계를 넘어 모든 부문에 적용되는 세계관으로 자리 잡아 모두에게 상식으로 통하게 됨을 의미한다.

에임스에 의하면 엑스포의 최고 책임자가 행정조직과 상업조직의 목표를 동일시하고 공공사업의 경영과 상업적 기업의 경영을 같은 선상에서 파악하는 현상이 나타나는 것은 시장에서 관철되는 원리가 사회의 다른 모든 부문에서도 적용되는 현실을 반영한다는 것이다. 캐나다나 미국 국민은 대부분 정부보다도 기업이 모든 일을 보다 효율적으로 수행한다고 믿고 있다. 그러한 믿음은 누구도 의심치 않는 상식으로 자리 잡은 지 이미 오래다. 이에 더해 기업은 또한 문화나 교육의 영역에서도 적절한 모델을 제공할 것이라는 관점이 광범위하게 받아들여지고 있다. 맥도널드의 사례가 이를 뒷받침해 주는 경우이다.

맥도널드는 원래 리처드와 모리스 맥도널드 형제가 캘리포니아의 파사데나에서 운영하던 조그마한 식당이었다. 1954년 주방기구 외판원이었던 레이 크로크(Ray Kroc)는 맥도널드 식당에서 너무나 많은 밀크셰이크 기계를 주문하는 것이 궁금해서 그곳을 찾아갔다. 그는 거기서 맥도널드 형제가 매우 효율적이고 경제적인 방식으로 식당을 운영하는 데 깊은 인상을 받았다. 크로크는 결국 햄버거 조리 방식까지 포함해 맥도널드 형제로부터 그 식당을 사들였고, 그것을 체인점 형태로 늘려 나갔다.

맥도널드 햄버거 식당의 특징은 자동차 공장의 조립 공정과 흡사한 규격화되고 표준화된 생산방식에서 찾을 수 있다. 그것은 효율성과 경제성 그리고 품질의 균일성이 보장되는 방식이라는 사실이 중요하다. 이는 빠른 서비스, 경쟁력 있는 가격, 균일한 품질을 가능케 해 주어 맥도널드 햄버거가 성공하는 요인으로 작용했다. 그 결과 앞서 지적한 바와 같이 이미 1987년에 이르러서는 미국에 7000여 개의 매장을, 그리고 42개 국에 2500여 개의 점포를 갖는 세계적인 기업으로 발전했던 것이다.

맥도널드는 또한 끝없는 조직 혁신과 신선한 광고의 개발, 그리고 과학적인 방법을 동원해 식품 제조술을 개선함으로써 유사한 타기업과의 경쟁에서도 우위를 유지했다. 다시 말하면 맥도널드는 미국, 나아가 자본주의 세계에서 성공적이며 모범적인 기업으로서 이미지를 굳힌 것이다.

맥도널드의 성공은 소비재 산업계에서 대표적 성공 사례를 제공함

으로써 결과적으로, 무엇을 하든지간에, 성공이란 것에 대한 우리의
상식적 이해를 규정하게 되었다. 그런데 맥도널드의 철학은 매우 상투
적인 것이다. 그것은 다름 아닌 "많이 팔리는 것은 좋은 것이며, 반대
로 팔리지 않는 것은 나쁜 것이다."이기 때문이다. 여기에서 중요한 것
은 판매자에게 판매량은 많을수록 좋은 것임은 두말할 나위가 없다.
에임스의 분석에 따르면 맥도널드의 이념은 '성공'을 기계적 생산, 균
일한 기준, 대량의 소비로 규정짓는 것이다. 그리고 이러한 이념은 '사
회란 소비를 통해 그들의 개별적 정체성을 자유롭게 표출하는 개인들
의 집합'이라는 전제를 깔고 있다. '성공'과 '좋은 것'은 시장 점유율로
규정되고 '완벽한 체계'란 이윤을 보장해 주는 것이다. 맥도널드는 햄
버거 빅맥(Big-Mac)의 판매 숫자가 몇 십억 개에 도달했는가를 전광판
에 매일 보여 준다. 이처럼 '수단과 계량화(計量化)의 논리'가 지배하며,
수량, 인기도, 소비자 만족 등만이 '성공'과 '좋은 것', '가치 있는 것'으
로 정의되는 현상. 적어도 이것은 미국과 같은 자본주의 사회에서의
지배적인 현상인 것이다.

시장의 원리가 지배하는 자본주의 사회에서는, 맥도널드의 예에서
볼 수 있는 바와 같이, 하나의 성공적인 예가 다른 영역에서의 성공을
위한 모델로 간주되는 현상이 나타난다. 고로 지미 패티슨은 우리에게
"맥도널드는 정부가 지향해야 할 귀감이 되고 있다."는 말을 서슴지 않
는 것이다. 그래서 이러한 생각은 교육과 같은 비영리적인 부문에까지
스며들고 있다. 대학 교육도 요즈음은 경쟁에서 살아남기 위해 마치
기업처럼 효율적으로 운영되어야 함이 강조되고 졸업 후 취업자가 많

은 것이 좋은 대학이라는 논리가 공공연히 목청을 높인다.

눈을 우리 한국사회로 돌려 보면, 지난 수년 동안 동네 주변에서 흔히 볼 수 있던 작은 규모의 한식집과 '자장면' 집들의 수가 크게 줄어들고, 대신 프랜차이즈식 일본 식당과 미국의 '패스트푸드' 체인점들이 빠른 속도로 늘어나고 있음을 발견한다. 이는 효율, 물량, 이윤으로 상징되는 시장경제의 원리가 우리의 생활세계에 자리 잡고 있던 작지만 소중한 가치들을 침식해 들어가고 있다는 하나의 증거이다. 이제 경제대국들의 문화 침투가 우리가 먹고 마시는 음식의 영역에까지 깊숙이 진행되는 현실을 곰곰이 되새겨 볼 때가 된 것이다.

5장

인류학의
이론과 실제

1 인류학의
구조주의

STRUCTURAL ANTHROPOLOGY

인류학의 혁명, 구조주의

현대 인류학의 다양한 이론적 조류의 하나인 구조주의(Structualism)가 많은 사람의 관심을 불러일으키는 이유는, 그것이 오늘날 인류학적 범주의 영역에서 벗어나 철학, 역사, 예술 등의 분야에까지 영향력을 파급시키고 있기 때문이다.

사회과학에 구조주의 바람을 몰고 온 사람은 프랑스의 인류학자 레비스트로스(Claude Lévi-strauss)다. 그의 구조주의는 프랑스 사회학파의 전통하에서 영국의 기능주의와 대립적 성향을 보이면서 출발한 하나의 방법론적 성격을 갖는 것이었다.

이와 같이 소수 전문가들의 손에서 생성된 구조주의는 하나의 지적인 사조로서 프랑스에서는 1960년대 중반에, 그리고 영국에서는 1960년대 후반에 영역을 확장해 나가면서 절정에 달했다. 현대 구조주의의 중심인물들은 역사, 철학, 문학 등 다양한 분야에 걸쳐 언급되고 있는데, 심리학 분야에서는 자크 라캉(Jaques Lacan)을, 문학평론에서는 롤

☞ 사르트르 이후 프랑스 최대의 지성으로 꼽히는 인류학자 레비스트로스. 그는 구조주의를 도입하여 진화론이나 기능주의자들의 문제 틀에서는 상상도 할 수 없는 새로운 통찰을 제공했다.

랑 바르트(Roland Barthes)를, 그리고 철학에서는 미셸 푸코(Michel Foucault)와 루이 알튀세르를 꼽을 수 있다.

구조주의의 확산은 어떻게 보면 새로이 유행을 타고 있던 현상학 외에 이렇다 할 대안적인 이론들이 없는 상태에서 사회분석을 위한 일관성 있는 이론들을 제시했기 때문에 가능했던 것으로 보인다.

인류학 분야를 살펴보면, 친족과 원시적 사유에 대한 레비스트로스의 접근 방식은 진화론이나 기능주의자들의 문제 틀 안에서는 상상도 할 수 없었던 새로운 통찰을 열어 주었다. 또한 연구 자료에 대한 구조주의적 접근은 탈현지조사(post-field work) 시대의 이론적 인류학이 나갈 출구를 제공해 주는 것으로 간주되었다.

일반적으로 구조주의자들은 인식론과 방법론적 측면에서 본질적인 유사성을 보여 준다. 그들은 대체로 엄밀한 이론을 강조하면서, 과학적 인식론이 사회구성체의 문화적·심리적 차원에 대해서는 물론 그것의 비경험적이면서도 객관적인 지식 형성의 필수조건이 될 수 있음을 주장하고 있다.

또한 그들은 환원론이나 경제결정론에 의존하지 않으면서도 자본주의와 제국주의 체제가 갖는 모순점을 지적하는 공통점을 가지며, 본질적으로 그들의 분석은 모두 인습적 정통성에 대한 비판을 담고 있다.

그러나 구조주의자들은 그들의 전공 분야에 따라 다루는 자료와 문제, 그리고 철학적·정치적 관점에서 극도로 다양한 모습을 보여 준다. 이러한 이질성은 언젠가는 자기들 간의 인식론적 동질성마저 깨질 가능성을 엿보게 한다.

현실 뒤편에 진실이 있다

레비스트로스에 의해 대표되는 구조주의 인류학은 학설사적으로 에밀 뒤르켐(Émile Durkheim, 1858~1917)과 마르셀 모스(Marcel Mauss, 1872~1950)에 의해 발전된 프랑스의 구조주의적 전통을 계승했다고 볼 수 있다. 뒤르켐은 인간 사회를 하나의 집합표상(collective represen-tation)으로 간주함으로써 개별적 다양성의 바깥에 있으면서 동시에 그것을 구속하는 어떤 사회적 실재에 대한 탐구의 길을 열어 놓았다.

헤겔의 절대정신을 연상시키기도 하는 뒤르켐의 집합표상은 나중에 레비스트로스에 의해서 인간정신으로 대체되는데, 중요한 것은 뒤르켐은 관찰된 현상의 배후에 있는 본질적인 구성 요소를 찾아내려 했다는 사실이다.

비록 구조라는 용어를 많이 사용하지는 않았지만 모스의 저작은 레비스트로스적인 구조주의 면모를 보여 주고 있다. 즉 모스는 원시사회의 '증여'라는 현상의 다양한 형태를 비교하면서 그들 형태의 배후에 숨겨진 '호혜성'이라는 근본 개념을 발견했다.

따라서 뒤르켐과 모스는 모두 특정한 경우들을 경험적으로 설명하기보다는 현상들에 내재된 근본 속성을 나타내는 추상적인 범주와 개념을 확립하려고 했다. 특히 모스는 인간 심성에 내재하는 무의식적 목적론을 강조함으로써, 경직된 반(反)심리주의 때문에 사회현상의 주관적 측면에 대한 탐구의 중요성을 무시했던 뒤르켐의 취약성을 보완해 나갔다.

이처럼 구조주의는 그 출발부터 사회현상의 총체성을 강조하는 총체주의(Holism)의 특성을 지니고 있으며, 이와 함께 복잡한 사회현상을 몇 개의 근본적인 요소로 환원시키려는 단순화 혹은 모델화의 경향을 지녔다. 이 같은 지적 전통은 레비스트로스가 보다 정교한 방법론을 보여 줌에 따라 구조주의 인류학으로 정립되게 되었다.

레비스트로스의 이론이나 그의 방법론적 원리의 사상적 연원은 지질학과 언어학에서부터 정신분석학과 정보이론에 이르기까지 실로 다양하다. 그러나 레비스트로스 자신에 의하면, 인류학자가 되는 과정에서 그에게 새로운 시야를 열어 주고 그의 구조주의를 위해서 영감을 준 세 가지의 지적 만남이 있는데, 그것은 곧 마르크스와 프로이트, 그리고 지질학이라고 한다.

마르크스의 변증법적 유물론은 상부구조가 하부구조에 의해 규정됨을 말해 주었고, 프로이트의 심층심리학은 의식의 기저에서 무의식의 세계가 지배하고 있음을 밝혀 주었다. 또한 지질학은 지표면 밑의 보이지 않는 지층의 중요성을 인식시켜 주었다.

　결국 이 세 가지 학문은 공통적으로 다음과 같은 사실을 각각 사회, 인간, 자연의 영역에서 확인해 준다. 즉 모든 표면적인 현실은 더 근본적인 다른 현실에 근거한 것이며, 따라서 진실은 표면에 나타난 것이 아니고 밑바닥에 숨어 있는 것이다. 그러므로 어떤 것을 제대로 이해한다는 것은 어느 한 유형의 현실을 다른 유형으로 환원시키는 과정을 의미한다는 것이다.

　이 모든 경우에서 언제나 문제가 되는 것은 감성적으로 지각할 수 있는 것과 이성적으로 파악할 수 있는 것의 관계이다. 그 관계의 핵심은 감성적인 것을 그 성질을 훼손시키지 않고 이성적인 것에 귀속시키는 일이다. 결과적으로 레비스트로스는 인류학의 목표란 인류 문화와 사회현상의 표면을 뚫고 그 이면에 숨어 있는 근본 구조를 찾아내는 것이라고 보았다.

　이제 남은 문제는 이러한 과제를 위해 적절한 방법이 무엇이냐 하는 것이었다. 레비스트로스는 이 방법을 구조주의 언어학에서 배우게 되고, 특히 프라하학파의 구조주의 음운론으로부터 가장 직접적인 방법론을 알게 된다.

역사주의에서 구조주의로

자연에는 어떤 생각과 의도를 가지고 무엇을 만들어 내는 힘이 없지만 인간에게는 그러한 힘이 있다. 그러한 의미에서 자연에는 발전적인 역사가 없으나 인간 사회에는 그러한 역사가 있다. 그러므로 문화현상을 이해하는 데는 역사적 방법이 가장 적절하다는 생각이 오랫동안 인문과학을 지배했다.

그러나 현대에 이르러 점차로 문화현상에도 역사적 변천에 좌우되지 않는 면이 있다는 인식이 자리를 잡게 되었다. 그리하여 진정한 과학은 역사적인 면보다도 오히려 역사에 좌우되지 않는 면을 대상으로 해야 한다는 생각이 인문과학의 몇몇 분야에서 고개를 들기 시작했는데, 그 첫 번째 분야가 언어학이다.

문화현상의 역사적이며 동시에 비역사적인 이원론적 성격을 명확하게 규정하고 모든 문화현상을 받들고 있는 두 축을 구별해 공시태(共時態)와 통시태(通時態)라는 명칭을 붙인 것은 구조주의 언어학의 창시자인 페르디낭 드 소쉬르(Ferdinand de Saussure)이다. 소쉬르에 의하면 언어학의 영역은 통시태(역사적인 것)가 아니라 공시태(비역사적인 것)라는 것이다. 그리하여 언어라는 문화현상 중 시간 속에서 개인에 의해 발언되는 언어(parole) 이전의 체계로서의 언어, 즉 하나의 구조로서의 언어(langue)를 현대 언어학의 탐구 대상으로 간주했다. 탐구의 대상이 달라짐과 동시에 과학으로서의 언어학이 파악하는 진리의 성격도 '역사적 필연'에서 '논리적 필연'으로 바뀌었고, 탐구 방법도 달라졌다. 소쉬르의 말대로 언어학은 말하자면 복잡한 항(項)을 가진 대수학과 같은 것으로 바뀐 것이다.

앞에서 지적했던 바와 같이 레비스트로스는 프라하학파가 발전시킨 음운론의 방법과 성과에서 큰 도움을 받았다. 그는 마치 핵물리학이 자연과학 전체를 위해 혁명적인 역할을 한 것처럼, 음운론은 인간과학 전체를 위해서 중요한 의의를 갖는 것으로 보았다. 음운론의 방법이 어떻게 인간과학 전체에 적용되는가에 대해서 레비스트로스는 다음과 같이 말하고 있다.

언어학자는 낱말들을 분석해서 음소(音素)들의 실체를 밝혀낸다. 그리고 만약 그가 여러 가지 언어들 속에서 동일한 대립음소들의 적용을 확인한다면, 그것은 서로 다른 개성적인 언어들을 비교하는 것이 아니고 표면적으로는 서로 다른 대상들의 심층적인 동일성을 새로운 차원에서 보장하는 것이 된다.

여기서는 서로 비슷한 현상들이 문제가 아니라, 하나의 동일한 사실이 문제이다. 의식적인 표면으로부터 무의식적인 심층으로의 이행은 곧 특수한 개성으로부터 보편적인 절대성으로의 이행을 의미한다. 인류학이나 언어학이나 보편성이 중요한 것이다. 만약 인간의 정신작용이 근본적으로 고대인이나 현대인, 원시인이나 문명인에게 동일한 것이라면, 우리는 모든 제도와 관습의 밑바닥에 있는 무의식적 구조를 발견해 내야 한다. 물론 이를 위해서는 충분히 깊은 분석이 필요할 것이다.

레비스토로스의 구조주의적 방법은 원시부족의 친족 연구에서 커다란 성과를 거두었다. 그가 기대했던 것은 인간 사회에서 결혼은 몇 개의 유형으로 환원될 수 있으리라는 것이었고, 그다음으로 이 유형들은 일정한 관계에 의해 통합될 수 있으리라는 것이었다.

그렇다면 일정한 사회의 결혼 규칙은 방정식으로 나타낼 수 있을 것이며, 이 방정식들은 엄격하고 확고한 논리의 방법에 따라 다루어질 수 있을 것이다. 그의 첫 저서인 《친족의 기본 구조(Les Structures élémentaires de la Parenté)》에서 레비스트로스는 바로 음운론상의 대조관계에 상응하는 친족관계상의 '부정적 관계' 대 '긍정적 관계', 그리고 '제한적 교환' 대 '일반적 교환'을 발견했다. 나아가서 모든 친족관계 체계의 기본적인 구조가 바로 '교환'이라는 것을 밝혀냈다.

그의 구조주의는 또한 신화의 분석에서도 유효하게 적용되었다. 개별적 이야기로서의 신화는 비논리적이거나 무의미한 것이지만, 레비스트로스는 여러 신화들을 중첩적으로 연구해 하나의 전체적 체계와 그것을 지탱하는 대칭적 구조를 밝혀내고 있다.

야생의 사고

레비스트로스의 저술 활동은 예술·신화·관습·종교 등 광범한 영역에 걸쳐 이루어지고 있으나, 일반 독자들에게까지 가장 강렬한 영향을 끼친 저술로 《야생의 사고(La Pensée Sauvage)》가 꼽힌다. 주지하다시

피 기술의 발달과 문자의 발명으로 문명사회가 등장하면서 사람들 사이에서는 문화 간의 차이를 '문명'과 '야만'으로 나누고 그것을 곧 '우월'과 '열등'으로 치부하는 관점이 자리 잡게 되었다. 특히 근대 이후 서구 제국주의가 팽창함과 동시에 서구 우월주의적 세계관이 전 세계로 퍼져 나갔고, 점차 세계 모든 지역의 사회와 역사와 문화가 서구적인 인식 틀에 의해 서구의 입장에서 파악되기에 이르렀다. 1962년에 출간된 레비스트로스의 《야생의 사고》는 바로 이러한 시대적 분위기 속에서 발표되어 서구 우월주의적 세계관에 정면으로 도전한 저술이다. 이 책의 주제를 한마디로 말하면, 서구인이 생각하듯 문명인의 사고와 본질적으로 다른, 따라서 열등하게 치부되는 '미개의 사고'는 결코 존재하지 않는다는 것이다.

원래 미개인의 사유체계가 본질적으로 문명인의 그것과 다르다는 주장을 편 것은 프랑스의 인류학자인 레비브륄(Lucien Lévy-Bruhl, 1857~1939)이었다. 그는 1922년에 펴낸 《미개심성(La Mentalité Primitive)》이라는 저술에서, 미개인이란 본능에 충실한 존재이기 때문에 그들의 사고(思考)는 주술적이며, 따라서 비과학적이고 비논리적이라고 지적했다. 그리고 그는 그와 같은 미개인의 사고를 '전(前)논리적 사고(pre-logical mind)'라고 이름 지었다. 이러한 견해는 19세기 말 이후 유럽 학계를 풍미했던 사회진화론의 영향을 반영한 것이다. 사회진화론에 따르면, 서양 문화는 인류 문명 가운데 가장 진보한 형태이며, 미개인의 문화는 서구의 진보한 문화가 과거에 거쳤던 초기 단계에 해당한다. 그러나 레비스트로스는 이러한 서구 중심적 관점을 단호히 거부했다. 그는 '미개인'(혹은 '야만인')과 '문명인' 사이의 사고방식의 차이는 '우월'과 '열등'으로 나눌 수 있는 것이 아니며, 또한 본질적으로 다르지 않다고 보았다.

레비스트로스는 《야생의 사고》를 통해 문명인과 미개인의 사고는 사물을 바라보는 관점과 관심의 영역이 서로 다를 뿐이라는 사실을 강조한다. 미개인들의 이상야릇해 보이는 행동이나 관습을 서구적인 관점에서 모멸적으로 설명하는 것은, 마치 이해하기 어려운 새로운 경향의 미술을 비정상적인 것으로 매도하면서 비웃는 것과 같다. 그러므로 '야생의 사고'를 제대로 이해하려면, 미개인들은 비논리적 사고 형태에 머물러 있다는 환상을 버려야 한다. 왜냐하면 미개인들은 그들 나름대로 논리적이고 추상적인 사고를 충실히 수행해 왔기 때문이다. 레비스트로스는 《야생의 사고》에서 다음과 같이 말하고 있다.

과학자들은 불확실성이나 좌절을 참고 견딘다. 왜냐하면 어찌할 수가 없기 때문이다. 하지만 참고 견디지 못하며, 또 그래서도 안 되는 것이 있으니 그것이 바로 무질서이다. 이 무질서를 없애려는 노력은 생명의 기원과 함께 저차원에서 무의식적으로 시작되었다.

즉 인간의 마음에는 언제나 질서를 부여하고자 하는 사고가 자리 잡고 있다는 점에서 미개인이나 문명인이나 같으며, 우리가 흔히 '미개하다'고 보는 사람들의 사고 역시 이러한 질서에 기초하고 있다는 것이다. 이어서 레비스트로스는 미개사회의 '주술'과 현대사회의 '과학'

을 비교한다. 그는 미개인의 주술도 과학처럼 자연현상에는 일정한 질
서가 존재한다는 전제를 기초로 하고 있다고 보았다. 다만 주술이 전
반적으로 통합적인 결정론을 추구하고 있는 반면, 과학은 자연계의 인
과관계, 즉 질서의 원리가 여러 층에서 각기 작동하고 있다고 보는 점
에서 다르다는 것이다. 즉 주술은 실제로 인과관계가 없는 사실들 사
이에까지 인과관계를 연결시키려고 한다. 하지만 이는 무지의 소산이
라기보다는 미개인들이 그들의 삶 속에서 겪게 되는 개별적인 사실을
총체적인 체계와 질서 속에서 추상화하기 때문에 나타난 결과라는 것
이다.

　따라서 레비스트로스는 주술을 과학 이전의 저급한 단계의 사유체
계로 보지 않는다. 주술과 과학은 자연을 생각하는 인간정신의 두 가
지 길을 대표할 뿐이다. 즉 레비스트로스는 주술과 과학을 대립시키지
않고 인식의 두 가지 형태로 간주한다. 레비스트로스의 이 같은 접근
은 다양한 인류 문화를 서구의 발전적 역사 인식의 틀에서 해방시키
고, 각 문화가 가진 특성이 다른 문화와의 관계에서 어떤 방식으로 존
재하는가를 탐구하도록 이끌어 준다.

문명은 발전하지 않는다

레비스트로스의 구조주의는 협소해 보이는 질문 영역에도 불구하고
두 개의 야심이 함축된 목표와 관점을 배태하고 있다. 즉 인문학도 자

연과학의 엄밀성과 공평성을 취할 수 있다는 것과, 인간의 행위는 정신과정의 구속에 의해 지배되고 있다는 것이다. 특히 후자의 관점은 서구 인문주의의 전통적 사고를 따르지 않고 서구 역사 중심의 우월적 세계관에 도전한다는 점에서 매우 야심적이다.

이 같은 레비스트로스의 입장은 체험과 실재 사이에 연속성을 추구하려는 현상학을 거부하며, 개인적 선입관들을 철학적 문제나 인도주의의 영역으로 승격시키려는 실존주의도 비판한다. 개인의 주체성보다는 보편적 구조를, 자유보다는 결정론적 과정을 중시하는 레비스트로스는 이러한 이유 때문에 후일 사르트르(Jean-Paul Sartre)와 일련의 논쟁을 주저하지 않았다. 레비스트로스가 사르트르와 벌인 논쟁의 핵심은 이른바 비역사적이고 비논리적인 '야생의 사고'에 비해 우월한 지위를 누리는 '서구의 이성과 합리주의'를 둘러싼 첨예한 관점의 대결에 있었다. 레비스트로스는 '미개인'들의 사유가 갖는 내재적 논리를 구축하여 야생의 사고는 문명인의 사고와 대립하는 것이 아니라 오히려 그 원형을 간직한 일부임을 보여 주었다. 다시 말해 레비스트로스는 그러한 작업을 통해 문명의 사고는 논리적이며 과학적인 반면, 미개의 사고는 주술적이며 비논리적이고 비과학적이라는, 그동안 서구의 지성계가 견지해 왔던 환상을 해체하는 작업을 설득력 있게 해냈던 것이다.

이상과 같은 작업을 통해 레비스트로스의 구조주의는 서구 중심적으로 논의되어 온 '발전'의 개념을 거부함으로써 새로운 문명관 또는 현대문명 비판론의 성격을 지니고 있다. 인간 정신을 동일한 구조적 메커니즘을 통해서 작용하는 것으로 간주하는 구조주의는, 원시사회와 현대사회의 차이를 야만과 문명, 혹은 비논리와 논리로 대비시키지 않기 때문이다.

원시인들의 사고방식이 삶의 세계에 포함되는 모든 사실들을 총체적인 체계와 질서 속에서 추상화하는 것이라면, 문명적 사고는 특수한 몇 개의 영역들만을 구분해 취급하는 제한적 결정론을 추구하는 것이다. 두 개의 사고방식에 존재하는 근본적인 차이란 후자가 삶의 총체적인 의미를 역사 발전에 따른 미래의 이상향에서 찾고 있는 데 반해 전자는 그것이 공시적으로 창조되고 있음을 강조하는 데 있다. 그러므로 원시사회를 '야만적' 혹은 '미개적'이라고 부르는 것은 현대인의 편견일 뿐이다. 레비스트로스에 따르면, 야만인에게는 문자와 역사가 없으나, 야만인과 문명인 사이에 근본적인 사고방식의 차이는 존재하지 않으며, 오늘날 서구인이 창건한 기술문명도 역사적 필연의 결과가 아니고 인류가 이룩한 문화 전략의 다양성 속에서 우연히 솟은 사건일 뿐이라 생각한다.

결국 레비스트로스는 역사의 발전이 인간 사회를 더 좋은 상태로 인도할 것이라는 환상을 거부함과 동시에, 실존주의자들이 가정하는 인간의 자율성을 과대평가하지 않는다. 다만 그는 현대사회에서 인간이 역사적 진보라는 환상 속에서 노예적인 구속을 감수하는 현실로부터 해방될 것을 암시하고 있는 것이다.

쿨라와 포트래치의
경제학

호모 이코노미쿠스 vs 호모 사피엔스

인간은 생산과 교환, 그리고 소비를 통해 경제활동을 한다. 경제학이 다루는 영역이 바로 생산, 교환, 소비인 까닭이 이 때문이다. 그런데 신고전학파로 대표되는 주류 경제학에서는 이 모든 과정이 '시장'이라는 메커니즘 안에서 이루어지는 것으로 보며, 인간을 자기 이익을 극대화하기 위해 합리적으로 행동하는 존재인 호모 이코노미쿠스(Homo economicus)로 간주한다. 인간이 지닌 이러한 이기성과 합리성이라는 본질적 속성 때문에 모든 시장에서는 수요와 공급이 일치하게 돼 결국 경제적 균형이 달성된다는 것이 신고전학파의 경제 이론이다. 또한 희소자원의 효율적 배분 역시 어느 시대, 어느 공간을 막론하고 '시장' 안에서 이른바 '가격 조정'에 의해 그것이 이루어질 때 가장 효율적인 분배가 이루어진다고 본다.

이러한 전제를 바탕으로 이제 시장경제는 인간이 만들어 낸 가장 합리적인 제도로 간주되어 현대사회에서 일종의 성역이 되었다. 특히 이는

1990년 구소련의 붕괴와 공산주의 체제의 몰락이 곧 시장경제 자본주의의 명백한 승리로 받아들여지면서 더더욱 확실해지는 듯했다. 그래서 미국의 정치경제학자 프랜시스 후쿠야마(Francis Fukuyama)는 〈역사의 종언(The End of History)〉이라는 글을 통해 인류의 역사적 진화 과정은 이제 이상적인 종착 지점인 자유민주주의 정치이념과 시장경제라는 경제체제에 도달했음을 선언하기도 했다. 후쿠시마의 이와 같은 주장은 서구의 근현대사를 통해 사상적 대부의 역할을 해 온 철학자 헤겔(Georg Wilhelm Friedrich Hegel, 1770~1831)이 일찍이 심어 놓은 역사 발전에 대한 서구인들의 뿌리 깊은 믿음을 반영한다. 다만 한 가지 분명한 것은, 이미 레비스트로스의 구조주의 이론에서 살펴본 바와 같이, 많은 인류학자들은 이러한 견해에 동의하지 않는다는 점이다.

합리적 경제인(經濟人), 즉 호모 이코노미쿠스는 현대경제학의 창시자인 아담 스미스(Adam Smith, 1723~1790)로부터 나왔다. 그는 경제학의 고전이 된 《국부론(The Wealth of Nations)》(1776)에서 인간의 경제활동은 자기애(self-love)에서 비롯된다고 보았다. 아담 스미스가 말한 인간은 체계적인 계획과 합리적인 판단에 기초하여 자신의 만족을 최대한으로 추구하려는 이기적인 존재였던 것이다. 그런데 프랑스의 경제인류학자인 모리스 고들리에(Maurice Godelier)는 인간을 경제적 동물로 만들어 낸 것은 아주 최근의 일로 그것은 자본주의와 더불어 서구 사회가 창안해 낸 인간상이라는 점을 지적한다. 그에 의하면 인간은 매우 오랫동안 경제적 동물과는 다른 그 무엇이었다는 것이다. 그는 '경제적 동물'로서의 인간, 곧 호모 이코노미쿠스란 '계산기 같은 기계'와 다를 바 없음을 상기시키며 인간은 호모 이코노미쿠스 그 이상의 포괄적인 존재, 즉 호모 사피엔스(Home sapiens)임을 강조했다. 인간을 총체적인 관점에서 접근(holistic approach)하는 인류학의 입장에서 보면 인간을 '호모 이코노미쿠스'라는 편협한 모형으로 축소시키는 것은 스스로 인간 탐구의 영역을 제한하는 것과 다를 바 없는 것이다.

쿨라와 포트래치

모리스 고들리에는 마르셀 모스의 《증여론(Essai sur le don)》을 읽고 인류학자가 되기로 결심했다고 한다. 1925년에 출간된 《증여론》은 서태평양 트로브리안드 섬 주민들의 쿨라(Kula)와 북미 서해안의 치누크(Chinook), 콰키우틀(Kwakiutl) 인디언 사회 등에서 행해지는 포트래치(Potlatch)를 중심으로 경제행위의 본질을 다룬 책이다.

　서태평양의 멜라네시아에 위치한 트로브리안드 사회는 모계사회로서 원시 농경을 위주로 살아가는 부족사회인데, 특히 쿨라로 불리는 특이한 교역활동 때문에 인류학자들의 집중적인 관심의 대상이 되었다. 트로브리안드인들은 우선 생계에 필요한 것보다 훨씬 많은 양의 얌(yam, 주로 열대와 아열대 지방에서 자라는 식용식물)을 생산하여 그 일부를 집 앞에 전시하여 썩도록 내버려 두고, 가장 좋은 얌을 자기 여자 형제의 남편에게 준다. 이보다 더욱 특이한 경제활동은 그들이 개별적 또는 집단적으로 참여하는 의례적 교환체계인 쿨라이다. 쿨라는 트로브리안드 군도를 포함한 여러 섬들 사이에서 이루어지는 부족 간의 매우 정교한 교역체계로서, 경제적인 가치란 찾아볼 수 없는 조개껍데기로 만든 목걸이와 팔찌가 중심적인 교역 품목이라는 점에서 의례적인 성격이 강하다.

쿨라 교역에 참여하는 섬들의 주민은 쿨라 권역(Kula circle, Kula communities)을 형성하며, 각각의 참여자들은 각자의 교역 파트너를 갖는다. 더욱 특이한 것은 주요 교환 품목인 목걸이와 팔찌는 언제나 서로 다른 방향으로 전달된다는 점이다. 즉 쿨라 파트너 사이에 교역이 이루어질 때 목걸이를 주는 부족원은 그의 파트너로부터 그에 상응하는 팔찌를 받게 됨으로써 목걸이는 항상 시계 방향으로, 그리고 팔찌는 시계 반대 방향으로 돈다. 여기서 또 한 가지 지적되어야 할 특징은 교환되는 목걸이와 팔찌는 받는 사람이 영구히 소유하는 것이 아니고 길어야 1~2년 보유하다가 다시 순환의 고리를 돈다는 점이다. 즉 여기서는 소유보다는 받으면 주어야 하고, 주면 받아야 하는 호혜적 순환의 고리가 중요한 것이다. 물론 쿨라 교역에서는 두 종류의 장식품 외에 각 부족의 특산물들이 부수적으로 교환되기도 한다. 그러나 쿨라 교역은 부족의 물질적 수요와는 무관하게 이루어진다는 점에서 경제적인 실익보다는 의례적인 의미가 강한 교환체계라 하겠다. 이런 점에서 쿨라는 최소한의 노력을 통해 최대의 욕구 충족을 실현한다는 경제적 인간(Homo economicus)의 모습을 반영하지 않는다. 차라리 쿨라가 보여주는 경제행위는 물질적인 교환과 소유를 위해서가 아니라 인간들 사이의 사회적 관계를 형성해 주는 매개 수단으로 그 모습을 드러내고

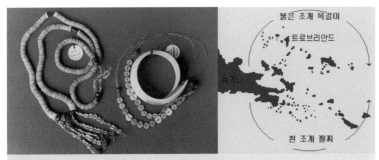

☞ 쿨라에서 핵심적 교역 품목인 조개 목걸이와 조개 팔찌. 두 품목은 쿨라 권역에서 항상 목걸이는 시계 방향으로, 팔찌는 시계 반대 방향으로 이동한다.

있는 것이다.

북(北)캘리포니아에서 남부 알래스카에 이르는 북미 서북 해안지대에 거주하는 여러 인디언 사회에서 널리 관찰된 포트래치는 그 명칭이 '소비하다', '먹이다'라는 뜻을 가진 북미 치누크 인디언의 용어로서, 매우 특이한 소비 행태를 가리킨다. 포트래치라고 불리는 이 유별난 소비 행태에서 모스가 발견한 것은 부(富)를 분배하는 독특한 원리였다. 치누크나 콰키우틀같이 포트래치를 행하는 북미 인디언 부족은 여름에는 사냥, 어로, 채집을 하며 흩어져서 생활하다가, 겨울이 되면 풍성한 자연이 베풀어 준 수확물의 소비를 위해 부족 단위로 집결하여 일종의 축제를 벌인다. 이럴 때에 행해지는 행사의 하나가 포트래치인바, 포트래치는 경쟁적으로 선물을 주고받아 서로의 우열을 가리는 일종의 선물 교환의 관행이다. 포트래치를 행하는 사회에서는 주는 행위를 통해 개인은 자신의 '관대함'을 증명해 보이고, 그에 따라 '명예'와 '지위'를 획득하기 때문에 경쟁이 극에 달하면 귀중품인 고래 기름, 수백 장

의 담요, 그리고 거주하는 텐트마저도 주거나 심지어 불태우기까지 한
다. 모스는 이러한 과잉 소비적인 포트래치를 통해 부의 배분이 이루
어져 사회적 불평등이 감소한다는 점에 주목하고 그것이 가져온 긍정
적인 사회적 결과에 대해 논했다.

물질에 대한 소유욕을 경제가 운용되고 발전하는 추동력으로 간주
하는 자유주의경제학의 관점에서 보면 쿨라와 포트래치와 같은 관행
은 이해하기 힘든 경제적 행태가 된다. 물론 쿨라에서도 사람들은 귀
중한 물건으로 간주되는 조개 목걸이나 팔찌를 갖고 싶어 한다는 점에
서 소유욕을 지녔다. 그러나 그들 사회에서는 영구적인 소유를 제한한

☞ 포트래치를 위해 모여드는 인디언들. 그들은 주는 행위를 통해 관대함을 과시하고, 명예와 지위를
얻는다.

다. 한편 포트래치는 필요 이상의 부의 축적이 가져올 사회적 갈등을 공격적 소비의 행태를 통해 분배함으로써 사회통합의 효과를 추구한다. 모스는 이러한 관행을 재화의 교환과 분배에 관여하는 하나의 원리로 파악하고, 그것을 '증여'를 매개로 한 '총체적 호혜 관계'라 불렀다. 즉 이러한 사회에서의 생산과 교환, 그리고 소비는 사회관계의 매개로서의 의미가 강하다는 사실을 지적한 것이다.

확실히 모든 인간이 단순히 먹기 위해, 또는 많이 소유하기 위해 일하고 경쟁하는 것은 아니다. 인간은 다양한 욕망을 갖는 존재이지만 사람의 마음에서 어떤 욕망을 끌어내느냐는 사회에 달려 있다. 왜냐하면 그러한 것을 조직하는 것은 사회이기 때문이다. 모스는 바로 증여와 호혜성이 사회적 삶의 근간을 이루는 것으로 파악했다.

소유의 경제와 베푸는 경제

고들리에는 개인적인 부(富)의 축적을 최고의 목표로 삼는 현대의 자본주의 사회는 사회의 통합보다는 차라리 분열을 조장하는 측면이 있음에 깊은 우려를 표명했다. 고들리에는 그의 저서 《증여의 수수께끼(L'énigme du don)》(1996)의 서문에 다음과 같이 적었다. 시장경제가 지배하는 자본주의 사회는 "경쟁력을 갖추기 위해 규모를 줄이고 비용을 낮추어 생산력을 높이는, 그래서 노동력을 감소시켜 대량 해고와 실업을 유발하는 사회체제이다. 돈 없이는 사회적 삶도 없으며, 사실상 생존 자체가 불가능하다. 개인의 사회적 삶이 경제에 의존하면서 빈부 격차, 노사 갈등 등 '사회적 균열'도 커져 간다. 자본주의 사회에서 국가는 사회를 통합하고 간극을 메울 책임이 있지만 이를 제대로 해내지 못하고 있다. 이런 상황에서는 증여와 분배의 의미가 새롭게 부각될 수밖에 없는 것이다."

그래서 고들리에는 사회적 삶의 근간을 이루는 '증여'의 참된 의미를 되살려 보며 모스의 '증여론'을 재평가하고 있다. 그는 시장경제를 보완하고 대체할 원리를 찾기 위해 전(前)자본주의 사회의 특징들을 집중적으로 비교연구해야 한다고 말했다. 바로 이러한 연구 분야의 길을 일찍이 열어 놓은 학자가 바로 《거대한 전환(The Great Transformation)》(1944)을 저술한 칼 폴라니(Karl Polanyi, 1886~1964)이다.

경제인류학 분야에서 큰 비중을 차지하고 있는 폴라니는 근대 이전 사회의 호혜적 교환이 비(非)시장경제의 핵심적 메커니즘이라는 것을 확신하고 이를 통해 자본주의 시장경제 체제를 상대화하고자 했다. 즉 그는 자본주의 시장경제 체제는 역사적 필연의 문제가 아니고 서구의 역사적 상황들이 만들어 낸 선택의 문제였다는 견해를 견지했던 것이다. 그에 따르면 경제행위에는 호혜, 재분배, 시장교환이라는 세 가지가 있는데, 근대 이후 서구 사회에서는 마지막에 등장한 시장교환이 모든 다른 경제행위를 압도해 버린 반면, 비(非)시장 사회에서는 이들 세 가지가 그것들의 기반이 되는 사회관계 속에 섞여 포함되어 있다(embedded)는 것이다. 이를 다른 말로 표현하면, 자본주의가 등장하기 전까지 경제는 사회의 일부로서 그 안에 존재했다. 그런데 본래

☞ 세계의 금융을 지배하는 월스트리트의 증권거래소. 과연 월스트리트는 상위 1퍼센트만을 위한 탐욕의 금융시스템인가?

사회 속에 스며들어 사회의 일부로 포함되어 있어야 할 경제 영역이 아담 스미스 이후 자기조정 기능을 갖춘 것으로 과도하게 이상화됨에 따라 서유럽 사회에서는 독립적이고 특권적인 영역으로 취급되는 현상이 나타났다. 그 결과 시장경제가 오히려 사회보다도 우선시되는 주객전도의 양상이 대두되었다는 것이다.

인류 역사상 전혀 새로운 경제체계인 자본주의 시장경제에서의 시장은 사회의 통제권에서 벗어나 하나의 독자적인 경제제도가 되었고, 다른 모든 사회제도들을 규제하고 통제할 수 있는 힘을 획득했다. 즉 이른바 자기조정적 시장에서는 재화뿐만 아니라 노동, 토지, 화폐라는 생산요소가 상품으로 간주되어 시장에서 매매되는바, 임금을 통해서는 노동이 규제되고, 지대(地代)를 통해 자연이 예속되며, 화폐 공급 및 이자를 통해 생산 조직이 통제된다. 그런데 폴라니는 핵심적 생산요소인 노동, 토지, 화폐를 '허구적 상품'으로 명명하면서, 바로 그와 같은 요소들의 '허구성'이 곧 시장경제의 문제점을 불러일으킨다고 진단했다. 부연하면 시장에서 상품처럼 매매된다는 노동의 경우 그것은 '생활 그 자체와 함께하는 것'이고, 토지는 '인간에 의해 생산되지 않은 자연의 다른 이름'이며, 화폐는 '결코 생산되지 않은 것이 원칙이며 은행이나 국가 재정의 메커니즘을 통해 존재하게 되는 구매력의 표시일 뿐'이다. 그럼에도 불구하고 이것들이 상품으로 취급받는다는 의미에서 폴라니는 이들을 '허구적 상품'이라 불렀다. 그리고 폴라니는 이 허구적 상품으로 인해 시장이 근본적으로 모순을 내재하고 있다고 보았다. 그렇다고 한다면 그것의 수정과 대안의 모색은 당연한 귀결이 아닐 수 없게 된다.

여기서 우리가 놓치지 말아야 할 중요한 요점은 폴라니가 원시 부족사회의 교환체계였던 증여 경제를 분석하면서 사물이나 생산물이 증여와 답례의 연결고리로 순환하는 과정을 통해 사회를 재생산해 낸다는 사실을 깨달았다는 점이다. 그런 의미에서 원시 부족사회의 교환체계였던 증여 경제는 자본주의의 등장과 함께 용도 폐기된 것이 아니며, 오히려 자본주의를 보완하고, 동시에 자본주의에 필요한 도덕적 성찰을 제공할 수 있을 것이다.

　오늘을 사는 우리는 자본주의 시장경제 체제가 안고 있는 모순을 분석하는 데 그치지 않고 한 걸음 더 나아가 시장을 사회 안으로 끌어오는 구체적인 방안까지 모색해야 한다. 그리고 인류학자들이 연구하는 다양한 사회의 모습들은 우리가 지금 살아가는 방식이 유일한 것이 아니며 여러 가지 다른 선택이 가능함을 일깨워 줄 것이다.

3 문화의 속성과
  환경 파괴

지구의 연평균기온이 올라가면

지구는 지금 몸살을 앓고 있다. 특히 지구를 감싸고 있는 오존층의 파괴와 지속적인 지구 온난화 현상은 머지않은 장래에 인류의 생존 기반 자체를 위협할 것으로 보인다.

1995년 1월 23일 아르헨티나 국립 남극연구소의 탐사팀은 남극대륙을 덮고 있는 300미터 두께의 얼음이 두 쪽으로 갈라지고 있다는 사실을 발견했다. 지구 기온이 올라가면서 남극의 만년빙이 녹아내리고 있는 것이다.

어느 과학자의 계산에 의하면 남극을 덮고 있는 얼음 덩어리가 모두 녹아내리면 지구 해수면이 36~90미터 높아진다고 한다. 이는 대부분의 해안 도시가 물에 잠길 뿐만 아니라 엄청난 생태계의 변화를 초래하는 큰 재앙이 될 것임을 뜻한다. 그런데도 화석 연료 사용에 의한 이산화탄소 배출은 계속 늘고 있다. 이에 따라 지구의 연평균기온이 앞으로도 10년마다 섭씨 0.3도씩 상승할 것으로 예견되고 있다.

그래서 이와 같은 전 지구적 문제를 해결하기 위해 1992년 전 세계의 정상들이 브라질의 리우데자네이루에 모여 '유엔기후변화협약(UNFCCC)'을 공표한 이래, 195개국에 달하는 기후협약 당사국들이 1997년에는 '교토의정서(Kyoto Protocol)'를, 그리고 2015년에는 '파리협정(Paris Agreement)'의 채택을 통해 온실가스 감축을 시도해 왔다. 그러나 이러한 협약은 선진국, 후진국, 산유국 등 각국의 이해관계가 엇갈려 실제 온실가스 감축에는 성과를 거두지 못하고 있다.

이런 사실에 접하면 인간은 자신이 몸담고 있는 경제, 국가, 세계 체계를 바꾸어 가는 데 자신이 얼마나 무력한 존재인가 하는 것을 느끼게 될 것이다. 인간은 이제 우리가 몸담고 있는 체계의 주인이 아니라 그것의 노예로 전락했는지도 모른다.

세계를 바꾸는 건 문화적 토대

오늘날 화석 연료의 지속적인 사용이 바로 지구 온난화의 주범이라는 것을 우리 모두가 하나의 확립된 과학적 사실로서 인식하고 있다. 그러한 과학적 인식에도 불구하고 파괴적인 행위를 멈추지 못하는 까닭은 무엇일까? 인류학자 레슬리 화이트(Leslie White)는 이에 대한 답을 문화의 속성에서 찾으려 한다.

레슬리 화이트는 인간의 사회적 행위를 그가 말하는 문화학(culturo-logy)적 관점에서 설명하려고 했다. 그는 개인의 심리적 특성을 가지고 사회·문화적 현상을 설명하려는 당대의 지적 유행에 회의적이었다. 예컨대 전쟁은 인간의 내적인 공격적 성향의 산물이며, 독재정권에의 굴복은 권위와 안정을 바라는 인간의 심층적인 욕구의 결과이고, 노예제도는 흑인들이 본래부터 갖고 있는 굴종 본능에서 연유한 것이라는 주장 등이 바로 그러한 설명 방식들과 통한다. 레슬리 화이트는 이러한 종류의 설명 방식은 사회적 현실을 왜곡시키는 것으로 보았다.

인간이 갖는 경쟁적 심리를 예로 들어 보면, 우리가 축구 경기에 열광하는 것은 인간의 본성이 경쟁을 즐기기 때문이 아니다. 우리 측 선수가 공격할 때 우리가 흥분과 열정으로 반응하는 것은 본능적인 것으로 보일 수 있다. 그러나 그 열광은 학습된 것이다. 그리고 우리의 열광은 지극히 한정된 것이다.

우리는 우리 측 선수의 묘기에 환호를 보내다가도 상대방 선수의 비슷한 묘기에는 아연실색한다. 같은 경기일지라도 챔피언십 경기에 수많은 관중이 몰려 열광하면서도 신생 팀 간의 격렬한 게임은 단지 몇 명만이 앉아서 관람한다. 따라서 경기에 열광하는 것은 사실 지속적이고 지극히 복잡한 학습 과정과 관련이 있다. 레슬리 화이트에 의하면 축구는 심리학적인 사건으로 이해될 수 없으며, 문화적인 사건으로 접근해야 한다는 것이다. 축구 본능이라는 것은 존재하지 않는다. 대신에 축구는 그것의 가치와 의미를 단지 더 포괄적인 문화체계 내에서 연관 지어야만 비로소 사회·문화적으로 지탱되는 형태로 우리에게 다가온다.

레슬리 화이트는 문화가 독립된 자기 체계를 갖는 것으로 확신했다.

즉 그것은 고유한 체계로서 그 자체에 추진력이 있으며, 개인보다 우월하고 자기 체계 내에 변화의 동인을 갖고 있다는 점에서 보수적이다.

그러면 어떻게 문화체계 내에서 변화가 발생하는가? 이러한 문제에 대한 가장 흔한 접근 방법은 발명이란 인간의 필요 때문에 발생한다는 주장이다. 즉 (인간이 느끼는) 필요가 발명의 어머니라는 것이다.

이러한 주장에 대해 레슬리 화이트는 다음과 같은 두 가지 사실에 우리의 주의를 환기시킨다. 우선 지적되는 것은 '새로운 발명이 가능한 문화적 토양'이 없으면 필요가 발명의 어머니가 되지 못한다는 사실이다. 20세기 이전부터 사람들은 트랙터 같은 기계를 사용할 수 있었으나, 그들의 제한된 문화적 토양은 그것의 현실화를 가로막았다. 더욱 중요한 것은 사람들이 계속해서 새로운 발명이나 혁신에 저항했다는 사실이 역사에서 확인되고 있다는 점이다. 발명이나 혁신은 문화의 성장이 특별한 수준과 형식에 도달해 그것이 문화체계의 필수적인 결과가 되었을 때에야 비로소 제 위치를 인정받았다.

여기서 레슬리 화이트가 말하려는 것은 문화체계가 특별한 발명을 받아들일 수준에 이르렀을 때, 발명은 사람들이 원하든 원하지 않든 이루어진다는 것이다. 그는 이를 뒷받침해 주는 근거로 주요 발명이 동시에 이루어진 역사적 사실들을 든다.

예컨대 진화론은 다윈(Darwin)과 월리스(Wallace)가 거의 같은 시기에 발표했으며, 전신은 사무엘 모스가 발명했다고 알려져 있지만, 1831년 헨리(Henry), 1837년 모스(Morse), 1837년 쿠크-휘트스톤(Cooke-Wheatstone), 그리고 1837년 스타인네일(Steinneil) 등 여러 사람들에 의해 동시에 발명되었다. 미적분학도 뉴턴(Newton)과 라이프니츠(Leibnitz)에 의해 독립적으로 발전하였으므로 이 역시 '다양한 동시에 독립적인 발명'의 잘 알려진 예이다. 로빈슨(Robinson), 리스턴(Liston), 모턴(Morton)은 같은 해인 1846년 각기 개별적으로 유황 에테르에 마취 성질이 있음을 알아냈고, 1850년에는 아폴드(Appold), 그윈(Gwynne), 베서머(Bessemer) 세 사람이 동시에 '원심력 펌프'를 발명했다.

이와 같이 역사는 독립적이고, 동시적인 발견과 발명 들로 가득 차 있다. 그래서 문화사회학자 오그번(W. F Ogburn)은 과학사에서 중요시되는 148개에 달하는 동시적 발견, 발명들의 목록을 제시한 바도 있다. 만일 레슬리 화이트의 주장이 옳은 것이라면 우리는 우리를 보다 나은 세계로 이끌어 줄 위대한 개인(영웅이나 천재)을 필요로 하지 않는다. 오히려 우리는 문화에 내재해 있는 유용한 요소, 즉 광범한 문화적 토대를 필요로 한다. 왜냐하면 문화현상의 원인은 문화 속에 있기 때문이다.

공동의 욕망, 공동의 비극

오늘날 인류가 경험하고 있는 환경 파괴의 비극은 인간이 스스로 만든 문화에 몰입되어 있기 때문에 계속되고 있다. 이런 상황을 개럿 하딘(Garette Hardin)은 〈공동의 비극(Tragedy of the Commons)〉이라는 글에서 우화적으로 그려 보여 주었다.

공동으로 소유하는 푸른 목장이 있었다. 이곳은 누구든지 자기의 소를 끌고 와 풀을 먹일 수 있는 곳이었다. 그러므로 모든 사람은 가능한 한 많은 소를 공동의 초지에 놓아먹이려 했다. 과거 수백 년 동안은 가뭄, 질병, 부족 간의 전쟁 등이 초지를 이용하는 인간과 짐승의 수를 제한했기 때문에 공동 목장은 유지될 수 있었다.

이제 사회적 안정이 이루어지면서 사정은 달라지기 시작했다. 모든 사람들은 그들의 소득을 증대시키려고 방목 가축 수를 증가시켰다. 지나치게 늘어난 가축은 초원을 황폐화시켰고, 결국 가축들은 굶어 죽기 시작했으며 소를 기르던 사람들 역시 같은 운명에 처하게 되었다.

하딘이 말하고자 하는 것은, 문화적으로 규정되는 '보다 나은 삶을 추구하려는 인간의 노력'이 궁극적으로 인간 사회를 유지시키고 있는 환경을 파멸시키는 결과를 초래하지만, 그러한 노력을 중단하는 것이 어렵다는 사실이다. 그가 제시하고 있는 예는 비록 가상적인 것이지만 이를 통해 그는 사람들이 깨닫지 못하는 사이에 수용능력에 한계가 있는 환경(공유 초지)에서 가축을 계속 증가시키도록 하는 사회·문화적 체계에 스스로 예속되어 있음을 보여 주고 있다.

하딘의 이야기는 하나의 우화지만 인류학적 연구 중에는 불행스럽게도 아프리카의 새홀(Sahel)족의 사례가 그의 도식에 꼭 들어맞는다.

아프리카의 유목민인 새홀족은 1920년대부터 인구 성장에 의한 압박을 받기 시작했다. 늘어나는 인구와 가축의 수 때문에 목초지는 서서히 황폐화되었으며 이에 수반하는 고통이 뒤따랐다. 그러나 1960년대 중반 평균 강수량보다 많이 내린 비 덕분에 목초지가 부활될 것처럼 느껴졌다. 이에 유목민들은 그들의 문화적 목표를 좇아 가축의 수를 크게 늘려 이익을 취했다.

그 후 날씨가 건조해지기 시작했는데도 그들은 자신과 가족을 위해 더 많은 가축들을 방목했다. 그리하여 새홀족은 그들의 생활 터전인 목초지가 회복될 수 없을 정도로까지 과잉 방목하는 지경에 이르렀다. 그 결과 목초지는 사막으로 변하였고, 그들의 삶과 생활양식은 파괴되고 말았다.

☞ 사람들은 공동의 선보다는 개인의 목적에 더 충실하다가 자신을 포함하여 공동체 자체를 파괴하는 경우도 있다. 사진은 지나친 방목으로 황폐화된 새홀족의 목초지.

문화가 지배할지도 모르는 미래

이야기를 원점으로 되돌려 보자. 화석 연료의 사용이 생태 파괴적인 온실효과를 일으킨다는 것이 과학적 사실로 널리 알려졌지만, 우리는 왜 우리가 하고 있는 행위를 멈추지 못하는 것인가?

자동차의 배기가스가 서울의 하늘을 잿빛으로 만들고 있다는 사실을 매일 눈으로 직접 확인하면서도 우리는 '마이 카의 꿈'을 실현하기 위해 오늘도 자동차 구입에 열을 올리고 있다. 왜냐하면 우리의 생활 양식이 자동차가 필요한 것으로 변화되었고, 우리의 가치 체계가 자동차를 선호하도록 바뀌었기 때문이다.

또한 지구상에서 국가가 경쟁의 단위로 되어 있는 이상 우리나라의 입장에서도 자동차 산업은 포기할 수 없는 주요 산업이다. 자동차 산업은 수천 개의 관련 산업들로 연결되며 따라서 관련 산업까지 합하면 수백만 명의 생계가 여기 매달려 있다. 그러므로 이 모든 체계가 개인의 수준에서 자동차를 포기할 수 없도록 만들고 있는 것이다.

레슬리 화이트가 지적하고자 하는 문제 상황은 바로 이러한 것이라고 할 수 있다. 인간이 분명 문화를 만들어 냈으나 이제 그것을 형성하고 그 과정을 통제하는 주체는 더는 우리 자신이 아니라는 점을 레슬리 화이트는 지적하고 있다. 이것은 문화적인 영향의 중요성과 인간 삶의 진정한 본질이 무엇인가를 성찰해 보자는 강력한 요구의 성격을 갖는다.

레슬리 화이트의 문화 이론이 미래에 관련해 제시하고 있는 것은 무

☞ 공기 오염과 지구 온난화의 주범인 공장 굴뚝의 연기는 오늘도 뿜어져 나오고 있다. 사람들은 공동의 삶보다는 개인과 국가의 이익에 더 충실하기 때문이다.

엇인가? 이것에 대해 레슬리 화이트 자신이 말한 바는 없지만, 레슬리 화이트 이론의 가장 극단적인 외연(外延)은 문화의 성격이 '사람을 위한 문화'에서 '사람으로부터 분리된 문화'로의 전이가 진행되고 있다는 전망이 아닐까 한다.

이제 문화는 독립된 체계로서 인간으로부터 외재(外在)하여 구속력을 갖게 됨으로써, 장차 그것은 인간과 기계적으로 관련되어 있어 우리가 그것을(이것은 흔히 '이면의 드라마'라고 한다) 잘 이해하지 못하는 상태가 될 수도 있을 것이다. 그렇게 되면 마르크스가 중요시했던 소외의 과정은 이제 그 내용과 의미가 달라지게 된다. 오늘날 우리가 당면하고 있는 환경 파괴의 문제를 접하면서 새삼 레슬리 화이트의 문화이론에 대한 재조명의 필요성을 느낀다.

4 <u>포스트모던</u> 인류학

이성과 합리성에도 모순이

일반적으로 인류학자가 민족지를 작성하는 것은 연구 대상이 되는 집단의 현실에 접근해 그들의 생활 세계를 있는 그대로 인식하고 기술하는 것으로 간주되어 왔다. 실제로 인류학 조사방법론 강의는 그러한 인식을 객관적으로 확보할 수 있는 기법들, 예컨대 참여관찰과 인터뷰, 그리고 교차검증 등에 관한 기술적 내용이 주종을 이룬 것이 사실이다.

그렇지만 개별 인류학자들이 작성한 민족지는 때때로 상호 모순적일 경우가 있기에 인류학적 지식의 객관성에 대한 의문이 제기되기도 했다. 그러나 칼 포퍼(Karl Popper)가 지적했듯이 객관성을 개인(인류학자)의 마음에서 찾으려 하기보다는 차라리 한 학문 영역의 제도적 수준이나 비판적 전통에서 추구되어야 한다는 주장이 설득력을 갖는 것으로 받아들여졌다. 객관성의 확보는 끊임없는 상호비판과 수없이 많은 서로 다른 편견들 간의 지속적 상호작용을 통해서 시간을 두고 누적적으로 증진된다는 것이다.

인류학의 민족지 작성과 관련해 보다 심각한 비판은 1980년대 중반 이후 포스트모던 인류학자들에 의해 제기되었다. 앞에서 언급한 민족지의 객관성 확보 문제는 일면 기술적 차원의 단순한 성격을 갖지만 포스트모던 인류학자들이 제기한 문제는 인식론에 관련되어 있다. 이에 기초해 정치적, 도덕적, 윤리적 문제와 쟁점까지 거론하고 있다는 점에서 보다 더 근본적이다.

포스트모더니즘의 등장은 인류학에 한정된 현상이 아니다. 포스트모더니즘은 1970년대에 들어서면서 건축, 미술, 음악, 문학 등의 예술분야에서 모더니즘에 대한 반발로 시작되었다. 1980년대에는 니체(Nietzsche)와 비트겐슈타인(Wittgenstein)의 영향을 받은 푸코(Foucault)나 데리다(Derrida), 그리고 리오타르(Lyotard) 등의 철학을 기초로 하나의 사상적 흐름을 형성하였고, 이것이 매우 빠른 속도로 인문·사회과학에 확산되었다.

포스트모더니즘의 근간은, 모더니즘이 그 이전의 전통주의에 반대해 등장했던 것처럼, 서구 모더니즘의 근본을 거부하는 것을 특징으로 한다. 즉 그것은 서구의 모더니즘이 그토록 추구했던 이성과 합리성을 신뢰하지 않는다. 왜냐하면 근대의 합리성은 생태계의 파괴에서 보듯 그 자체에 심각한 모순을 내포하고 있음이 극명하게 드러나기 때문이다.

따라서 포스트모더니즘은 근대에 형성되어 헤게모니를 갖고 있는 총체적 이념에 반기를 들면서, 주체와 객체를 이분법적으로 나누는 오류에 기초해 대상을 자의적으로 묘사하는 객관화의 체계를 해체시키고자 한다. 또한 그것은 감각적 지각 유형 중 한 가지에 불과한 관찰력에 특권을 부여하는 상징체계를 거부하면서 다중성을 강조하고, 동시적인 문화적 담론의 갈래가 여러 가지 있을 수 있음(multiplicity of simultaneous cultural discourses)을 인정한다. 그러므로 포스트모더니즘은 과학적 지식과 권위를 무시하면서 새로운 인식론적 지평을 열고자 한다.

사실 포스트모더니즘의 도전은 근대적 이성과 이성적 조직에 대한 도전으로서 모든 사회과학 분야에 걸쳐 확산되어 있다. 예컨대 포스트모더니즘은 심리학에서 의식적, 논리적, 그리고 조리 있는 주체의 존재를 의심하도록 하고, 행정학에서는 중앙집권적 계획과 전문가에 대한 의존으로부터의 철회를 주장하며, 정치학에서는 서열적이고 잘 정비된 관료제의 권위를 거부하도록 장려한다. 그리고 인류학에서 포스트모더니즘은 미개사회와 지방적인 문화를 서구 선진 세계의 인식 틀로부터 해방되도록 고취한다.

포스트모더니즘에 대한 설명을 이토록 장황하게 늘어놓는 이유는 그것이 인류학에 한정된 질문을 던지고 있는 것이 아니라, 근대 이래 형성된 이성적 과학과 과학적 지식을 해체시키고 있다는 사실을 지적하고자 하기 때문이다.

이제 객관적인 것은 없다

포스트모더니즘의 영향과 도전이 범사회과학적이라는 사실을 감안하더라도 인류학적 포스트모더니즘은 그동안 인류학에 쌓아 온 민족지적 작업의 타당성과 신뢰성에 대한 의문을 제기함으로써 인류학의 민족지 작성 자체를 근본적으로 뒤흔들어 놓고 있다는 점에서 우리의 관심을 끈다.

포스트모던 인류학자들의 민족지 비판은 과거 말리노브스키 이래 인류학자들이 민족지 기술(記述)을 다른 민족의 문화에 대한 객관적 표상화(objective representation)로 간주했다는 데 모아지고 있다. 본질적으로 그들의 비판적 검토의 주된 대상은 과학적 지식의 성격과 객관

☞ 장기간의 인류학적 현지조사를 통한 최초의 민족지 작성을 한 것으로 알려진 말리노브스키가 트로브리안드 원주민과 함께 찍은 사진. 그의 연구 결과는 과연 원주민의 객관적 현실을 제대로 반영한 것인가? 포스트모던 인류학자들이 던지는 질문이다.

적 기술에 관한 것이다.

우선 포스트모던 인류학자들은 인류학자들이 몸담고 있는 사회와 대학, 그리고 그들이 연구비를 제공받는 기관 등에 눈을 돌린다. 이는 과거 인류학적 방법론의 논의가 인류학자를 사회와 문화를 연구하는 일종의 장인(匠人)으로 보고 그와 관련된 장인의 기술 자체에 대해서만 논의를 했다면, 포스트모던 인류학자들은 그 장인이 생산적 작업을 행하는 공장에 먼저 초점을 맞추는 셈이다.

이는 물론 기술자의 생산품은 그가 속하는 공장의 조직원리나 노동 조건에 따라 규정된다는 점을 지적하고자 하는 것이다. 여기서 포스트모던 인류학자들은 서양의 세계관, 사회이론, 그리고 서구가 자행한 식민통치와 같은 정치적 지배구조가 어떻게 서구 인류학의 연구 주제와 가정, 그리고 방법에 영향을 주었는가를 우선적으로 검토하고 비판한다.

다른 분야에서도 마찬가지겠지만 인류학적 포스트모더니즘은 푸코와 데리다, 그리고 리오타르의 영향을 많이 받았다. 주지하는 바와 같이 푸코는 힘과 권위가 지식의 본질에 핵심적임을 논했다. 즉 그는 힘과 권력이 진리를 규정하는 것이며 지식과 진리는 다시 힘, 권력관계를 변화시킨다고 보았다. 데리다의 경우 그는 구조주의가 제시한 독자적, 폐쇄적 의미 구조의 존재를 부정하면서 의미의 다양성, 복합성, 가변성을 주장했으며, 리오타르는 언어로 표현되는 이론의 자의성을 강조했다.

결국 이 모든 논의들은 사회현상이 구성되는 것이고 사회관계의 구성에 있어서 핵심적인 것은 권력이라는 점을 강조함으로써, 이른바 객관적이라고 주장되는 지식의 보편적 적용 가능성을 부정하는 것이다. 결과적으로 이들은 지식을 인간의 사회적, 역사적, 문화적 경험에 의존하는 지역적이고 일시적인 것으로 받아들일 것을 요구한다.

그러므로 경험적, 객관적 기술(記述)임을 표방하는 민족지 역시 인류학자에 의해 자의적으로 구성된 것에 불과하다. 그것은 인류학자와 조사 대상자 간의 힘의 역학관계에서 자유롭지 못하다는 것이다. 그런 점에서 포스트모던 인류학자에게 있어서 민족지는 그저 또 다른 하나의 글(text)에 불과하다.

만일 포스트모던 인류학자들이 주장하는 바와 같이 객관적 사실의 기록이 사실상 불가능한 것이라 한다면, 인류학자들이 그동안 사회과학의 이름 아래 행한 모든 작업은 재평가를 받아야 한다. 그와 동시에 인류학의 목표와 성격 또한 바뀌어야 한다. 그래서 포스트모던 인류학자들은 실제로 민족지의 새로운 기능에 대해서 다음과 같이 말하고 있다.

과학적 이론은 불가능하다. 과학도 하나의 이야기에 불과하여… 저자의 독재적 편집을 포기하고 원주민의 다양한 목소리를 보여 주고 보다 개방되고 민주적인 민족지를 장려해야 한다. 포스트모더니즘의 민족지는 읽는 이가 민족지와 대화를 하면서 스스로 느끼도록 하는 방식을 추구한다. (…) 민족지는 타 문화를 표현하는 것이 아니라 시(詩)와 같이 읽는 이의 느낌을 자극하는 것…. 민족지가 타 문화를 제대로 표현했는가의 문제는 포스트모더니즘의 시대에서는 의미가 없다. 객관적 인식이 불가능한 현실에서 사실주의에 입각한 인류학자들이 자기 민족지를 과학적인 것으로 제시하는 것은 읽는 이에게 저자의 권위를 강조하는 권위주의적인 행위일 뿐….

-이정덕, '인류학적 포스트모더니즘에 관한 검토',

〈비교문화연구〉 창간호, 126~127쪽에서 인용

포스트모더니즘의 의의

포스트모던 인류학자들이 내세우는 주장은 너무나 근본적이고 충격적인 내용을 담고 있기 때문에 그에 대한 비판과 자세한 논의를 여기서 본격적으로 다루기는 어렵다. 다만 포스트모던 인류학은 인류학계에서 주도적인 위치를 차지하고 있는 것이 아니며, 그에 대한 비판세력 또한 많은 것이 현실이다.

스튜어트 인류학회에서 펴내는 잡지(*Journal of the Steward Anthropological Society*) 제22권(1994)은 포스트모던 인류학에 대한 특집으로 꾸며져 있다. 여기서 그린달(Grindal), 사우스홀(Southall), 인거솔(Ingersoll), 그리고 니켈(Nickell) 등은 포스트모던 인류학을 계몽주의의 꿈이 쓰러져 가면서 등장한 과도기적 현상으로 보고, 그들이 분석적 접근 방식으로 채택하고 있는 해체주의가 인간적 차원(human dimensions)을 배제시킨 공허한 것이라 평가절하하고 있다.

따라서 현 단계에서는 포스트모더니즘 자체가 사회과학에서 실증주의가 누렸던 주도적인 지위를 앞으로 누리게 될지, 아니면 한때 유행하다 사라져 갈 과도적인 이론인지 쉽게 말하기는 어렵다. 다만 확실한 것은 포스트모던 인류학 역시 나름대로의 취약점을 많이 갖고 있는 하나의 학문적 조류라는 사실이다. 그리고 사회과학 방법론에 대한 포스트모더니즘의 공헌은 좀 더 시간을 두고 인류학뿐만 아니라 사회과학 전반에 걸쳐 별도의 문제로 검토되어야 할 것이다.

어찌 되었든 간에 포스트모던 인류학은 인류학 방법론 전반에 걸친 문제를 제기했고 그 결과 민족지 작성을 둘러싼 새로운 각성의 계기를 만들어 주었다는 점에서 그 영향은 모두 부정적인 것만은 아니다. 즉 포스트모던 접근 방식은 무엇보다도 민족지 작성에 있어서 조사 대상 주민의 입장과 견해에 인류학자들이 보다 개방적이고 진지한 자세로 임할 것을 촉구하고 있다.

포스트모던 인류학자들에 의하면 민족지를 작성할 때 필요한 것은 조사자와 피조사자 사이에 평등적 관계를 확보하는 것이다. 즉 자신의 권위를 고집했던 인류학자(조사자)의 독선을 배제하고, 민족지적 타자로서 객관화의 대상으로만 간주되던 피조사자인 지역주민의 소외를 해소하려는 자세가 필요하다는 것이다. 이와 같은 지적은 민족지 작성에 있어서 다양한 자기성찰적 계기를 마련해 주고 있다.

이 세계를 정연히 질서 지어진 것으로 파악하고 세계는 그것을 동질화시켜 나가는 어떤 힘의 중심에 의해 운용되고 있다고 믿는 근대적 관점에서 보면, 포스트모더니즘이 주장하는 지식의 다면중심적 성격과 힘(권력)을 상대주의화 하려는 시도는 지극히 혼란스러워 보일 것이다.

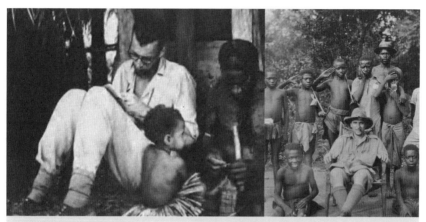

☞ 포스트모던 인류학은 인류학자들이 조사 대상 주민의 입장과 견해에 보다 개방적이고 진지한 자세로 임할 것을 촉구한다. 특히 조사자와 피조사자 사이에 평등한 관계의 확보를 강조한다.

그러나 마커스(George E. Marcus)와 피셔(Michael M. J. Fischer)가 그들의 저서 《문화 비평으로서의 인류학(Anthropology as Cultural Critique)》에서 지적한 바와 같이 현재의 문화적 상황은 탈근대, 탈식민, 탈구조의 상황으로 특징지어지는, 그래서 근대와는 매우 달라진 후기 산업사회의 상황을 맞고 있다. 페미니즘의 성장, 동성연애자 집단의 사회적 인정, 소수민족의 부상, 국가 기능의 축소와 지방의 재발견 등은 그러한 상황 변화의 몇 가지 징후들에 불과하다. 포스트모더니즘은 확실히, 오늘날 하나의 주된 설명 방식이 힘을 상실하고 있는 것에서 볼 수 있듯이, 우리가 당면하고 있는 전 세계적인 조건의 하나인 셈이다.

그러므로 포스트모더니즘을 일종의 인식론적 망상이라고 치부해 버리기보다는 포스트모던 비판자들의 지적을 검토해 볼 필요가 있다. 무엇보다 포스트모던 인류학자들의 민족지 비판은 보다 나은 민족지를 만드는 데 도움을 준다. 포스트모던 인류학자들에 의하면 실증주의의 독선적 과학관에 입각한 민족지는 관찰 가능한 경험 세계의 기록에만 치중함으로써 근원적으로 현실의 부분적인 묘사를 전체인 양 호도하고 있다. 그러나 사회현상은 자연현상과 달리 의미적으로 구성되기 때문에 바로 그와 같은 구성의 과정 자체를 분석해야 한다.

이와 관련해 포스트모던 인류학자들은 특히 조사자(인류학자, 사회과학자)와 피조사자(원주민, 지역주민) 사이에 존재하는 불평등 관계를 지적하며 사회조사에 있어서 정치적, 도덕적 문제를 제기했다. 과거 인류학자는 흔히 식민통치국의 신민으로서 식민지의 주민을 연구하였고, 현재에는 선진국의 국민으로서 제3세계(이른바 후진국) 주민을 연구 대상으로 한다.

시야를 국내로 돌리면 인류학자 또는 여타 사회과학자들은 대학교수의 신분을 가지고 (피지배적 지위보다는) 흔히 지배층의 일원으로서 대학과 학문공동체라는 특수조직의 영향하에서 연구 활동에 종사한다. 그러므로 그들의 연구는 연구 주제와 연구 지역, 또는 접근 방식의 선정에서 이미 특정 가치로부터 완전히 자유롭지 못하다.

또한 현지조사에 임하는 인류학자는 현실을 있는 그대로 파악할 수 있게 해 주는 일종의 '현미경(사회조사 방법)'을 가지고 있다고 생각하며 객관적 관찰과 기술을 표방한다. 이는 물론 현실을 의미적으로 구성된 것으로 보기보다는 구조화된 것으로 파악하기 때문이다.

그러나 현실은 문화가 그러한 것처럼 항상 변하는 것이며 살아 있는 것이다. 또한 현실은 '의미적으로 구성되는 것'이기 때문에 주관적 경험(특히 현실을 구성하고 있는 참여자들 모두의 경험)의 중요성을 도외시해서는 안 된다.

시인 예이츠(William Butler Yeats)가 말한 "무용을 안다는 것이 과연 무용수를 안다는 것과 같은가?"라는 구절은 인류학자들에게 방법론상 많은 문제를 생각하게 만든다. 이와 관련해 포스트모던 인류학자들이 주장하는 것이 바로 조사 대상자들에게 자신의 주장과 담론을 민족지에 반영시킬 수 있는 권리를 부여해야 한다는 것임을 상기할 필요가 있다.

결론적으로 이상의 논의들은 민족지 작성 작업(현지조사, 관찰, 면접, 기록, 분석, 해석 등)에서 민족지가 만들어지는 다양한 사회적 맥락을 고려해야 함을 말해 준다. 구체적으로 그것은, 보다 완벽한 민족지 작성을 위해서는, 정치경제학적 관점과 역사적 접근이 필요하다는 것을 지적해 주고 있으며 방법론상 해석학적이며 가치평가적인 입장의 수용을 촉구하고 있다.

5 남아도는 식량, 굶주리는 사람들

세계 8억 인구가 굶주리고 있다

우루과이라운드 협상의 타결로 쌀시장 개방이 불가피하게 되면서 등장한 구호 중의 하나가 '식량 안보'라는 말이다. 사실 몇몇 미래학자들에 의하면 21세기의 가장 심각한 문제 가운데 하나가 인구증가에 따른 식량 부족 현상이라고 한다.

《21세기를 준비하며(Preparing for the Twenty-first Century)》를 쓴 폴 케네디(Paul Kennedy)는 2025년에는 세계 인구가 85억에 달할 것으로 전망하고 있다. 그는 이 같은 인구증가의 95퍼센트가 개발도상국에서 이루어질 것이며, 극심한 식량난과 그에 따른 국제적 인구 이동의 가능성에 대해 우려를 나타냈다.

그러나 식량 부족과 기근 현상은 미래에 걱정해야 할 일이 아니라 현재 세계의 많은 국가에서 부딪치고 있는 심각한 오늘의 문제인 것이다. 유엔 산하 세계식량·농업기구(FAO : Food Agriculture Organization)가 발표한 통계에 따르면 2013년 현재 약 8억 4000만 명의 인구가 기

아와 만성적 영양실조로 고통 받고 있다고 한다.

영양실조라고 하면 언론에 가끔 보도되는 뼈만 앙상하게 남은 소말리아 등지의 사람들과 같은 모습을 생각하기 쉽다. 하지만 만성적 기아는 언론에 보도되는 극적인 기근보다도 더욱 많은 사람의 목숨을 앗아가는 원인이 되고 있다. 조지 켄트(George Kent)라는 학자는 그로 인해 매년 사망하는 숫자가 1800만에서 2000만 명에 이른다고 계산했다.

20세기에는 과학기술의 발달로 인류사상 가장 풍요로운 산업사회가 이룩되었다고 말한다. 그러면서 8억 4000만에 달하는 인구가 만성적인 배고픔과 영양실조에 허덕인다는 것은 아이러니가 아닐 수 없다. 고고학자들의 추산에 의하면 약 1만 년 전의 세계 인구는 대략 1000만 명이었다고 하니 8억이라는 숫자는 1만 년 전 인구의 80배에 달하는

☞ 농업은 발달했지만 약 8억의 인구가 굶주리고 있다. 사진은 앙상하게 마른 소말리아의 소년들.

셈이다.

그렇다면 오늘날 세계적 문제로 부각되고 있는 만성적 기근의 원인은 무엇인가? 가장 먼저, 그리고 쉽게 떠오르는 답은 물론 오늘날 세계적으로 인구가 지나치게 많다거나 아니면 식량의 생산량이 부족하다는 것이 아닐까 한다.

사실 지난 1세기 동안의 인구 성장은 놀랄 만한 속도로 진행되었다. 즉 맬서스(Malthus)가 그 유명한 《인구론(An Essay on the Principle of Population)》을 쓴 1825년의 세계 인구는 10억이었으나 100년 뒤에 그것은 20억으로 두 배 불어났고, 1990년에는 다시 그 두 배 이상인 50억을 훨씬 넘는 인구로 성장했다. 맬서스는 식량 생산의 증가가 인구증가의 속도를 따라잡지 못할 것이라고 예견했다. 오늘날 만연하고 있는 배고픔의 현상을 설명하는 데는 이러한 이론이 설득력을 갖는 것처럼 보인다.

그러나 그것은 틀린 생각이다. 왜냐하면 유엔 산하 세계식량·농업기구의 자료는 오늘날 세계에서 생산되는 곡물만을 가지고도 세계의 전체 인구에게 매일 3600칼로리를 공급할 수 있다는 것을 보여 주고 있기 때문이다. 이 FAO의 계산에는 곡물의 칼로리만이 다루어졌기 때문에 채소, 과일, 육류 등은 포함되지 않았다. 그러므로 생산되는 식량이 부족하기 때문에 굶주리는 사람이 8억 4000만에 달한다는 이론은 설 땅이 없다.

역시 같은 FAO의 자료에 의하면 세계에서 생산되는 곡물의 40퍼센트는 사람이 먹는 것이 아니라 가축의 사료로 쓰인다고 한다. 사료용

곡물을 그처럼 많이 재배하는 이유는 서구의 선진국들이나 많은 나라의 고소득계층이 소고기와 같은 양질의 육류를 선호하기 때문이다.

'식량은 부족한데 인구는 많다.'는 식의 설명 방식이 옳지 않다는 것을 보여 주는 증거는, 기아 문제가 심각한 것으로 알려진 몇 나라의 사례만 분석해 보아도 나타난다. 기아, 빈곤 하면 연상되는 나라가 방글라데시일 것이다.

그런데 방글라데시의 연간 쌀 생산량은 국민이 1인당 매일 2064칼로리의 영양을 섭취할 수 있는 양에 달한다. 보통 성인 1인이 하루에 필요로 하는 열량이 2500칼로리 내외인 것을 감안한다면 결코 적은 양이 아니다. 만일 곡물에 채소, 과일 등과 같은 다른 작물을 보충한다면 방글라데시의 농업 생산 능력으로는 적어도 국민이 굶어 죽지 않아야 한다.

그런데도 방글라데시 국민의 3분의1은 하루 평균 1500칼로리 이하만을 섭취함으로써 만성적인 영양실조에 시달리고 있다. 빈곤과 기근에 시달리는 것으로 흔히 알고 있는 인도의 경우도 사실은 밀과 쌀의 주요 수출국가이다. 아프리카의 경우도 아프리카 전체를 놓고 보면 농산물의 수입보다는 수출의 양이 훨씬 많다.

최근 들어 극심한 기근을 겪은 에티오피아, 케냐, 소말리아, 수단, 탄자니아, 우간다 등은 '아프리카의 뿔(Horn of Africa)'이라는 지역에 있다. 이 나라들이 1983년에 수출한 농산물의 양은 수입한 양보다 약 10억 달러어치나 많았다. 앞 장에서 말한 새홀족이나 에티오피아와 소말리아의 기근 문제는 매스컴의 조명을 많이 받았기 때문에 우리에게도 익숙한 경우이다.

그러나 만델라 집권 이전의 남아프리카공화국에서 연간 약 5만 명의 어린이가 굶어 죽었다는 사실을 아는 사람은 드물다. 역설적으로 남아프리카는 대체로 아프리카에서 최대 농산물 수출국의 지위를 누려 왔다. 남미의 브라질에서는 약 8600만 명이 충분히 먹지 못하는 것으로 분류되지만 브라질은 미국에 다음가는 세계 제2의 농산물 수출국이다.

결국 오늘날 만연하고 있는 굶주림의 문제는 농산물을 생산할 수 있는 기술이나 능력이 없기 때문이 아니라, 농산물 생산 구조와 분배 구조상의 왜곡 및 불평등에 기인하는 것이다.

만성적 기아가 널리 퍼져 있는 아프리카의 경우를 사례로 삼아 문제를 분석해 보면, 아프리카의 식량 문제는 바로 농산물 생산 및 분배 구조의 왜곡에서 비롯되었다는 점이 드러난다. 많은 아프리카 국가들의 경우 식량 문제의 발단은 식민통치하에서 국내의 농업 구조를 서구가 필요로 하는 기호식품의 생산 구조로 바꾼 데에 상당 부분 그 원인이 있다.

식민통치자들은 그들의 이익만을 위해 강탈, 매수, 융자, 기술 지도 등 실로 다양한 방법을 동원해, 아프리카 농민들이 대대로 재배하던 곡물들 대신 커피나 담배, 코코아, 사탕수수 등과 같이 현금화할 수 있는 작물로 바꾸도록 했다. 이는 아프리카 농민이 자급자족에서 벗어나 이제 대외의존적 농업에 얽매이도록 만들었고 때로는 환경 파괴를 가져와 궁극적으로 아프리카 지역 내 농업의 잠재력을 약화시켰다.

아프리카의 많은 나라는 독립 후에도 그들의 농업정책을 크게 바꾸지 않았다. 농업 개발을 위한 정책이나 예산은 대규모 농업이나 수출 농업을 위한 기술 등에 투입되었다. 정치적 필요성 때문에 국민의 다수를 차지하는 도시민들의 불만을 사지 않기 위해 저곡물가 정책이 채택되었다. 이에 더해 값싼 수입 농산물 역시 아프리카의 농업 구조를 왜곡시키는 데 일조했다.

방글라데시 역시 아프리카와 유사한 과정을 밟았다. 1757년 영국인이 처음 도착했을 때의 방글라데시는 풍족한 농업사회였다. 농민들은 농토를 공유하거나 아니면 가족의 부양에 충분한 면적의 토지를 경작하는 것이 허용되어 식량 생산에 별문제가 없었던 것이다.

그런데 영국의 식민통치가 시작되자 토지의 사유화와 환금작물의 재배가 강요되면서 농민들은 점차 토지를 잃게 되었다. 영국인이 도착한 지 200년 후인 20세기 후반 방글라데시 농민의 3분의2는 전체 농토의 10퍼센트 이하를 소유하는 것으로 나타났다. 토지를 갖지 못한 농민은 식량 구입을 위한 현금이 없기 때문에 결국 굶주리게 된 것이다.

1960년대 이래 식량 증산의 성공적 사례로 널리 선전된 녹색혁명도 농민 사회 내부에서 심화된 불평등 현상을 막아 내는 데 실패함으로써 만성적 굶주림 문제를 해결하는 데 큰 도움이 되지 못했다. 녹색혁명은 품종개량과 과학적 영농기술에만 의존했기 때문에 그것이 가져온 생산량의 증대에도 불구하고 부익부 빈익빈 현상을 초래했다.

뿐만 아니라 새로운 품종은 과도한 비료와 농약의 사용을 필요로 하여 농업이 석유화학공업에 더욱 의존하게 되는 이유가 되었다. 결과적으로 그것은 농업이 외국의 대규모 농약회사, 기업체나 기관 등에 의존하는 경향을 심화시켰다. 예를 들면 인도에서는 새로운 씨앗을 받아들인 결과 1970년대에만 화학비료의 사용량이 3배 증가했다. 비료의 수입도 크게 늘어 1960년대 말에서 1980년 사이에 비료 수입 비용이 6배로 불어났다.

녹색혁명의 결과 인도의 밀 생산은 크게 신장되었으나 농민들의 주된 단백질 공급원인 완두콩, 렌즈콩, 콩 등의 생산은 오히려 절반으로 줄어들었다. 한마디로 말해 식량 증산이 많은 사람이 음식을 풍족하게 먹을 수 있음을 뜻하지는 않았던 것이다.

풍요로운 수렵·채집인들의 사회

흔히 인류는 야만의 상태에서 문명으로 '발전'해 왔다고 말한다. 그런데 오늘날 현대의 문명사회에서 일어나고 있는 만성적 기근의 문제와 굶주림 때문에 죽어 가는 수많은 사람들을 목격하면서 발전의 의미를 되새겨 볼 필요를 느낀다.

인류 역사의 99퍼센트는 수렵·채집의 사회였다. 즉 약 1만 년 전까지 인류는 수렵과 채집에 의존해 살아왔던 것이다. 그 후 약 8000년이 지나자 세계 인구의 절반가량은 농업 또는 목축에 종사하게 되었으나 여전히 나머지 절반의 인구는 수렵·채집인이었다.

약 500년 전에는 수렵·채집인이 세계 인구의 15퍼센트로 줄었고 현재는 전 세계에 겨우 3만 명 미만만이 수렵·채집 생활을 하고 있다. 현재의 수렵·채집인은 문명의 손길이 닿지 않은 오지에서 간신히 명맥을 유지하고 있을 뿐이다. 이러한 수렵·채집인은 가장 미개한 문화를 갖는 야만 상태의 삶을 살아가는 대표적인 예로 간주된다.

우리나라에서는 수년 전 〈부시맨〉이라는 코미디 영화가 상영되어 히트를 친 적이 있다. 이 영화의 주인공은 아프리카 칼라하리 사막에서 수렵과 채집으로 살아가고 있는 부시맨족이다. 이 영화를 관람한 사람들은 수렵·채집인의 생활상을 단편적으로나마 알게 되었을 것이다. 부시맨과 같은 수렵·채집인은 사람이 살아가기에는 어려운 환경인 사막지대 등지에서 아주 단순한 문화를 갖고 소규모집단을 이루어 생을 영위하고 있다.

겉으로 보기에 수렵·채집인의 삶은 혹독한 환경에 무방비로 노출되어 있어 무척 고달픈 것처럼 보인다. 특히 문명인이 안락한 응접실에서 〈부시맨〉을 감상하는 관점에서 보면 더욱 그러할 것이다. 그래서 수렵·채집인의 삶에 대해 문명인은 대체로 다음과 같은 선입견을 갖고 있는 듯하다. 수렵·채집인은 원시적 사냥을 하는 야만인이므로 성품이 거칠고, 문화가 발달되지 못해 지식과 기술 수준이 낮기 때문에 식량을 확보하는 데 어려움이 많을 것이다. 따라서 그들은 허기진 배를 채우기 위해 먹잇감이 되는 동물을 찾아 끊임없이 헤맬 것이다.

과연 수렵·채집인들은 굶주리고 고달픈 방랑자들인가? 놀랍게도 이에 대한 답으로 인류학자들이 내놓은 연구 결과는 정반대의 방향을 가리키고 있다. 즉 수렵·채집 사회는 '굶주린 사회'가 아니라 '풍요로운 사회'라는 것이다.

수렵·채집인들에 대한 본격적인 연구는 1950년대 이래 여러 인류학자들에 의해 이루어졌다. 1950년대에는 인류학자 로나 마셜(Lorna Marshall)이 서남아프리카 나미비아의 칼라하리 사막에 사는 쿵(Kung)족을 장기간 연구했고, 1960년대에는 리처드 리(Richard Lee)가 계속해 쿵족에 대한 체계적 연구 결과를 발표했다. 1960년대에 이루어진 또 하나의 대표적인 연구는, 동아프리카 탄자니아에서 백인들이 '불모지'라고 부르는 지역에서 수렵·채집으로 살아가는 하드자(Hadza)족을 제임스 우드번(James Woodburn)이라는 인류학자가 조사한 것을 들 수 있다.

이 연구들에 의하면 수렵·채집인들은 문명사회의 노동자들보다도 일을 훨씬 적게 하고 많은 여가 시간을 갖고 있으나 굶주리지 않고 충분한 영양을 섭취하고 있다는 것이다.

쿵족은 강우량이 적은 사막지대에 살고 있다. 겉으로 보기에 그 지역은 황량한 불모지처럼 보이지만 거기에는 약 80종류의 식용 가능한 식물과 다양한 동물이 서식하고 있어, 쿵족은 그러한 자연자원을 최대한 합리적으로 활용하고 있다. 그들은 사냥보다는 채집에 더욱 의존하고 있으며, 식량의 60~80퍼센트는 여성에 의해 채집되는 나무 열매, 뿌리, 과일, 채소 등으로 구성된다. 사냥은 필요에 따라 남성들이 한다. 그리고 사냥과 채집에 의해 얻어진 식량은 공동체 성원이 고루 나누어 먹는다.

쿵족이 주로 먹는 음식은 칼라하리 지역에서 많이 나는 몽곤고(Mongongo nuts)라는 나무 열매인데, 이는 미국인이 아침식사로 즐겨 먹는 가공된 곡류에 비하면 단백질의 함유량이 10배나 많고 열량은 5배가 량 높은 영양식이다. 사냥을 통해 쿵족 한 사람이 섭취하는 고기의 양 은 1년 평균 90킬로그램가량인데 이는 서구 선진국에서의 소비량과 맞먹는다. 리처드 리의 통계자료로는 쿵족이 하루에 섭취하는 열량은 2300칼로리 이상이며 그것의 영양학적인 구성도 단백질, 비타민, 미 네랄 등이 균형 잡힌 것임을 보여 주고 있다.

더욱 중요한 것은 쿵족은 식량의 조달을 위해 일주일에 약 2.4일 동 안 일하는데, 하루 평균 6시간가량 노동을 한다는 사실이다. 이는 산업 사회의 노동자들이 주당 40시간 일하는 권리를 쟁취하기 위해 때로는 목숨까지 걸고 투쟁하는 것과 비교해 보면 무척이나 흥미롭다.

리처드 리가 오랜 기간 축적한 자료를 통해 밝힌 바에 의하면 쿵족은

☞ 부시맨족은 많은 시간을 여가 활동에 할애한다.

평균적으로 일주일에 18시간 이상 일을 하는 법이 없지만 충분한 영양을 취하고 있다는 것이다. 제임스 우드번이 조사한 하드자족의 경우도 마찬가지다. 우드번은 실증적 연구를 통해 그들 역시 매우 적은 시간 일을 하는데도 굶주리지 않아 영양상태나 건강상태가 인근의 농민들보다 훨씬 낫다는 것을 확인했다.

이 같은 사실들에 기초하여 인류학자 마셜 살린스(Marshall Sahlins)는 수렵·채집 사회를 '인류 최초의 풍요로운 사회'라고 불렀다. 왜냐하면 이들이야말로 생활에 쫓기지 않고 많은 여가를 누리며 매우 평화롭게 사는 생활양식을 가지고 있음이 확인되었기 때문이다.

인류 사회의 발전 단계상 수렵·채집 사회 다음으로 등장한 것은 원시 농경사회이다. 인구가 증가함에 따라 일부 지역에서 '인구 압박' 때문에 약 1만 년 전 식량 채집에서 식량 생산으로의 전환이 이루어졌다. 이러한 변화를 고고학에서는 '농업 혁명' 또는 '신석기 혁명'이라고 부른다.

초기의 농업은 오늘날의 화전농법에서처럼 호미와 굴봉(掘棒)만을 사용하는 원시적인 방법을 썼기에 이를 원시 농경법이라고 부른다. 발전된 관개농업이 시작되어 국가라는 형태를 갖춘 문명사회가 등장하기 전까지의 농업사회는 원시적인 방법으로 농사를 지었다. 원시 농경사회 역시 수렵·채집 사회와 마찬가지로 현재에도 아마존 열대림 지역, 동남아시아 산간 지역, 아프리카 사하라 이남 지역 등에 남아 있어 인류학자들이 연구를 했다.

이러한 연구들에 의하면 원시 농경인들도 일반적인 예상과는 달리 굶주림이나 강도가 높은 노동에 시달리지 않고 있다고 한다. 잘 알려진 농민 사회 연구가인 에릭 울프(Eric R. Wolf)는 파종에서 추수까지 1200평에 투입되는 노동량을 노동일수로 환산했다.

그의 계산에 따르면 관개농업에서는 90~178일 소요되는 것에 비해, 원시 농경에서는 지역에 따라 18~58일로 매우 낮게 나타난다. 중부 브라질 열대림 지역의 쿠이쿠루(KuiKuru)족의 경우 농번기의 노동량이 하루 평균 2시간 미만 투입되는데도 비교적 풍족한 식량을 생산해 굶주림을 모르고 지낸다는 사실이 확인되었다.

원시 농경이 안고 있는 문제는 그것이 넓은 토지를 필요로 한다는 점이다. 원시 농경법이 환경을 훼손하지 않고 시행되려면 일단 경작된 땅은 짧게는 4~5년, 길게는 20여 년의 휴경기를 두어야 하기 때문이다. 따라서 인류의 역사 과정에서 늘어나는 인구에 발맞추어 일부 지역에서 휴경 기간을 필요로 하지 않는 관개농업으로 발전되었다. 그러한 지역에서 국가가 형성되고 문명이 시작되었던 것이다.

국가의 형성과 문명의 시작은 인류사상 획기적인 변화를 뜻한다. 이에 대한 논의는 너무도 잘 알려져 있어 여기에서는 생략하고 다만 식량과 굶주림의 문제에 초점을 맞추어 생각해 보고자 한다.

식량 생산의 측면에서 문명의 시작은 생산량의 엄청난 증가를 가져왔다. 관개농업의 발전된 농업기술은 농업 생산의 잉여를 가능케 했고, 그러한 잉여가 국가와 문명의 발달을 촉진시켰다. 그러나 다른 한편으로 그것은 노동의 분업에 따른 사회적 계층화를 초래함으로써 사회적 불평등 현상을 가져왔다. 그리고 토지와 생산된 부(富)를 지키기

☞ 중국 위난성의 계단식 논. 이와 같은 노동집약적 농업은 노동 강도는 높았지만 배고픔의
문제를 완전히 해결하지는 못했다.

위한 국가적인 경쟁과 전쟁도 시작되었다.

　농업사회에서의 생산성의 향상은 산업혁명이 일어날 때까지 기술혁
명보다는 노동집약적인 형태의 기술혁신에 의존했다. 이는 노동시간
이 점차로 늘어나게 되었다는 것을 뜻한다. 필리핀이나 인도네시아의
계단식 관개수도작(灌漑水稻作)이 대표적인 사례이다.

　이 지역의 계단식 논은 토양층이 얇고 열대성이어서 생산성이 매우
낮다. 그러나 영양분이 많고 물풀들이 잘 자랄 정도로 따스한 물을 논
에 끌어들인다면 조류가 자라면서 질소 성분을 제공하여 벼가 잘 자랄
수 있다. 관개농법에서는 물이 토양보다 더욱 중요한데, 논에 물을 대
고 관리하기 위해서는 원시 농경에 비해 엄청난 노동량의 증가가 요구

된다. 농업사회의 농민이 수렵·채집인이나 원시 농경민보다 더욱 많은 일을 해야 하는 이유가 여기에 있다.

그러나 이렇게 해서 생산된 식량이 농민에게 전부 돌아가는 것이 아니라 지배계층에 의해 불평등한 분배가 이루어진다. 뿐만 아니라, 한 국가 내에서의 불평등 문제에 더해, 역사적으로 제국주의와 식민주의의 등장은 국가 간의 불평등 문제를 낳았다. 식량의 생산량은 증가하는데도 오히려 만성적인 기근이 대규모로 발생하는 구조적 요인이 형성된 셈이다.

공동의 선을 추구하는 가치 필요

현대사회에서 발견되는 만성적 기근은 그 원인이 인구과밀이나 식량의 부족에 있는 것이 아니라, 근본적으로 사회적인 불평등과 국가 간의 불평등에 있다. 그리고 그것은 또한 식량을 하나의 상품으로만 취급하는 자본주의적 관행에 기인하는 바가 크다.

자본주의 사회에서는 식량도 단순한 상품일 뿐이다. 그래서 그것의 가치는 시장에서의 수요와 공급에 의해 결정된다. 원시 경제에서 식량은 돈으로 환산할 수 없는 문화적 가치를 지닌 것으로 간주된다. 즉 식량은 특정 개인이나 집단이 소유하는 것이 아니고 사회성원 모두가 필요로 하고 공유하는 것이다.

그런데 앞에서 하나의 예로 살펴본 아프리카에서는 서구인이 좋아하는 기호식품을 생산해 큰돈을 벌고자 하는 식민주의자들과 상인들 때문에 농업의 성격이 바뀌어 갔다. 그 과정에서 가정에서는 식량 생산자로서의 지위를 누리던 여성의 권력 기반이 와해되었고, 사회적으로는 농민층이 농토를 잃고 임금 노동자로 전락했다. 국가적인 차원에서의 그것은 약소국가가 대외의존적이거나 종속적인 관계에 편입되는 것을 뜻한다.

수많은 후진국에서 사람들이 굶주리는 것은 그들이 게을러서가 아니라 그들과 그들의 국가가 오늘의 세계체계에 참여했기 때문이다. 바로 여기에 현대사회의 모순이 숨어 있다. 오늘날의 현대 국가에서 굶주리고 있는 8억 인구의 생활수준은 분명 사막과 밀림에서 생활하던 과거의 원시 부족들보다도 못하다. 왜냐하면 그들은 먹는 문제 하나를 해결하기 위해 장시간 힘든 일을 하면서도 영양실조에 시달리고 있기 때문이다.

현대의 산업문명은 과학기술의 발달로 생산력을 엄청나게 향상시켰다. 그리고 그것은 많은 사람들의 생활을 편하게 만들었다. 우리 주변에 널려 있는 문명의 이기들이 그것을 잘 말해 준다. 그러나 서구의 산업문명은 자연을 개발의 대상으로만 간주하는 독선적 인간중심주의에 오랫동안 빠져 있었다. "자연은 하느님이 인간을 위해 주신 것이므로 자원을 개발하여 인간 사회를 발전시킬 수 있다."는 생각이 바로 인간중심주의에서 연유된 것이다. 발전을 곧 물질적인 생산과 연결시키는 관점은 많은 부작용을 낳았다.

한때 미국에서는 '소비가 미덕'이라는 구호가 유행했다. 이와 같은 구호가 경제성장을 목표로 내걸었던 1960년대에 우리나라에서도 회자되었다. 이처럼 발전을 곧 물질적인 것과 동일시하는 관점은 과소비를 부추기며 수단과 목표를 혼돈케 하고, 자원 고갈 및 환경 파괴와 같은 심각한 문제를 불러일으킨다. 초점을 현대 산업사회의 농업에 맞추어 보면, 그것을 사회적 불평등 현상과 연계시키지 않더라도, 그 자체가 심각한 문제를 안고 있다는 점에 유의할 필요가 있다.

미국과 같은 산업사회의 농업은 생산고를 올리는 데 지나치게 많은 양의 에너지를 소비한다는 점에서 장기적으로 볼 때 한계가 있다. 한 조사에 따르면 미국에서 매년 농토를 경작하는 데 들어가는 석유 에너지는 미대륙 횡단 고속도로를 건설하는 데 드는 양과 맞먹는다고 한다. 거기에 비료, 농약, 기계 생산, 저장, 가공 등에 드는 에너지를 더하면 그것은 가히 천문학적인 숫자에 달한다.

1969년 미국의 감자 재배 농가에서는 1200평당 450킬로그램 이상의 비료를 사용했다. 그러므로 미국 농업의 생산성은, 석유와 같은 재생 불가능한 자연자원의 에너지를 농산물의 에너지로 바꾸고 있다고 해도 크게 틀린 말이 아니다. 미국의 농법을 달리 표현한다면 그것은 일종의 빌려 온 시간을 사는 한시적인 방법이라고 할 수 있다.

수렵·채집의 경제는 호모 사피엔스의 등장 이래 약 10만 년간 계속되었고 원시 농경은 약 1만년, 그리고 관개농업은 약 5000년 동안 이어져 왔다. 그에 비하면 산업사회의 문화는 그 역사가 이제 겨우 300년이 채 되지 못한다. 그런데도 산업사회는 벌써 심각한 환경오염과 자원 고갈의 문제에 직면하고 있는 것이다.

☞ 선진국의 기계화된 농업은 엄청난 생산력을 갖고 있다. 그런데도 세계 8억 4000만의 인구가 배고픔에 시달리고 있다. 배고픔은 지구적 차원에서 볼 때 식량 부족에서 발생하는 문제가 아닌 것이다.

산업사회가 살아남기 위해서는 물질만능주의적인 가치에서 벗어나야 한다는 소리가 높다. 자원을 아끼고 소비를 줄이며 환경을 우선 생각하는 생활양식으로의 전환이 필요한 것이다. 특히 일부 계층과 몇몇 선진국 국민들의 높은 생활수준 유지를 위해 수많은 사람들이 굶주리며 죽어 가는 현실은 하루빨리 개선되어야 한다.

21세기 문명사적 전환의 시기에도 여전히 인류 사회가 그동안 꾸준히 발전해 왔다는 사실을 비웃기라도 하듯, 8억 4000만에 달하는 인구가 과거의 이른바 야만인들보다도 더욱 비참한 생을 영위하고 있다는 것은 어찌 보면 불가사의한 일이 아닐 수 없다. 물론, 이 문제에 대한 간단한 해결책이 있는 것은 아니다. 그러나 인류학자들이 수렵·채집인들로부터 배운 교훈은 인간이 추구해야 할 가치의 측면에서 우리에게 많은 시사점을 제공해 준다.

존스턴(Anthony B. Johnstone)과 셸비(William W. Shelby)라는 인류학자는 수렵·채집인과 관련해 다음과 같은 말을 했다.

인간은 다른 동물과는 달리 문화를 가지고 환경에 적응한다. 그런데 최선의 삶이란 문화에 따라 아주 다양하다. 그러므로 문화적 적응을 이해하기 전에 우리는 사람들이 원하는 것이 무엇인가를 이해해야만 한다. 예를 들면 모든 사람이 전부 풍부한 물질을 원하는 것은 아니다. 수렵·채집인은 물질적 재화에 그다지 큰 관심을 두지 않는다. 사람은 살기 위해 우선 먹어야 한다. 그렇다고 모든 사람이 푸짐하고 규칙적인 하루 세 끼의 식사를 원하는 것은 아니다.

칼라하리 사막에 사는 쿵족은 그들이 필요할 때만 일을 한다. 그들은 충분한 영양을 섭취하고 있으나 만약 그들이 굶어야 한다면 얼마간 먹지 않고도 지낸다. 그들은 단지 매일 세 끼의 식사를 제때에 하기 위해 식량을 구하려고 황폐한 수렵지를 헤매는 것은 비합리적이라고 생각한다. 그들은 자연이 제공해 주는 것을 취하며 욕심을 부리지 않는다.

쿵족은 일단 육체적인 욕구가 충족되면 사회적, 정신적인 만족에 중점을 둔다. 즉, 그들은 친척과 공동체의 다른 성원들과의 관계를 즐기면서 윤택한 사회생활을 영위하기 위해 노력한다. 그들은 또한 다양한 사회의식과 종교적 의례를 수행하며 영혼 세계와 더불어 평화스럽게 지낸다. 문명사회인들이 게으르거나 비효율적이라고 생각할지도 모르는 방법으로 그들은 일 대신 휴식을 취함으로써 편안히 지낸다. 수렵·채집인은 확실히 우리와는 다른 삶의 목표와 가치관을 가지고 있는 것이다.

인류 역사의 90퍼센트를 차지하고 있는 수렵·채집인의 경제가 그 긴 세월 동안 유지되어 올 수 있었던 이유가 바로 이 말 속에 숨어 있는 듯하다. 살린스가 말한 '최초의 풍요로운 사회'는 사람들이 욕심을 부리지 않고 절제하며 이웃과 더불어 공존하는 공동체 정신에 바탕을 두었기에, 긴 역사를 통해 환경을 파괴하지 않고도 존속할 수 있었다.

현대 산업문명이 아무리 엄청난 물질적인 부를 생산해 낼 수 있다 하더라도, 8억이 넘는 인구가 노예와 같은 삶을 산다면 그것은 진정한 발전을 이룬 문명이라 할 수 없다. 수렵·채집 사회와 현대사회를 비교하면서 깨닫게 되는 것은 '발전'이라는 이름하에 진행된 수많은 시행착오에 대한 분석의 필요성이다.

결국 '발전'이란 가치 함축적인 개념으로 어느 하나의 기준이 있는 것이 아니기에 진정한 사회 발전을 생각하는 우리의 자세 또한 달라져야 함을 느낀다.

6 인류학자가 내다보는 21세기

21세기는 문화의 세기

20세기는 인류사에서 분명 물질적으로 획기적인 발전을 가져온 시대였다. 많은 나라가 경제적으로 풍요로워졌고, 그에 따라 개개인의 삶에 선택의 폭을 넓혀 주는 긍정적 변화가 있었다. 그러나 맹목적인 경제성장의 추구는 자원의 고갈과 환경 문제를 심화시켰고, 그와 동시에 지나친 물질주의적 가치관의 범람이 초래한 갖가지의 사회병리적 현상은 20세기 산업문명이 갖는 한계를 드러내 주었다.

20세기가 경제성장의 시대였다면 21세기의 지금은 냉전의 종식과 정보화의 진전 등이 가져온 변화의 흐름을 따라 새로운 문명의 시작을 예고하고 있다. 21세기는 문화의 세기가 될 것이라는 전망이 바로 그것이다. 21세기에는 오늘날 전 세계적으로 일고 있는 정보혁명의 물결로 인하여 문화적 자원이 가장 중요하게 되었다. 왜냐하면 정보사회에서는 사회 발전의 원동력이 물질적 자원인 에너지나 자본으로부터 지식, 교육, 연구 개발과 같은 문화적 자원으로 바뀌기 때문이다.

다른 한편으로, 문화에 대한 관심의 제고는 자본주의적 물질문명이 가져온 경제적 풍요에 기인하기도 한다. 오늘의 우리가 당면한, 또는 당면하게 될 경제문제는 과거와는 다른 것이다. 과거의 경제문제가 어떻게 하면 많은 빵을 만들어 낼 것인가였다면, 앞으로의 경제문제는 어떻게 더 맛있고 예쁜 빵을 만들어 낼 것인가다. 이는 경제적 관심의 초점이 양적인 것에서 질적인 차원으로 옮겨 감을 뜻한다. 과거 획일적인 대량생산과 대량소비의 행태는 개개인의 개성이 함몰되는 데서 오는 소외감과 그에 수반하는 비인간화의 성향을 강화시켰다. 그러나 21세기의 소비생활은 '생활을 지탱하기 위해서'로부터 '생활을 풍요롭게 하기 위해서'라는 선택적인 소비 형태로 전환되는 양상을 보이고 있다.

또 하나, 21세기 사회에서 주목할 만한 사항은 뉴미디어의 등장이다. 지금까지의 대중매체인 신문과 방송은 정보 전달이 송신자 중심으로 이루어진 데 반해, 뉴미디어는 그것을 수신자 중심으로 변화시켰다. 과거에는 불가능했던 뉴미디어의 상호작용성은 탈대중적 개인 중심의 정보 수용을 가능케 해 줌으로써 창의력과 개성을 중시하는 문화적 환경을 조성해 주고, 개개인들이 다양한 문화체계 속에서 독특한 자기표현을 할 수 있는 길을 열어 놓았다.

이상에서 지적한 몇 가지 두드러진 경향을 종합해 보면 21세기는 문화의 세기가 될 것이라는 전망이 설득력을 갖고 있음을 알 수 있다. 그러한 점에서 21세기를 맞는 한국의 준비는 문화적 측면의 고려가 필수적이다.

21세기에 당면한 우리의 과제

21세기 '문화의 세기'에 있어서 한국사회가 당면한 문화적 과제는 크게 두 가지다. 맹목적 경제성장의 추구가 가져온 갖가지 문제들의 극복이 그 하나고, 또 다른 하나는 국제화, 세계화, 지구촌화 현상과 관련해 어떻게 민족문화를 보존하고 발전시킬 것인가 하는 문제이다.

❶ 경제는 선진국, 문화는 후진국

21세기는 과학기술이 더욱 발달하고 문화의 중요성이 크게 부각됨으로써 풍요로운 사회가 실현될 가능성이 높아졌지만, 그렇다고 그것이 자동적으로 주어지는 것은 아니다. 그러한 목표에 도달하기 위해서는 아직도 극복해야 할 많은 과제들을 남겨 놓고 있는 게 우리의 현실이다.

1960년대 이후 한국사회는 경이적인 경제성장을 기록했다. 그것은 '보릿고개'로 표현되던 오랜 가난의 질곡을 벗어나기 위한 전 국민적 노력이 가져다준 결과였다. 그리하여 한국은 이제 선진국의 문턱에 성큼 다가섰다 할 만큼 국력이 신장되었고, 경제가 크게 부흥해서 보릿고개가 사라진 것은 오래전의 일이 되었다. 거리는 자동차가 홍수를 이루고 뉴욕이나 파리의 그것에 못지않은 화려한 백화점이나 고층 빌딩도 서울에서는 이제 낯선 풍경이 아니다.

그러나 그렇게 '잘살게 되었다'는 현상의 이면에는 전보다 훨씬 더 오염되고 각박한 환경에서 살게 되었다는 값비싼 대가가 도사리고 있다. 생활이 나아졌는데도 40대 한국 남성의 사망률과 노인층의 자살률은 세계 제일을 달리고 있고, 교통사고율 역시 세계 제일이라고 한다. 지나친 물질주의는 사치·향락 추구의 행태를 부추기고, 모든 것을 돈으로 환산해 생각하고 해결하려는 배금주의 역시 가치관의 혼란을 가중시키고 있다.

결국 경제성장이 가져온 물질적 풍요는 한국인의 삶을 보다 행복한 것으로 만드는 데 실패한 것으로 보인다. 사람의 행복은 물질적 풍요에서 오는 것이 아니다. 물질적 풍요는 기껏해야 행복의 필요조건 중의 하나일 뿐, 물질적 풍요보다 더욱 중요한 것이 있다면 그것은 마음의 풍요로움일 것이다. 그러므로 어느 정도의 물질적 풍요를 달성한 이 시점에서 한국사회가 지향해야 할 목표는 마음의 풍요로움을 도모할 수 있는 정신적 가치를 추구하는 일이다. 그러므로 이제는 '더 잘살아 보세'를 무턱대고 외칠 때가 아니라 '왜 잘살아야' 하고 또 '어떻게 사는 것이 잘 사는 것'인가를 물어야 한다. 다시 말해 삶의 질과 연계된 정신문화 발전이 중요하게 되었다.

그동안 한국사회는 너무나 오랫동안 경제 제일주의의 늪에 빠져 있었다. 그리하여 1인당 국민소득만 높으면 선진국이 될 수 있으리라는 생각이 지배적이었다. 그러나 1인당 국민소득이 아무리 높다 해도 교육의 질이나 문화의 수준이 낮으면 선진국이라 할 수 없는 것이다. 1990년과 1991년도에 유엔과 세계은행이 발표한 사회개발지표의 통계를 기준으로 한국과 선진 12개국(스웨덴, 스위스, 네덜란드, 캐나다, 노르웨이, 호주, 프랑스, 덴마크, 영국, 서독, 미국, 일본)을 비교해 보면, 한국은 특히 교육과 정신문화지수에서 커다란 격차를 보이고 있는 것으로 나타난다. 즉 선진 12개국의 사회개발지표의 총 평균치를 100으로 보았을 때 국민 총생산 대비 교육 투자는 61에 머물러 있으며, 인구 1000명당 도서 대출 권수는 선진 12개국 평균의 4퍼센트 수준, 영화 관람자 수는 51퍼센트, 무대예술 관람자 수는 3퍼센트, 박물관 관람자 수는 1퍼센트로 나타난다.

이러한 문제점은 2000년대에도 크게 개선되지 않았다. 한 예로, 2007년 한국 문화관광정책연구원이 발표한 〈OECD 주요 국가의 문화경쟁력 분석 보고서〉를 보면 한국의 공공 박물관 수는 OECD 12개국 중 10위이고 박물관 이용률 역시 국민 1인당 방문횟수에서 10위로 최하위권에 머물러 있다. 이러한 문화지표상의 후진성은 한국사회가 21세기 문화의 시대에 처한 문제점을 웅변해 준다.

21세기에 들어선 이제 국가의 발전은 더는 경제성장만으로 평가할 수 없게 되었다. 절대빈곤의 문제를 극복한 한국사회가 계속 종래와 같은 경제 제일주의를 취한다는 것은 우선 삶의 질이라는 견지에서도 문제고, 지속적인 경제 발전 그 자체를 위해서도 문제가 아닐 수 없다. 현재의 상황 아래에서는 사회의 물질적 조건만을 생각하는 방향이 아니라, 그보다는 차라리, 인간의 정감적, 정신적, 문화적 조건들을 고루 생각하는 발상의 전환이 요구된다. 특히 문화가 경제성장에 대한 의미와 방향을 제공해 주지 못한다면, 사회는 활력을 상실하게 되고 궁극적으로 무절제와 가치혼란이 사회의 불균형을 심화시킴으로써 삶 자체를 위협하게 될 가능성이 있는 것이다.

오늘날 한국사회에서 발견되는 여러 문제들의 기초적인 원인이 최근까지 지속된 경제 제일주의에서 연유되는 것이라면 그에 대처하는 길은 생산과정과 소비생활의 인간화, 문화화(文化化)를 서두르는 일일 수밖에 없다. 즉 성장, 효율, 생산을 강조하면서 잊어버린 절제, 공동선, 도덕률과 같은 가치들을 다시 찾아내는 일이 필요한 것이다. 이는 경제 논리가 지배하던 사회 발전의 논리를 문화적 가치의 논리로 바꾸어야 함을 뜻한다. 이제 우리에겐 '경제 시대'의 논리와 윤리가 사회조직에서 차지하던 자리를 메울 만한 '문화 시대'의 논리와 윤리를 마련할 과제가 있다. 즉 '문화적 풍요로움'을 위한 사회적 학습을 시작해야 할 때가 온 것이다.

❷ 문화경쟁력 강화가 국제화의 필수

한국이 직면하고 있는 또 하나의 문화적 도전은 국제화의 물결이 세계를 휩쓸고 있는 상황이 제공한다. 역사적으로 국가 간의 관계에서 파생하는 국제화는 새로운 현상이 아니다. 그러나 오늘날 21세기에 진입한 이 시점에서 말하는 국제화란 세계의 지구촌화를 염두에 둔 변화를 일컫는 것이기 때문에 과거의 그것과는 다르다.

세계의 지구촌화 현상이 가속화되는 배경에는 여러 가지 요인들이 작용하고 있다. 우선 그 첫 번째 요인으로 기술혁신이 손꼽힌다. 온 세계를 하나의 체계로 엮는 데 중요한 구실을 해 온 것 중의 하나가 자본주의 경제체제인데, 바로 그것을 지탱해 주는 요소가 산업기술의 끊임없는 발전이었다. 그에 더해 지구를 일일생활권으로 만들어 준 교통수단의 발달과 컴퓨터 및 정보산업의 눈부신 발전은 정보, 지식, 그리고 문화의 전 지구적 교류를 가능케 해 주고 있다.

세계화 추세의 두 번째 요인으로는 지구적 문제군(問題群)의 등장을 들 수 있다. 예컨대 자원 고갈과 환경오염의 문제는 이제 각국의 제한된 범위의 문제로 끝나지 않고 전 지구적인 차원의 문제로 인식되고 있는 것이다. 결과적으로 그것은 국제사회의 상호의존성을 증대시켰다.

그 외에 냉전의 종식으로 인해 정치적 이데올로기의 장막이 걷히면서 경제에 관한 국가 간 장벽이 사라짐으로써 경제활동의 지구화가 급속히 진전되고 있다는 점도 중요하다. 이에 따라 각국은 이제 지구시장을 대상으로 치열한 전방위(全方位) 무한경쟁 시대로 돌입하기 시작했다.

세계의 지구촌화가 거역할 수 없는 변화의 흐름이라면 한국사회 역시 지구촌에서 일어나고 있는 온갖 변화와 새로운 경향들을 이해하고 그와 같이 급변하는 환경에 적응하려는 노력을 게을리 해서는 안 될 것이다. 근래에 사회의 각 분야에서 외쳐 대는 국제화의 추진도 그러한 점에서 일단 한국인의 현실적 생존전략으로 받아들일 수 있다.

그러나 우리는 국제화의 신화를 너무 낙관적으로 받아들여서는 안된다. 오늘의 국제화는 하나의 잘 통합된 지구촌에서 온갖 민족과 국가 들이 평화롭게 협력하며 공존하는 것을 반드시 의미하는 것은 아니기 때문이다. 특히 경제적 영역에서의 국제화는 이윤의 증대를 목표로 자본과 노동력의 자유로운 이동을 중심으로 한 자본 간 경쟁의 심화를 축으로 하고 있는 것이다. 그럼에도 최근 우리 사회 일각에서는 경제 활동에서 국가의 경계가 점차 무의미해져 가는 사실에 주목하면서, 민족주의의 시대는 가고 국경 없는 세계화의 시대가 곧 도래할 것이라는 소리가 흘러나오고 있다. 그러나 이와 같은 발언은 국제화와 관련해 지나치게 경제적 측면만을 강조함으로써 국제화의 문화적 차원을 도외시한 것이다. 더구나 한국은 아직도 냉전시대의 유산을 청산하고 민족국가를 완성해야 하는 민족사적 과제를 안고 있기도 하다. 이는 우리가 국제화 이전에 건너가야 할 역사적 과정을 눈앞에 두고 있음을 뜻한다. 역사는 그 과정을 대체하거나 단축시킬 수는 있으나 생략할 수 없다. 그러므로 우리에게는 세계화, 국제화라는 보편성과 민족주의와 민족국가의 완성이라는 특수성을 조화시켜 나갈 수 있는 지혜가 필요한 것이다.

문제를 문화의 영역에 국한시켜 살펴보면, 국제화와 정보화의 추세가 서로 영향을 주고받으며 진행될 21세기에는 범세계적인 가치관과 생활양식의 형성이 지금보다 더 용이할 것이다. 이는 21세기에는 전통적인 가치관과 생활양식의 유지·보존이 과거에 비해 상대적으로 어려워질 것임을 뜻한다. 따라서 현재 우리에게 주어진 시급하고도 중차대한 과제는 전통문화의 재해석과 자주적 현대화 방안을 마련하고 한국 문화의 세계적 위상을 제고하는 것이다.

그런데 이러한 과제를 수행하는 데 있어 우리를 둘러싼 문화적 환경은 만만치 않은 도전으로 가득 차 있다. 국경을 자유롭게 넘나드는 위성방송 같은 전파매체나 인터넷을 언급하지 않더라도, 다양한 자유무역협상 타결과 더불어 조여드는 시장 개방의 압력은 문화산업의 전 분야에 걸쳐 가해지고 있는 것이다. 따라서 국제화가 가장 두드러지게 진행되고 있는 경제 분야의 대외 의존도 못지않게 문화 분야, 특히 정보, 오락, 지식 산업의 대외의존도 심화는 문화적 종속에 대한 심각한 우려를 자아내게 한다. 문화의 측면에서 국제화나 세계주의가 의미하는 바가 무엇인가를 보다 면밀히 검토해 보아야 할 이유가 바로 여기에 있는 것이다.

우리는 특히 서구 문명을 중심으로 한 세계주의를 경계할 필요가 있다. 왜냐하면 세계의 근·현대사는 서구 문명의 제국주의적 지배로 점철된 역사이기 때문이다. 과거 서구인들은 식민주의적 팽창을 위해 무력을 통한 정치·경제적 지배와 착취의 구조를 구축하였고, 오늘날에는 정치·경제적 지배구조의 모양을 단지 문화적 지배의 모습으로 탈바꿈해 감으로써 그들의 이익을 관철시키려 하고 있는 것이다.

이와 같은 상황을 감안한다면 문화의 국제화라는 미명하에 우리 문화의 자주성이나 정체성이 약화되는 무분별한 개방은 경계해야 할 대상이다. 비록 세계의 지구촌화로 인해 동양과 서양의 만남과 나눔이 피할 수 없는 역사적 추세라 할지라도, 그것은 어느 일방에로의 접근이나 동화가 아니라 자주성에 바탕을 둔 동참과 협력이 되어야 한다. 다시 말해서 국제화란 어느 일방의 이기적인 구호가 되어서는 안 되며, 동·서양 모두에게 미래를 위한 생존전략으로서 가치를 지녀야 한다.

풍요로운 사회의 조건

여기서 우리는 미래를 향한 한국사회 발전의 궁극적인 목표가 무엇인가를 새삼 되새겨 보지 않을 수 없다. 우리가 경제의 국제화를 통해 산업경쟁력을 높이고 국력을 신장시킨다 하더라도, 그러한 목표를 추구하는 궁극적 이유는 바로 국민 생활에 정신적 풍요로움을 제공하고 개개인의 삶의 질을 보장하기 위함일 것이다. 이는 한국사회의 모든 성원이 물질적, 사회적, 정신적 욕구는 물론 한국인으로서의 정체성을 유지하고 인간적 존엄성을 보장받는다는 것을 의미한다. 이와 같은 목표에 도달하기 위해 우선 필요한 것은 경제 제일주의의 맹목적 추구가 가져온 정신적 빈곤을 극복하고 새로운 가치관을 정립함으로써 물질적 풍요를 넘어 마음의 풍요로움을 확보하는 일이 아닌가 한다. 한 민족에 있어서 마음의 풍요로움은 문화적 종속 상태에서는 불가능한 일일 것이다. 그러므로 정신문화 활동의 진작과 새로운 가치관의 정립, 그리고 민족문화의 창조적 계승이 바로 진정한 '풍요 사회'로 가는 길의 길잡이들이라 할 수 있다.

❶ 경제성장에서 문화발전으로

미래사회는 경제적 부와 정치적 권력을 나누어 갖는 제한된 의미의 평등 개념을 초월해 문화의 균점화가 이루어지는 문화 평등 시대를 지향할 것으로 예상되고 있다. 그리고 '삶의 질'을 찾는 문화 활동이 폭넓게 일반화될 것이며, 문화향수권이 각 개인 생활의 중요한 관심 대상이

됨으로써 본격적인 문화 민주주의 시대가 전개될 것이다.

미래사회에 대한 일반적인 전망이 그러한 것이라면 현재 한국사회에서 발견되고 있는 문화의 황폐화 현상은 문제가 아닐 수 없다. 이미 앞에서 지적한 정신문화 활동지수의 저조함은 물론 중앙과 지방, 도시와 농촌 간에 존재하는 문화적 격차가 시급히 고쳐지지 않는다면 한국사회는 앞으로도 문화적 후진국의 신세를 면치 못할 것이다.

그러므로 '국민 모두를 위한 문화적 환경의 조성'을 통해 사회 발전의 저력을 배양하는 것이 이 시대 문화정책의 핵심이 되어야 한다. 또 바람직한 삶의 질에 관해 한국인의 의식을 계발하고 그에 대한 창조적인 반응을 고안해 내는 국가적 차원의 정책적 방안들이 마련되어야 한다. 그동안 경제성장에만 주력해 온 에너지를 이제 건전한 문화발전에 옮겨 붓지 않는다면 엄청난 사회적 타락과 자아상실의 문제가 야기될 것이 뻔하다. 이러한 전환이 없다면 21세기의 풍요로운 사회를 지향한 한국사회의 발전에는 한계가 있을 것이다.

❷ 생존을 넘어 더불어 사는 공동체로

10대 교역국으로 부상한 한국 경제의 잠재력을 감안할 때, 현 단계에서 한국의 발전은 '생존' 단계를 넘어 '공존'을 추구하고 '삶의 질'을 생각해야 할 시점에 이르렀다. 그러므로 발전의 기본 방향은 '더불어 사는 공동체'를 지향하는 것이어야 한다. 무엇보다도 시급한 것은 서로 갈라서 있는 집단 간의 갈등을 해소하고 사회적 통합을 이룩하기 위해 정부는 '사회적 공존'이라는 가치에 근거를 둔 새로운 정책 철학을 제시할 필요가 있다.

공존의 가치 이외에도 미래의 사회에서는 물질적 풍요를 뒷받침해 주는 정신적 가치의 성숙이 뒤따라야 할 것인바, 특히 물질적 풍요가 가져온 물질적 욕망에 제약을 가해 줄 수 있는 '절제'의 가치가 새삼 요구된다. 또한 미래사회에서 가장 결정적 역할을 하는 것이 지식이 될 것이기 때문에 개인의 창의성을 저해하는 반(反)지성주의나 고립주의 적인 가치는 적합성을 상실할 것이다. 앞으로 한국사회에 특히 필요한 것은 개인의 독자성과 존엄성이 중시되고 창조적 개성이 발달하도록 하는 다양한 차원에서의 노력이 될 것이다.

❸ 민족문화의 창조적 계승을 향해

오늘날 한국사회에는 쏟아지는 외래문화의 홍수 때문에 한국 문화가 정체성을 상실하고 주변 문화로 전락함으로써 종속된 상태로 나아갈 지도 모른다는 위기감이 존재한다. 확실히 외래문화의 영향은 나날이 커져 가고 있으며, 그래서 한국의 전통문화를 유지하는 것이 더욱 어려워지고 있다는 증거는 주위에서 쉽게 발견된다. 하나의 예를 들면, 초등학교 어린이들의 기호를 조사해 보니 그들이 제일 즐겨 찾는 음식은 햄버거와 피자라고 한 데 반해, 가장 싫어하는 음식은 놀랍게도 김치라고 답한 학생이 많았다는 조사 결과까지 등장했다.

한국의 민족문화란 물론 이 땅에서 자생된 것만을 지칭하는 것은 아니다. 문화란 상호 연관성을 갖는 것이어서 세계의 어느 문화라도 다른 문화와의 접촉과 영향에서 벗어난 것은 없다. 문제는 외래문화를 자주적으로 수용해 자기 것으로 만들 수 있는 문화적 정체성의 확립과 용해 능력을 확보하고 있느냐 하는 것이다.

그러한 점에서 오늘의 한국 문화는 문제점을 안고 있는 것으로 보인다. 대한민국의 수도 서울을 보면 그것은 국적 불명의 도시로 우리에게 다가온다. 화려한 고층 빌딩이 하루가 다르게 들어서고 있지만 고유의 역사성과 한국적 정체성이 상실된 공간은 이미 한국이 아닌 것이다. 이제 우리는 한국적인 것이 비국제적이거나 비세계적인 것이라는 편협한 사고에서 벗어나야 한다. 더 나아가 한국사회의 국제화 목표는 외국의 것을 주체적으로 받아들일 뿐만 아니라 이에 우선해 우리 문화의 정체성을 확립하고 우리의 문화를 계발해 세계적인 보편성을 확보하는 데 둘 필요가 있다.

여기서 우리는 문화를 예술이나 정신적인 것에만 국한시키지 말고 생활양식의 총체로 확대해 보는 문화관을 정립하는 것이 바람직하다. 그동안 한국 문화의 해외 소개는 으레 미술품 전시나 예술 공연으로만 기획되었다. 이에 반해 일본 문화의 해외 전시는 일본식 다다미와 정원, 다도(茶道), 가정생활의 연출 등을 포함하는 것이 보통이었고, 거기에 더해 건강식품으로 '스시'를 적극적으로 알리고 일본식 스테이크 하우스 등을 개발하여 정부 차원에서 재정 지원을 함으로써 일본 문화의 해외시장 진출을 생활 문화의 다방면에 걸쳐 추진해 왔다.

다행스럽게도 1980년대 이후 한국사회에서도 '우리 문화 찾기'에 대한 인식이 싹을 키우기 시작했다. 그리고 돌이켜 보면, 그동안 오히려 외국인들이 우리 문화를 더 긍정적으로 평가해 온 것으로 보인다. 예컨대 한국의 경제 발전에 있어서 한국의 문화적 요소와 질서의 역할에 먼저 주목한 것은 외국의 학자들이었다. 또한 뉴욕의 예술품 경매장에서 조선백자가 사상 최고의 가격에 팔렸다는 소식 등은 외국인들이 한국의 문화를 얼마나 높게 평가하고 있는지를 보여 주는 하나의 사례일 것이다. 확실히 우리는 '한국 문화'가 무한한 잠재력을 갖는 '세계인의 자산'이라는 점을 깊게 인식할 필요가 있다.

지난 수천 년 동안 우리 민족은 세계에서 가장 강력한 문화적 흡인력을 가졌던 중국을 바로 옆에 두고 살아 왔다. 중국 주변의 수많은 민족들이 한족(漢族)의 문화에 흡수·통합되어 오늘날 그 흔적을 찾아볼 수 없다는 사실에 비추어 볼 때, 중국과 그토록 오랫동안 정치, 경제, 문화, 군사 등 전반에 걸쳐 긴밀한 관계를 유지하면서도 그에 용해되지 않고 민족문화를 지켜 온 한국의 문화적 역량은 경이의 대상이 아닐 수 없는 것이다.

따라서 세계 문화에 대한 한국의 공헌은 역시 전통문화의 창조적 계승을 통해 가능할 것이다. 왜냐하면 인류 문화에 다양성을 부여해 주는 것은 다름 아닌 민족문화이기 때문이다. "가장 한국적인 것이 가장 세계적인 것이다."라는 표현이 이에 다름 아니다. 주지하는 바와 같이 '단일한 세계 문화'는 자칫 문화적 제국주의의 이용물이거나, 아니면 문화의 획일화를 뜻할 수도 있다. 문화적 제국주의가 인류 문명에 끼친 가장 심각한 해독은 인류 문화가 간직해 온 문화적 다양성을 말살시킴으로써 인류가 선택할 수 있는 문화적 대안들을 제한시켰다는 점이다. 한국 문화의 독자성과 자주성을 지킨다는 것은 따라서 세계 문명 발전에 이바지하는 길임을 알아야 하다.

그러므로 현 단계에서 우리에게 주어진 당면 과제는 전통문화의 창조적 계승을 통해 정신적으로 민족자존을 회복함으로써 외래문화를 자주적으로 수용할 수 있는 능력을 배양하는 것이다. 그것이 바로 세계사의 흐름에 능동적으로 참여하는 길이 된다. 일찍이 백범 김구 선생은 우리가 지향해야 할 목표는 문화대국이 되는 것이라는 말을 남겼다.

나는 우리나라가 세계에서 가장 아름다운 나라가 되기를 원한다. 가장 부강한 나라가 되기를 원하는 것은 아니다. 우리의 부력은 우리의 생활을 풍족히 할 만하고, 우리의 강력은 남의 침략을 막을 만하면 족하다. 오직 한없이 가지고 싶은 것은 높은 문화의 힘이다. 문화의 힘은 우리 자신을 행복하게 하고 나아가서 남에게 행복을 주기 때문이다. 인류가 현재에 불행한 근본 이유는 인의가 부족하고 자비가 부족하고 사랑이 부족하기 때문이다. 이 정신을 배양하는 것은 오직 문화뿐이다. 나는 우리나라가 이러한 높고 새로운 문화의 근원이 되고 목표가 되고 모범이 되기를 원하다.

— 《백범일지》 중 〈내가 원하는 우리나라〉에서

김구 선생이 제시한 국가 발전 목표는 우리가 매우 심각하게 음미해야 할 내용을 담고 있다. 한국의 국토, 자원, 인구 등을 고려할 때 한국이 군사적으로나 경제적으로 초강대국이 되기는 어려울 것이다. 그러나 문화의 영역에서는 타의 모범이 되고 존경받는 국가가 될 수 있는 가능성은 많다.

돌이켜 보면 지난 수십 년은 서양의 물질문명을 뒤쫓아 가는 데 전력을 다해 발전의 기틀을 마련한 시기였다. 그리하여 '한강의 기적'으로 불리는 경제성장을 이룩함으로써 우리 민족의 저력을 확인한 바 있다. 이제 21세기에는 남을 뒤쫓아 가는 데서 벗어나 자주적인 문화의 세기를 일구어 나가야 한다. 세계를 향해, 그리고 세계와 함께 문화의 세기를 이끌어 가기 위해서 우리들이 무엇보다 앞서 갖추어야 할 자세는 민족문화에 대한 확신과 긍지일 것이다.

균형 발전과 삶의 질 추구

미래의 다원 사회에 있어서 풍요로운 삶을 확보하기 위해서는 모든 국민이 자기 지역에서 긍지를 갖고 살아가며 자아의 계발, 발전, 성취를 이룰 수 있도록 '문화의 생활화'를 지향하는 문화정책이 요청된다. 이는 모든 국민의 문화향수권 신장에 초점을 맞춘 정책을 의미하며, 동시에 전 국민의 역량을 활성화하기 위한 '지역 문화의 르네상스'를 도모하는 것을 뜻한다. 마음이 풍요로운 사회를 이룩하기 위한 정책들은 그 기본 방향을 대체로 다음과 같이 몇 가지로 나누어 생각해 볼 수 있다.

먼저 미래를 위한 문화정책은 국민적 문화역량의 확충이라는 기본 목표를 갖고 접근해야 한다. 또한 국제화의 추세에 적극적으로 대응하기 위해 보다 개방적인 자세에서 국제적 문화 교류와 협력을 증대시키고, 그 가운데 문화적 주체성을 확립하면서 세계 문화 발전에 기여할 수 있도록 해야 할 것이다. 21세기는 문화의 세기인 만큼 사회 발전의 문화적 차원에 대한 인식이 확산되는 것이 필요하며 문화산업의 육성에 대한 관심을 지금부터 제고해야 한다. 이와 관련하여 특히 보다 많은 관심을 기울여야 하는 부분이 지역문화에 관한 것이다.

 문화의 다양성을 중시하는 인류학적 관점에서 보면, 또는 더욱 다원화되어 가는 미래사회를 염두에 두고 보면, 지역마다 풍요롭고 특성 있는 문화가 유지될 수 있도록 하는 것이 필요하다. 지역의 문화적 저변을 확장하는 것은 분권적인 삶의 조건을 효과적으로 확보시키는 첩경이 된다. 뿐만 아니라, 각 지역문화는 다름 아닌 한국 고유의 자생적 기층문화의 산실이라는 점을 감안한다면, 그것이 곧 한국 전통문화의 올바른 보존을 도모하고 창의적 계승, 발전의 토대를 이룬다는 점에서 중요성을 갖는다. 지역문화에 대한 배려는 또한 이른바 '문화 민주주의'를 지향하는 정책의 추구를 의미한다는 뜻도 내포한다.

 문화정책은 본질적으로 삶의 질에 관한 정책이다. 그런데 삶의 질의 고양은 문화와 예술의 진흥과 더불어 환경 및 복지의 보전과 향상이 동시에 이루어질 때 가능한 것이다. 따라서 문화와 복지, 그리고 환경의 요소는 늘 함께 고려되어야 한다. 이는 앞으로 우리의 가치와 사회체제 그리고 제도가 경제성장보다는 복지나 문화예술에 더욱 많은 관심과 투자를 할 수 있는 것이어야 하고, 사회 전체적으로 환경 친화적인 풍토가 뿌리내려야 함을 뜻한다.

 마지막으로, 앞에서 강조한 전통문화의 창조적 계승과 가치관 혼란의 극복은 단기적인 정책으로 해결될 일이 아니다. 해결의 열쇠는 교육에 있다. 교육을 통한 민족정신의 고취와 가치관의 정립이 장기적인 안목에서 본 유일한 수단인 셈이다. 교육은 우선 정신문화 활동의 진작, 전통문화의 창조적 계승 및 21세기에 걸맞은 새로운 가치관의 형성에 적극적으로 이바지하는 내용과 방법으로 이루어져야 할 것이다. 다시 말하면 한국사회의 미래를 이끌어 갈 새 세대의 젊은이들로 하여금 개인의 창의력과 개성을 적극적으로 계발하고, 민족적 정체감을 갖고서 세계사적 흐름에 능동적으로 참여하며, 인류에 대한 이해와 사랑을 갖고 다른 사회성원들과 협력하는 가치관을 갖도록 하는 것이 교육의 목표가 되어야 한다. 그리고 성숙한 미래사회를 위한 교육제도의 개선은 지역사회 교육, 주민 교육의 확충과 활성화를 포함시키는 것이 필요하다. 왜냐하면 빠르게 변동하는 국제적, 국내적 여건에 대한 적응과 시민정신의 계속된 함양을 위해 사회교육제도의 확충과 활성화가 절실히 요구되기 때문이다.

우리는 이미 새로운 문명의 시대로 일컬어지는 21세기에 들어와 있다. 정보지식사회의 등장으로 특징지어지는 21세기에는 산업화 과정을 겪으며 드리워진 사회의 그늘진 구석에 서광이 비추어지도록 하는 일이 급선무이다. 이는 곧 미래의 한국사회가 보다 성숙한 문화를 갖는 사회가 되어 사회성원 모두에게 의미 있는 삶이 보장될 수 있도록 노력해야 함을 뜻한다. 이와 같은 노력은 어느 한 사람이나 한 집단만이 경주하는 것이 아니라 국민 모두가 힘을 합해 추구할 때 결실을 맺을 수 있다. 그러한 노력이 결실을 얻을 때 우리의 삶은 여유와 풍요로움, 그리고 멋을 창조하는 생활로 그 모습을 드러낼 것이다.

 에필로그

단일민족의 신화를 넘어
다문화사회로

대한민국이 자랑하던 단일민족·단일문화의 신화에 변화가 오고 있다. 1990년대 말까지만 해도 30만 명대에 머물렀던 국내 외국인의 숫자가 2007년 100만 명을 넘어선 이래 꾸준히 증가하여 2016년 7월에는 200만 명을 돌파했다. 제주도의 인구가 2016년 현재 64만 명가량이니 외국인으로 이루어진 제주도가 세 개 더 새롭게 만들어진 셈이다. 법무부는 2011~2015년 사이 체류외국인이 연평균 8퍼센트씩 증가한 것을 고려할 때 2021년 국내 체류외국인이 300만 명을 넘어서 전체 인구의 5.82퍼센트가 될 것으로 예상했다. 이는 경제협력개발기구 (OECD) 평균 5.7퍼센트를 웃도는 수치다. 외국인의 숫자가 지난 20여 년 사이에 급격히 늘어난 배경에는 이주노동자, 결혼이민자, 귀화자의 증가가 큰 몫을 차지했다. 한국은 지금 극심한 출산율의 저하와 농촌지역의 인구 감소로 인해, 특히 아시아 여러 나라로부터 노동인력과 결혼이민자를 받아들이고 있다. 그리고 이러한 추세는 당분간 더 지속될 것으로 전망된다. 그래서 이제 한국사회에서는 '단일민족의 신화'를 넘어 다문화사회에 대한 보다 진지한 논의가 필요한 시점에 이르렀다.

사실 다문화사회에 대한 높은 관심은 세계적인 추세이다. 이는 자본과 노동이 자유롭게 이동하는 21세기의 흐름과 밀접한 관계를 갖는 것이다. 한때 게르만민족의 순수혈통을 유지하려 했던 독일조차도 20세기 후반 터키 등지로부터 노동인력을 대량으로 받아들임으로써 이제 인구의 9퍼센트가 외국인인 다민족국가의 성격을 띠게 되었다. 그리고 이러한 현상은 독일에 국한된 것이 아니고 프랑스나 영국 등 유럽의 여러 나라에서도 나타나는 현상이다. 흥미롭게도 한국에서는 흔히 전통문화가 많이 남아 있어 보수적일 것으로 간주되던 농촌지역이 가장 앞서서 국제화된 인구 구성을 갖는 현상이 나타나고 있다. 이는 2000년을 전후해 한국사회에서 크게 증가하기 시작한 국제결혼의 대다수가 농촌에서 이루어진 사실과 관련이 있다. 즉 1990년 4000여 건에 머물던 외국인과의 결혼은 2005년에 4만 건을 상회하며 정점에 이른 후, 약간 감소세를 띠고 있기는 하지만, 연간 3만 건 안팎으로 총 결혼 건수 대비 2014년 현재까지 9~10퍼센트 안팎으로 꾸준히 유지되고 있다.

그런데 위에서 지적했듯이, 지난 10여 년 동안 이루어진 한국에서의 국제결혼은 국내에서 결혼상대자를 찾지 못한 농촌 총각들이 동남아 등지의 신부를 맞이하는 결혼이 많았다. 최근 발표된 정부의 농촌 군 단위 통계를 보면 외국인 신부를 맞이하는 결혼 비율이 30퍼센트를 상회하는 지역이 20개가 넘는다. 그 결과 많은 농촌에서는 이미 신생아 3명 중 1명이 인종적인 혼혈이라는 사실을 최근의 한 보고서에서는 지적하고 있다. 이는 10년 뒤면, 많은 농촌 학교에서는 학생 중 3분의1이 다문화가족 출신이 된다는 것을 말해 준다. 확실히 한국사회는 이제 문화적, 인종적으로 더는 폐쇄적인 사회가 아님이 분명해지고 있다. 그렇다고 해서 다문화현상을 부정적인 시각에서 바라볼 필요는 없다. 어느 사회에서나 문화는 항상 변화하는 것이 본질이며, 동시에 인간은 변화하는 환경에 적응할 수 있는 뛰어난 능력을 보유한 존재이기 때문이다.

세계사를 돌아보면 역사에 큰 족적을 남긴 대국들은 모두 개방적인 다문화사회였다. 최초의 제국을 이룬 로마는 정복한 속국민(屬國民)에게도 로마시민이 될 수 있는 기회를 부여했다. 만일 그리하지 아니하고 순수 로마혈통을 갖는 시민만의 획일적 지배체제를 유지하려 했다면 오늘날 우리가 아는 로마대제국의 영광은 불가능했을 것이 뻔하다. 참고로 로마 황제 셉티미우스 세베루스는 흑인의 피가 섞인 북아프리카 출신이었고 필리푸스 아라부스는 아랍 출신이었다. 또한 진정한 세계제국이었던 징기스칸의 몽골은 유라시아에 걸쳐 있는 다양한 민족들의 서로 다른 문화를 용인하였고, 항복한 이민족(異民族)들을 중용하는 정책을 펴서 세계 최강의 광대한 대륙국가를 장기간 통치했다. 심지어 네덜란드처럼 작은 국가도 17세기에 세계로 국력을 뻗쳐 나갈 수 있었던 배경에는 타 지역에서 배척받던 유태인들을 받아들여 상업과 금융 및 무역을 진흥시켰기 때문이었다. 시선을 현재로 돌려 보더라도 세계 최강국인 미국 역시 다양한 배경의 이민자들이 만든 최초의 국가로 오늘날 가장 대표적인 다민족·다문화사회이다. 이처럼, 역사적 경험이 보여 주는 교훈은 매우 단순하고도 분명하다. 즉 진정한 사회 문화적 발전은 문화적 다양성, 관용과 포용, 그리고 나눔이 그 중심에 자리하고 있다는 사실이다.

인류학의 문화이론에는 '진화의 잠재력에 관한 법칙'이라는 것이 있다. 문명사적 진화에 필수적인 요소는 문화적 다양성이라는 것이 그 이론의 핵심인바, 다양성을 잃은 문화체계는 변화에 대한 적응력이 떨어져 다음 단계로의 진화에 실패한다는 이론이다. 문화적 다양성을 갖춘 사회는 급변하는 사회·경제적 환경 변화에 역동적으로 적응할 수 있다. 하나의 쉬운 비유를 들어 보면, 석유라는 에너지에만 의존하는 문화체계는 석유가 고갈되면 멸망한다. 그러나 석유 이외에 태양, 바람, 지열 등등 다양한 신재생에너지들을 고르게 활용하는 체계는 어느 한 에너지원이 고갈되어도 계속 유지·발전해 갈 수 있다. 이처럼 어느 사회에서나 문화적 다양성의 확보는 중요한 것이다.

현대의 세계에서 인구의 대량이동은 불가피한 현상이 되었다. 한국도 예외가 아니어서 아시아로부터의 인구 유입은 당분간 계속될 것이고, 한국사회가 받아들인 아시아로부터의 이주자들은 앞으로 한국사회가 다문화사회로 발돋움하도록 해 주는 자원이 될 것이다. 다행스럽게 우리 정부도 이민자에 대한 정책을 바꿔, 과거의 일방적 동화 위주의 정책에서 이주자의 문화를 한국의 배우자들이 배우고 이해하도록 하는 방안을 점진적으로나마 마련하기 시작하고 있다. 앞으로는 특히 농촌에서 크게 증가하고 있는 다문화가족 아이들이 그들의 어머니나라의 말과 문화를 접하게 해 주는 정책이 필요하다. 그리하면 그 아이들이 자라 한국과 아시아의 여러 나라들을 이어 주는 소통의 다리 역할을 하게 될 것이다.

　때마침 비빔밥이 음식 한류의 중심으로 떠올랐다. 다양한 나물과 반찬을 고루 섞어 풍부한 맛을 자아내는 영양 만점의 건강 음식인 비빔밥이 한국을 대표하는 문화적 아이콘이 되었다는 사실에 많은 의미를 부여하고 싶다. 다양한 영양분과 맛들이 고루 섞여 훌륭한 전체를 만들어 내는 비빔밥이 세계인의 사랑을 받는 것처럼, 사회문화적 관점에서 한국도 문화적 다양성이 존중되고 아시아와 함께 살아가는 '비빔밥 문화'의 나라가 되었으면 한다.

부싱맨과 레비스트로스

문명과 야만의 진정한 의미 찾기

초판 1쇄 발행 1996년 12월 11일
초판 13쇄 발행 2012년 5월 25일

개정판 1쇄 발행 2014년 12월 15일
개정판 4쇄 발행 2019년 4월 25일

지은이 **최협**
펴낸이 홍석 기획위원 채희석 전무 김명희
책임편집 김재실 디자인 일러스트 신병근
마케팅 홍성우·이가은·홍보람·김정선·배일주 관리 최우리

펴낸 곳 도서출판 풀빛 등록 1979년 3월 6일 제8-24호
주소 03762 서울특별시 서대문구 북아현로 11가길 12 3층
전화 02-363-5995(영업), 02-362-8900(편집) 팩스 02-393-3858
홈페이지 www.pulbit.co.kr 전자우편 inmun@pulbit.co.kr

ISBN 978-89-7474-761-9 44300
ISBN 978-89-7474-760-2 44080(세트)

이 책의 국립중앙도서관 출판시도서목록(CIP)은 서지정보유통지원시스템 홈페이지(seoji.nl.go.kr)와
국가자료공동목록시스템(www.nl.go.kr/kolisnet)에서 이용하실 수 있습니다.
(CIP제어번호 : CIP2014033914)